Gegen Mächte und Gewalten

Hilaire Belloc

GEGEN MÄCHTE UND GEWALTEN

Die alten und neuen Feinde der katholischen Kirche

Renovamen-Verlag

Impressum

Bibliographische Informationen der Deutschen Nationalbibliothek,
abrufbar unter http://dnb.ddb.de

Buchgestaltung und Satz: Marcel Hagmann, www.keilergrafik.de

Belloc, Hilaire
Gegen Mächte und Gewalten: Die alten und neuen Feinde der katholischen Kirche
248 Seiten, Bad Schmiedeberg 2020

2., nochmals durchgesehene Auflage 2021

Originaltitel: Survivals and New Arrivals: Old and New Enemies of the Catholic Church

Aus dem Englischen übersetzt von Philipp Liehs und Julian Voth

ISBN 978-3-95621-138-6

Inhalt

Dr. Robert Hickson

Gedenktag der Heiligen Chlothilde († 545)

Eine Einführung in Hilaire Bellocs *Gegen Mächte und Gewalten*

»Je mehr man sich bemüht, die eigentliche Ursache zu erkennen, die eine Gruppe von Menschen ihrem Wesen nach bestimmt, desto eher wird erkennbar, dass diese in ihrer Sicht auf die Letzten Dinge [Tod, Gericht, Himmel, Hölle] besteht: ihrer Vorstellung von der Endbestimmung des Menschen. Selbst dann, wenn ein bestimmtes Glaubenssystem seine Lebenskraft verloren hat und man ihm gleichgültig gegenübersteht, so hinterlässt es doch einen tiefen Einfluss auf das Wesen einer Gesellschaft.« (Aus Hilaire Bellocs eigener Einleitung zu diesem Buch.)

Hilaire Belloc widmete dieses Buch 1929 seiner geliebten Tochter Eleanor. Für sie und für uns alle legt er uns einige seiner langgehegten und noch immer erhellenden Gedanken zu den stets neuen Schlachten schriftlich nieder, die die katholische Kirche zu schlagen hat. In diesem Buch mit dem Originaltitel *Survivals* und *New Arrivals* befasst Belloc sich mit den alten und neuen Feinden der katholischen Kirche und des Glaubens.

So merkte er beispielsweise einmal kritisch an, dass Europa (ab 1929) ein anderes gewesen wäre, wenn das anfangs weitverbreitete Problem der arianischen Lehre – zusammen mit seinen militant-häretischen, sozialen und politischen Bestrebungen (insbesondere innerhalb der arianisch geprägten gotisch-römischen Armee) – den europäischen Kontinent weiter durchdrungen und letztlich gesiegt hätte. Europa hätte seine selbstbewusste und gefestigte religiöse Kultur bewahrt, jedoch geprägt von Werten, die denen des Mohammedanismus näherstünden als denen des orthodoxen Christentums. Denn sowohl der Arianismus als auch der Islam leugnen die Menschwerdung

Gottes und die Göttlichkeit der Person Jesu Christi. Dies ist ein Teilbereich der ununterbrochenen Abfolge von Kämpfen der katholischen Kirche, die sich zur Trinitätslehre bekennt. Es ist dies jedoch auch ein wichtiges Beispiel, das uns, wie Hilaire Belloc empfiehlt, immer gegenwärtig sein sollte.

Und obwohl Belloc seine Überlegungen erstmalig schon 1929 – während der Erstehung der Weltwirtschaftskrise – veröffentlichte, erweist sich sein Buch noch immer als eine scharfsinnige Darstellung dessen, was damals aller Voraussicht nach bald über Europa hereinbrechen und sich auch anderenorts ausbreiten sollte. Außerdem war das Buch eine Vorarbeit, die auf seine herausragende Studie *Die großen Häresien*, die 1938 kurz vor dem Ausbruch des Zweiten Weltkriegs erschien, abgestimmt war. Vorliegende kurze Hinführung zu *Gegen Mächte und Gewalten* will zunächst die von Belloc gewählten Deutungskategorien einer »Untersuchung der Kampfphasen« gegen den katholischen Glauben und die katholische Kirche vorstellen. Diese ist eine hierarchisch gegliederte Institution göttlichen Ursprungs, übernatürlich-gnadenhaft ausgestattet mit sieben Sakramenten. Danach wollen wir uns einer näheren Betrachtung des Beispiels eines ständigen »Hauptfeindes« der Kirche im Jahre 1929 zuwenden, nämlich dem sogenannten »Geist der Moderne«. Dieses widrige, sumpfartige Phänomen zeichnet sich durch »Stolz, Ignoranz und intellektuelle Trägheit« aus; sein Markenzeichen besteht in einer vielfach flachsinningen, jeder rationalen Begründung entbehrenden Berufung auf Autoritäten.

Wir hoffen, andere zur aufmerksamen Lektüre (und Würdigung) dieses brillanten Buchs anregen zu können. Es handelt sich um ein großzügiges, vorurteilsfreies Buch – das, mit gewissen Abänderungen, auch auf andere historische Institutionen und Religionen wie den Calvinismus und den Islam oder sogar den vermeintlich aufgeklärten Naturalismus und die gnostische »Gesellschaft der Freimaurerei«, die sich »nach Art einer Armee gegen die Kirche formiert hat«, mit Nutzen angewandt werden kann. Schon zu Beginn des Buches bemerkt Belloc zur Kirchengeschichte und den fortwährenden Kämpfen gegen verschiedene Feinde außerhalb – und innerhalb – der katholischen Kirche ohne Umschweife:

»Für unsere Zeit von besonderem Interesse und bisher kaum versucht [in der kirchlichen Forschung] ist jedoch eine Untersuchung der Kampfphasen.«

Danach legt Belloc klare Kriterien und ein Urteil erleichternde Maßstäbe vor, und zwar geschieht dies in scharfsinniger Weise durch miteinander verknüpfte und in Wechselbeziehung stehende Fragen. Zum Beispiel: »Welche Angriffe geraten allmählich aus der Mode? Welche neuen Offensiven sind auszumachen, und aus welcher Richtung kommen sie? Worin bestehen derzeit die hauptsächlichen Anfeindungen?« Eine weitere, von Belloc gestellte Frage lautet, welche Bedeutung jedem Angriff zukomme und wie man ihm jeweils wirksam begegnen und ihn zurückweisen könne. Hier zeigt er bereits den strategischen Geist, in dem er der Lage zu begegnen beabsichtigt.

Sein Ansatz, die Angriffe nach der Abfolge ihres Auftretens zu registrieren, ist von besonderer Wichtigkeit, denn die »Lage der Kirche zu einem beliebigen Zeitpunkt« kann nur dann richtig eingeschätzt werden, wenn man beachtet, »welche Angriffsformen scheitern und aus welchem Grunde; welches Maß an Widerstand [...] den vorderhand noch starken Feinden entgegenzusetzen [ist]; welche neuen Angriffsformen [...] festzustellen [sind]«.

Belloc nähert sich behutsam der zunächst verborgenen, wenngleich klaren Struktur seines Buches, indem er ergänzende Fragen bezüglich der Kirche im Lichte ihres einzigartigen Charakters vorlegt. Nachdem er den »Charakter der Welt« und die »Situation des Glaubens« geschildert hat, wird man zum Beispiel fragen: »Wer sind gegenwärtig seine Feinde?« und »Was steht ihm als Hindernis entgegen?«

Um ein realistisches Bild der Lage der Kirche zu gewinnen, erklärt Belloc, von welcher Wichtigkeit es ist, den Aufstieg und den Niedergang derjenigen Kräfte zu analysieren, die ihr in diesem Moment feindlich gegenüberstehen, um »den Verlauf des Kampfes für jeden einzelnen Zeitpunkt richtig einzuschätzen«.

Hilaire Belloc beschreibt an dieser Stelle drei verschiedene Gruppierungen, die sich gegen die Kirche opponieren. Es wird hilfreich sein, diese drei Gruppen so zu verstehen, wie er sie in seinen eigenen, zusammenfassenden Worten präsentiert. Die Gruppe, die sich jeweils besonders hervortut, bezeichnet er als »Hauptgegner«. Hier unterscheidet er zwischen »altbekannten Angriffsformen« einerseits wie der frühmittelalterlichen Gefahr einer »rationalisierenden Bewegung im Inneren, die sich gegen die sakramentalen Mysterien und später gegen die Hierarchie wandte«, die Belloc »Überbleibsel« oder »alten Feinde« nennt, sowie die »neue Formen des Angriffs, die auf dem Kampfplatz eben erst zu sichten sind« andererseits, die der Autor »Neuankömmlinge« oder »neue Feinde« nennt.

Nachdem er viele Beispiele früher Hauptgegner anführt – so etwa die »heidnischen Piraten des Nordens und die Mongolenhorden aus dem Osten« sowie die martialischen Bestrebungen der Arianer und später der Mohammedaner –, charakterisiert Belloc die »Überbleibsel« als Elemente, die »den ununterbrochenen, aber stets gefährdeten Sieg des Glaubens durch ihr Scheitern und ihren allmählichen Rückzug aus dem Kampf« veranschaulichen. Ihre Niederlage zeigt uns nach Meinung des Autors, wo ihre Schwächen lagen.

Die »Neuankömmlinge« jedoch verdeutlichten die Wahrheit, »wonach die Kirche niemals in Frieden leben kann; ihre richtige Einschätzung ermöglicht es uns in einem bestimmten Maße, eine Prognose künftiger Probleme anzustellen«.

Hilaire Belloc – der selbst als junger Mann in Frankreich im Felde stand und der sich später im Bereich der Militärgeschichte hervortun sollte – stellt einmal mehr seinen strategischen und klaren Geist unter Beweis, wenn er schreibt, durch die alten und neuen Feinde ließe sich das Wesen des Hauptkonfliktes besser einschätzen, und nur eine Gesamtschau aller drei Hauptgegner erlaube eine Beurteilung der gesamten Lage. »Eine solche Betrachtungsweise«, so der Autor, »ist daher für ein umfassendes Verständnis unseres Zeitalters unabdingbar.«

Eine sorgfältige Lektüre seiner vorangehenden historischen Analysen – voll spezifischer Details und anschaulicher Beispiele – bereitet uns darauf vor, die Nuancen des wichtigen Abschnitts über den »modernen Geist«, das dritte Element der Hauptopposition (im Jahr 1929) nach den markanten Phänomenen des Nationalismus (einschließlich der strategisch bedingten internationalen Beständigkeit des jüdischen Nationalismus) und des Antiklerikalismus (in den Fällen Frankreichs, Portugals, Spaniens und Mexikos im frühen 20. Jahrhundert), entsprechend zu würdigen.

Er fragt zum Beispiel: »Können wir sagen, dass bereits Kräfte zu erkennen sind, die auf seinen Niedergang [den des Nationalismus] abzielen?« Er antwortet darauf, indem er sagt, dass es neben der katholischen Kirche zwei große internationale Kräfte gebe, die (im Jahr 1929) bereits deutlich erkennbar seien: »Die eine ist die der Finanzmacht, die andere die des proletarischen Protestes gegen den Kapitalismus.« Für Belloc bewirkten diese beiden Kräfte, die er auch »die internationale Hochfinanz« und den »internationale[n] Sozialismus« nennt, »die Auflösung jener Religion des Nationalismus, die vor dem Großen Kriege allumfassend war«. Diese Kräfte agierten in der Propaganda der »großen Zeitungen« auf oftmals »unerwartete und drastische Weise«. Unser Autor erwähnt beispielsweise, dass man bei der Aufhebung einer Ordensgemeinschaft die Gelegenheit erhalte, ihren Besitz zu plündern. Diese Art von Plünderung findet in seinen Augen im »oligarchischen parlamentarischen System (das merkwürdigerweise als «Demokratie» bezeichnet wird!)« statt, in dem »das Raubgut in die Taschen der Politiker, Anwälte und deren Hintermänner« wandere. Wenden wir uns jetzt seinen Überlegungen, die sich auf den hypothetischen »modernen Geist« beziehen, zu dem man sich mitunter bekennt, zu. »Der dritte und eindrucksvollste Gegner aus den Reihen der Hauptopposition gegen den Glauben ist das, was ich mit seinem selbstgewählten und vollkommen irreführenden Etikett bezeichnen werde: ›Der moderne Geist‹.« An dieser Stelle ist ein längeres Zitat angebracht, insbesondere, da wir es allem Anschein nach auch in der Gegenwart noch mit diesem modernen Geist zu tun haben:

> Wir sehen, dass er ausschließlich negativ vorgeht. Es handelt sich nicht um einen Angriff, sondern einen Widerstand. Er bemüht sich weder, wie der Antiklerikalismus, einen aktiven Kampf gegen die Religion zu führen, noch ersetzt er sie mit einer starken gegenläufigen Emotion mit einer Tendenz, die Religion zu beseitigen. Vielmehr macht der moderne Geist die Religion [und damit auch den Glauben der katholischen Kirche] unverständlich. Seine Wirkung auf die Religion ist der Wirkung eines Opiats auf die Verstandeskraft vergleichbar. Er stumpft die Wahrnehmungsfähigkeit ab und blockiert den Glaubenszugang. Daher seine Macht.

Diese beeindruckende Beschreibung ließe sich auch durchaus auf unsere gegenwärtige Situation im Westen anwenden.

Bei der nochmaligen Erörterung der schwächer werdenden Bedeutung des dritten und letzten Elements der Hauptopposition des Glaubens zur damaligen Zeit bemerkt Belloc, es sei in »keiner anderen Zeit als der unsrigen« bekannt gewesen. Diese »dem Glauben entgegenwirkende Befindlichkeit« habe folglich keinen angemessenen Namen, aber die Bezeichnung »moderner Geist« sei diejenige, die »seine Opfer selbst verwenden«.

Belloc warnt uns außerdem: »Er zeigt jedoch überall den gleichen Charakter und so weit sein Einfluss reicht, erfüllt er diejenigen, die sich mit seinem erschreckenden Unvermögen auseinanderzusetzen versuchen, mit Verzweiflung.«

Bald nachdem er die Schwierigkeit einer klaren Definition dargelegt hat, schickt sich Belloc an, den Charakter zu analysieren, der dem »modernen Geist« sein eigentümliches Gepräge gibt, während er die Untersuchung der »Ursache dieser so abstoßenden philosophischen Krankheit, der jetzt so viele anheimfallen« zunächst hintanstellt. Der moderne Geist, so der Autor, setze sich aus drei Bestandteilen zusammen, die durch die Kraft eines einzigen Prinzips zusammengehalten würden: »Diese drei Hauptbestandteile sind Stolz, Ignoranz und intellektuelle Trägheit. Ihr einendes Band ist die blinde Akzeptanz einer Autorität, die nicht vernunftgemäß begründet ist.«

Also beschreibt Belloc den modernen Geist in einem bestimmten Sinne als einen schwachen Geist, als einen Geist, der nicht im Glauben verwurzelt ist – und der daher stark und unabhängig wäre –, sondern träge, blind und obrigkeitshörig sei. Indes zeigt Belloc auch seine Großherzigkeit und einen Sinn für Pathos, wenn er hinzufügt, dass »[b]ei den meisten Betroffenen [...] weniger eine Mischung dieser Defekte als bloße Angleichung an eine Mode« vorliege. Die genannten Defekte lägen jedoch dem fraglichen Denkprozess zugrunde.

Belloc beschreibt sehr treffend das den modernen Geist auszeichnende Prinzip, eine nicht auf Vernunftgründen beruhende Autorität blind zu akzeptieren, und stellt fest, dass dieses das ganze Elend durchziehe und verdichte: »Mode, Presse und die blinde Wiedergabe sind die Führer, denen unterwürfig gehorcht und vertraut wird.«

Wie sehr sind wir auch heute damit konfrontiert, dass der moderne Mensch Mode, Presse und blinder Wiedergabe folgt?

Eine charakteristische und geeignete Auswahl aus Bellocs Beispielen und Leitfragen wird uns eine Verständnishilfe für das »furchtbare Chaos des ›modernen Geistes‹« bieten. Belloc spricht hier vom modernen Geist als Sumpf. Die große Schwierigkeit bei der Beschäftigung mit ihm bestehe, gleichviel, ob man Katholik oder Skeptizist sei, darin, »dass er nicht greifbar ist. Es ist so, als kämpfe man gegen Qualm an«. Unser Autor beschreibt die Qualen, die man hier auszustehen hat:

> Wie geht man mit jemandem um, dessen Argumentation sich ständig im Zirkel bewegt? [...] Wie geht man mit je-

mandem um, der seine eigenen ersten Prinzipien nicht erkennt? [...] Wie geht man mit jemandem um, der das gleiche Wort in derselben Diskussion in unterschiedlichen Bedeutungen verwendet? [...] Wie geht man mit jemandem um, der als Grundlage einer Diskussion vorausschickt, dass die menschliche Vernunft [logos] keine Richtschnur sei und dann über hunderte von Seiten auf dieser Basis seine Schlüsse zieht?

An dieser Stelle mag ein Kommentar mit Blick auf unsere gegenwärtige Situation in der katholischen Kirche am Platze sein. Rufen diese Bemerkungen und zielgerichteten Fragen nicht ambivalente Wortmeldungen, die man gegenwärtig aus dem Vatikan vernimmt, ins Gedächtnis? Vielleicht denken wir jetzt auch an das fortwährende Wortgeplänkel langatmiger offizieller Schriftstücke, die teilweise ihren Ursprung den vielen und zwielichtigen Bischofskonferenzen mit ihren geschwätzigen Reden verdanken, und an die zuweilen anspruchslosen Predigten kirchlich Hochgestellter, nicht zuletzt einhergehend mit Presseinterviews, die progressistische, gelegentlich auch nach Ausflüchten suchende Prälaten geben? Erinnern wir uns hier nicht auch ihrer rabulistischen Parteigänger samt deren penetrant lautstarken Unterstützern aus dem Laienstand, die Neuerungen unterstützen und sich gegen altbewährte Tradition wenden?

Jedenfalls ruft Belloc uns ins Gedächtnis, dass »die unhinterfragte Akzeptanz einer solchen Autorität, kraft derer sie, wie wir sagten, ›blinden Glauben‹ findet, der ›von der Vernunft getrennt‹ ist – was besonders für das Gebiet der Druckerzeugnisse gilt«, das Hauptkennzeichen des modernen Geistes ist.

Haben sich die meisten modernen Menschen des Westens, die ihren christlichen Glauben und ihre christliche Kultur weitgehend abgelegt haben, etwa nicht durch Diskussionsrunden, Zeitungsartikel oder andere Medienprodukte davon überzeugen lassen, dass es keinen Gott gäbe und die Kirche lediglich ein Instrument der Unterdrückung und Einschüchterung wäre? Wie viele von ihnen unterziehen diese autoritären Erklärungen, denen sie blindlings gefolgt sind, einer kritischen Sichtung – vor allem in Anbetracht des nahezu vollständigen Verfalls auf sittlichem, geistlichem, demographischem und sogar auf intellektuellem und künstlerischem Gebiet?

In diesem Zusammenhang tut man gut daran, sich daran zu erinnern, dass Belloc uns hier lehrt, unseren Verstand zu nutzen, wenn er davon spricht, die »Unterscheidungsfähigkeit, d. h. die Klarheit des analytischen Denkens« zu nutzen – im Gegensatz zu den »Erhaltungsmitteln« und »schlechten Früchten« des modernen Geistes. Er setzt voraus, dass dieser Gegensatz dem Verstand Klarheit verschafft, und fügt hinzu: »Der Blick in unsere Umwelt zeigt uns deren Unfähigkeit, stringent zu argumentieren, ihren Unwillen gegenüber exakten Definitionen, ihre Aversion gegen sachbezogene Auseinandersetzungen (die Mutter aller Wahrheit) und die Unbeschwertheit, mit der bloße Behauptungen aufgestellt werden.«

Zu Beginn seines durchdringenden, freimütigen und ermutigenden Buches möchte Hilaire Belloc uns vorab dazu anhalten, etwas Wichtiges und Entscheidendes im Gedächtnis zu behalten und das vorgelegte Kriterium in unseren Herzen und in unseren bleibenden Überzeugungen zu bewahren – und hier kehren wir an den Anfang unserer Darlegungen zurück: »Je mehr man sich bemüht, die eigentliche Ursache zu erkennen, die eine Gruppe von Menschen ihrem Wesen nach bestimmt, desto eher wird erkennbar, dass diese in ihrer Sicht auf die Letzten Dinge [Tod, Gericht, Himmel, Hölle] besteht: ihrer Vorstellung von der Endbestimmung des Menschen.«

Alle modernen Menschen müssen dem Ende und der Bestimmung ihres Lebens ins Gesicht schauen. Niemand kann dieser unausweichlichen Realität des Lebens entfliehen.

Davon abgesehen weist Hilaire Belloc auch auf den »tiefen Einfluss« hin, den ein bestimmtes Glaubenssystem auf eine Gesellschaft hinterlässt, auch wenn es seine Lebenskraft verloren hat, wie zum Beispiel die ehemalige katholische oder die protestantische Christenheit. Er vergleicht die »beiden gegensätzlichen religiösen Kulturen des Westens«, nämliche die protestantische und die katholische. »Die eine ging aus der Spaltung im 16. Jahrhundert hervor, während die andere diesen Sturm überstand und ihre Tradition bewahrte.« Hier weist Belloc auf die Unterschiede hin, wenn er sagt, jeder könne erkennen, mit welcher Leichtigkeit sich der Industrialismus auf der Grundlage der protestantischen Kultur entwickelt habe »und wie schwer er in der alten katholischen Kultur Fuß zu fassen vermag«.

Möge es uns gegeben sein, unseren Teil dazu beizutragen, die Erde (und unsere Seele) aufzuerbauen und die uralte Kultur des katholischen Glaubens mit ihrer einzigartigen Schönheit und beständigen Fruchtbarkeit zu verteidigen.

Und möge dieses Buch, mit seinen zahlreichen Unterscheidungen, Definitionen und ehrlichen Beobachtungen, uns ein Werkzeug sein, mit dem wir die sich immer wiederholende »Lage der katholischen Kirche« und die Situation der Gesellschaft in unserer Zeit bewerten können, damit wir nicht nur die Irrtümer zu erkennen vermögen, die auch heute noch keimen oder blühen – darunter die alten und neuen Feinde –, sondern diesen Irrtümern und Übeln auch tapfer widerstehen – mit Klugheit und Tatkraft.

EINLEITUNG

Aufmerksamen Beobachtern ist bewusst, dass eine einzige Institution seit nunmehr neunhundert Jahren von nicht nur einem gegnerischen Standpunkt her angegriffen worden ist, sondern aus jeder erdenklichen Richtung.

Sie wurde von jeder Seite her denunziert, und zwar aus Gründen, die sich der Reihe nach gegenseitig ausschlossen: Sie erlebte die Verachtung, den Hass und den kurzlebigen Sieg ihrer Feinde, die so vielfältig waren wie das Leben selbst.

Diese Institution ist die katholische Kirche.

Sie ist als einzige der existierenden moralischen Größen abgelehnt, kritisiert oder verflucht worden. Die Gründe dafür waren nicht nur von Epoche zu Epoche verschieden, sie waren ihrer Art nach auch stets zwiespältig und oft widersprüchlich.

Keine der sie attackierenden Kräfte scheint es gestört zu haben, dass die besondere Form ihrer Angriffe haargenau anderen aus Vergangenheit oder sogar Gegenwart entsprach, sofern nur der Katholizismus getroffen werden konnte. Jeder dieser Angreifer ist immer derart auf sein Zielobjekt fokussiert, dass er alles andere ausblendet. Die Wahrnehmung, dass gerade die Mängel, die sie an dieser Institution beanstanden, ansonsten als besondere Tugenden eines ihrer Kampfgefährten geltend gemacht werden, ist für sie nicht von Interesse. Jedem von ihnen geht es letztlich nicht so sehr um eigene Standpunkte wie um die Vernichtung des Glaubens.

So sah sich die Kirche in den Anfangstagen ihres Bestehens Spott ausgesetzt, weil sie an der Gegenwart der ganzen göttlichen Natur in demjenigen festhielt, den viele nur als *Menschen* betrachteten. Gleichzeitig ist sie der Gotteslästerung bezichtigt worden, weil sie sich dazu bekannte, dass eine göttliche Person die Bürde einer leidensfähigen Menschennatur angenommen habe. In späteren Zeiten wurde sie für ihren disziplinären Laxismus und zugleich für übertriebene Strenge schärfstens verurteilt; für organisatorische Schwäche und für Tyrannei, für ihren Kampf gegen die dem Menschen eigenen Begierlichkeiten bei Duldung von Ausschweifung und sogar Perversion, dafür, dass sie eine Sammlung jüdischer Überlieferungen als das Wort Gottes vorlegte und eben dieses Wort Gottes missachte, dafür, alles auf die Vernunft zu reduzieren – nämlich auf die Logik, die die Formgebung für die Vernunft ist –, und dafür, auf bloße Emotionen abzustellen. Heute wird sie in gleicher Weise dafür verurteilt, die Absurdität des Weiterlebens der menschlichen Person nach dem Tode als Dogma vorzuhalten, es aber abzulehnen, spiritistische Beweise dafür anzuerkennen – und die Suche nach solchen mit dem Bann zu belegen.[1]

Die Kirche, so behaupten manche ihrer Feinde, stütze sich auf die Unwissenheit und Dummheit ihrer Mitglieder – diese seien entweder von schwachem Verstand oder entstammten den ungebildetsten Milieus. Von anderen Gegnern wurde sie der Lächerlichkeit preisgegeben, weil sie eine unfruchtbare Philosophie nichtiger Haarspaltereien vertrete. Ihre Lehren seien in ein System gebracht, welches eine intellektuelle Dressur dafür voraussetzt, sich mit ihrer Theologie als Spezialgebiet zu befassen.

Diese Behandlung, die ausschließlich die Kirche erfährt, diese Tatsache, dass nur sie von allen Seiten angegriffen wird, wurde von ihren Apologeten zu allen Zeiten als ein Beweis ihrer zentralen Bedeutung für die gesamte Wirklichkeit betrachtet – es gibt eben nur eine Wahrheit, aber viele Irrtümer.

Als Argument für die unnatürliche und schlechte Eigenart des Katholizismus wurde immer wieder angeführt, er habe in den letzten zweitausend Jahren viele und fortwährende Anfeindungen bewirkt.

---

1 Anm. d. Übers.: Gemeint ist die kirchliche Verurteilung des Spiritismus, z. B. durch die Indexkongregation 1864 und die Androhung der Exkommunikation von Medien und Teilnehmern an spiritistischen Sitzungen durch Papst Leo XIII. im Jahre 1894.

Für unsere Zeit von besonderem Interesse und bisher kaum versucht ist jedoch eine Untersuchung der Kampfphasen. Welche Angriffe geraten allmählich aus der Mode? Welche neuen Offensiven sind auszumachen, und aus welcher Richtung kommen sie? Worin bestehen derzeit die hauptsächlichen Anfeindungen? Welche Bedeutung hat jede einzelne von ihnen und wie kann man ihnen wirksam begegnen und sie zurückweisen?

Ich behaupte, dass die Registrierung dieser Angriffe nach der Reihe ihres Auftretens vernachlässigt worden ist, angefangen bei jenen, die sich zu irgendeiner Zeit erledigt hatten, bis hin zu denen, die jeweils neu hervortreten. Ein Gesamtüberblick wird hier selten unternommen. Jedoch wäre ein solcher sicherlich von Nutzen. Der Lage der Kirche zu einem beliebigen Zeitpunkt kann nur dann richtig eingeschätzt werden, wenn man feststellt, welche Angriffsformen scheitern und aus welchem Grunde; welches Maß an Widerstand ist den vorderhand noch starken Feinden entgegenzusetzen; welche neuen Angriffsformen sind festzustellen? Nur so lässt sich beurteilen, wie es um die Gesamtsituation zu irgendeinem Zeitpunkt in der Geschichte bestellt war oder wie sie nun bestellt ist.

Nun ist die historische Epoche, an deren Betrachtung wir das größte praktische Interesse haben, unsere eigene. Um die *heutige* Situation der katholischen Kirche zu erfassen, ist es notwendig zu verstehen, welche der ihr entgegenstehenden Mächte *heute* an Kraft verlieren, welche *heute* in voller Kraft dastehen, und welche neuen Gegner, wenngleich noch schwach, so doch im Zuwachs begriffen, zu gewärtigen sind.

Der Glaube selbst steht fest und unerschütterlich inmitten all dieser Anfeindungen. Sie entstehen und vergehen vor seinem majestätischen Angesicht:

Stat et stabit, manet et manebit: spectator orbis.

Zu Beginn ist festzuhalten, dass das Ergebnis unserer Untersuchung (die tatsächliche Lage der Kirche heute und ihre Aussichten auf Sieg oder Niederlage) für unsere gesamte Zivilisation von entscheidendster und unmittelbarer Bedeutung ist. Es gibt kein anderes Urteil im Hinblick auf das Schicksal der Menschheit – und ganz besonders unserer eigenen europäischen Zivilisation mit ihrer Ausdehnung bis in die Neue Welt –, das an Bedeutung mit der richtigen Einschätzung der Stärken und Chancen der katholischen Kirche vergleichbar wäre. Es gibt nichts, das von gleichem Interesse wäre. Dieses Interesse besteht sowohl für jene, die den Glauben für eine reine Illusion halten und ihm vielleicht sogar als einem Feind mit Hass gegenüberstehen, wie auch für diejenigen, die ihn als einzig maßgebliche Autorität auf Erden annehmen.

Wie es um den heutigen Zustand des Katholizismus bestellt ist, ist für diejenigen, die ihn als das Heil der Welt betrachten, offenbar eine ebenso wichtige Frage wie für diejenigen, die in ihm ein tödliches Gift für die Gesellschaft sehen. Für jeden neutralen Beobachter mit ausreichenden Geschichtskenntnissen ist diese Frage jedoch von genauso großer Bedeutung. Denn in der *Religion* liegt die Wurzel jedweder Kultur; Aufstieg und Niedergang der *Religion* waren für die großen gesellschaftlichen Umbrüche von entscheidender Bedeutung.

Hätte die materielle Welt die menschliche Gesellschaft geformt, wäre das Schicksal keiner geistigen Institution, so nobel und reich an Mitgliedern sie auch sein möge, von entscheidender Bedeutung. Worauf man achten und womit man seine Einschätzung bezüglich des Schicksals der Menschheit begründen würde, wären neue technische Erfindungen und Veränderungen der äußeren Lebensformen.

So verhält es sich aber nicht. Die Ausgestaltung einer jeden Gesellschaft ist letztlich abhängig von ihrer Philosophie, von ihrer Betrachtung der Welt und von ihrer Haltung zu den moralischen Werten. Konkret bedeutet das: von ihrer Religion.

Ob diese Gesellschaft ihre Philosophie als »Religion« bezeichnet oder nicht, spielt keine Rolle. In der Praxis ist die Philosophie einer jedweden Gesellschaft eine Art von Religion. Die eigentliche Quelle des gesellschaftlichen Lebens ist die Geisteshaltung. Zentrum jeder Kultur ist ein Glaube und ein

Moralkodex, der entweder erkennbar praktiziert oder vorausgesetzt wird.

Wenn es sich so verhielte, dass hauptsächlich wirtschaftliche Verhältnisse über das Schicksal einer Gesellschaft entschieden (dieser Irrtum ist ehrenwerter als derjenige, der von mechanischen Ursachen ausgeht, denn jedes menschliche Wirtschaftssystem, jede Entdeckung oder Entwicklung entspringt dem Verstand), dann könnte man, wie es gegenwärtig Mode ist, seine Zeit darauf verschwenden, zu erörtern, wie wirtschaftliche Trends die Zukunft des Menschen bestimmen. Unser Schicksal wird jedoch nicht durch wirtschaftliche Verhältnisse bestimmt. Der Industriekapitalismus hat sich beispielsweise nicht aus sich selbst heraus entwickelt. Er war das schlussendliche Ergebnis einer falschen Religion. Er entwickelte sich aus der Reformation, insbesondere aufgrund calvinistischer Einflüsse. Ohne die Reformation gäbe es die durch diese Wirtschaftsordnung verursachten Probleme heute nicht. Ihre Wurzel liegt immer noch in der Religion und eine Änderung der Religion würde sie und ihren parasitären Wurmfortsatz, den Sozialismus, beseitigen.

Die Sklaverei wiederum wurde im Westen nach und nach unter dem Einfluss der katholischen Kirche abgeschafft. Es mag Menschen geben, die ihre Abschaffung bedauern. Die Mehrheit hat gelernt, diese Abschaffung gutzuheißen, jedenfalls gibt es sie nicht mehr.

Gewisse Intellektuelle haben behauptet, das schrittweise Vorgehen des Katholizismus sei im Hinblick auf die heidnische Welt von unerheblicher Bedeutung gewesen, und ursächlich für den langsamen Rückgang der Sklaverei (ein Prozess, der mehr als tausend Jahre dauerte) seien materielle Umstände. Damit liegen sie falsch. Die alte, ausnahmslos heidnisch geprägte Sklaverei, die sich der zivilisierten Gesellschaft als eine Notwendigkeit darstellt, verschwand langsam, weil sie mit der katholischen Lehre unvereinbar war. Die Sklaverei wurde nicht direkt von der Kirche verurteilt, sondern erwies sich indirekt als außerstande, in einem nichtheidnischen Milieu zu existieren. Modifikationen erwiesen sich als notwendig, und nachdem solche geschehen waren, begann für die Sklaverei der Weg, der mit ihrer Abschaffung endete. Der Sklave wurde zum Leibeigenen, der Leibeigene zum Bauern. Und im gleichen Maße wie die heutige Gesellschaft ins Heidentum zurückfällt, lebt die Institution der Sklaverei in der neuen Arbeitsgesetzgebung wieder auf.

Weder rohe materielle Umstände, mögen sie auch einen großen Einfluss auf die Gesellschaft haben, und noch weniger eine scharfsinnig entworfene Wirtschaftsordnung bestimmen letztlich die menschliche Politik. Je mehr man sich bemüht, die eigentliche Ursache zu erkennen, die eine Gruppe von Menschen ihrem Wesen nach bestimmt, desto eher wird erkennbar, dass diese in ihrer Sicht auf die Letzten Dinge besteht: ihrer Vorstellung von der Endbestimmung des Menschen. Selbst dann, wenn ein bestimmtes Glaubenssystem seine Lebenskraft verloren hat und man ihm gleichgültig gegenübersteht, so hinterlässt es doch einen tiefen Einfluss auf das Wesen einer Gesellschaft.

Wer daran zweifelt, der sei an die Auswirkungen der beiden gegensätzlichen religiösen Kulturen des Westens erinnert: die protestantische und die katholische. Die eine ging aus der Spaltung im 16. Jahrhundert hervor, während die andere diesen Sturm überstand und ihre Tradition bewahrte.

Jeder kann erkennen, dass sich der Industrialismus auf der Grundlage der protestantischen Kultur mit Leichtigkeit entwickelt und wie schwer er in der alten katholischen Kultur Fuß zu fassen vermag.

Warum letzteres der Fall ist, ob nun in der Weise eigener Nachlässigkeit oder Abneigung, ist ebenfalls deutlich. Der Industrialismus entwickelte sich in Preußen genauso wie in England und in den Vereinigten Staaten. In Irland und Spanien fristete er ein kümmerliches Dasein; in Frankreich und Italien führt er an den Rand des Bürgerkrieges. Der katholischen Kultur wird tatsächlich häufig vorgeworfen, dass zwischen ihr und dem Industriesystem eine gewaltige Spannung bestanden hat. (Zwar vermeidet man – aus Heuchelei – den Ausdruck »katholische Kultur«. Wenn dann von der »keltischen« oder »südländischen« Kultur die Rede ist, meinen die Heuchler damit in Wirklichkeit den Katholizismus.)

Eines ist nochmals zu betonen. Betrachtet man die heutige politische Atmosphäre Europas, erkennt man sogleich die Auswirkungen gemeinsamer religiöser Überzeugungen. Warum sonst werden Polen, Italiener, Franzosen und Belgier mit Spott bedacht, während man für Holländer, Skandinavier und Preußen voll des Lobes ist?

Die Boulevardpresse und die Dichtung verschweigen dem heutigen Stadtmenschen die elementare Wahrheit, dass der eigentliche Dreh- und Angelpunkt die Religion ist – denn jedes wichtige politische Problem, jede wichtige wirtschaftliche Frage, ist ein Ergebnis der Philosophie, die dahintersteht. Man nimmt das Wort »Rasse« als bestimmenden Faktor wahr, hört vielleicht sogar von »nordisch«, »alpin« oder »mediterran«. Die Aufmerksamkeit wird auf physische Bedingungen wie Kohlevorkommen oder Häfen gelenkt. Der Hauptgrund für alle gesellschaftlichen Unterschiede bleibt dabei unerwähnt.

Wenn ich in diesem Rahmen die Möglichkeit hätte, wäre es interessant, die Ursachen dieses seltsamen Schweigens zu untersuchen. In England ist es am tiefsten, obwohl dort die eklatantesten Beispiele von Auswirkungen religiöser Überzeugungen jedermann in die Augen springen. So ist jetzt Schottland, das jahrhundertelang der erbittertste Feind Englands war, nun mit ihm in einem gemeinsamen Wertekanon vereint. Irland gegenüber, das nunmehr von dieser Gemeinschaft getrennt wurde, ist man zunehmend feindlich gesinnt.

Es gibt jedoch noch einen anderen Grund, die Wahrheit, die jeder erkennen sollte, der die gegenwärtige Situation des Katholizismus begreift: Es geht um die Tatsache, dass die Kirche etwas Singuläres ist. Die Bruchlinie verläuft auf der ganzen Welt zwischen dem Glauben und seinen Feinden.

Wäre es so, dass sich die moderne Welt einfach durch vielerlei miteinander im Widerstreit befindliche Religionen kennzeichnete, dann wäre die Stellung der katholischen Kirche von keiner erheblichen Bedeutung. Sie könnte nur für sich in Anspruch nehmen, eine von vielen weltanschaulichen Institutionen zu sein, von denen jede auf unterschiedlichen Lehren beruht: Ihr Glaube wäre nur einer von vielen; und ein jeder dürfte in hochtrabender Dummheit (nach der Art vieler unserer Zeitgenossen) darüber diskutieren, ob diese, jene oder irgendeine andere Sekte oder Weltsicht von größerem Wert sei oder bessere Aussicht auf Fortbestand hätte.

So ist es aber keineswegs. Es gibt keine mit der katholischen Kirche vergleichbare Institution. Die katholische Kirche ist mit keiner anderen, menschengemachten Weltanschauungsgemeinschaft vergleichbar. Sie ist etwas völlig anderes. So verhält es sich mit ihrem Gründer, so auch mit ihr selbst. Jeder, der nicht für sie ist, ist gegen sie. Denn sie nimmt für sich in Anspruch – an dem ihre Anhänger festhalten –, die einzig maßgebliche Stimme auf Erden zu sein.

Ihre Lehren beruhen weder auf Schlussfolgerungen aus Experimenten noch auf persönlichen Emotionen. Noch weniger bestehen sie in Meinungen, Wahrscheinlichkeiten oder Moden. Ihre körperschaftliche Einheit ist nichts, gegenüber dem andere tolerant sind oder das anderen gegenüber tolerant ist. In ihr gibt es weder einen Grenzbereich partieller Zustimmung zum Irrtum, noch gibt es eine Verschmelzung oder einen Schnittpunkt zwischen ihr und Gebilden, die ihr mehr oder weniger ähnlich oder weniger freundlich gesinnt sind. Sie hat streng abgesteckte Grenzen, nicht nur im Hinblick auf ihre Lehre und deren göttlichen Anspruch, sondern in ihrem gesamten Gebaren und ihrer Eigenart. Innerhalb ihrer Mauern ist alles von einer Art, alles außerhalb von einer anderen.

Allen Mitgliedern dieser Institution ist vollkommen klar, dass ihr deshalb in der Welt die Ausstrahlung eines einzigartigen Wesens eigen ist. Dessen werden sich auch die meisten bewusst, die ihr nicht angehören. Die Kirche wird in einem Maße geliebt und gehasst, welches sonstige Liebe und sonstigen Hass übertrifft. Sie übertrifft sogar den Hass, den der neuzeitliche Rausch des jetzigen überschwänglichen Patriotismus unter den Völkern sät. Die Treue, die sie hervorbringt, ist wesentlich stärker als die des modernen Patriotismus. Der Hass, den sie hervorruft, ist mächtiger als der, den man für einen bewaffneten Feind empfindet. Diese Liebe und dieser Hass führen allerorten zu unmittelbaren und heftigen Reaktionen.

Nehmen wir ein Beispiel für ihren einzigartigen Charakter: Die katholische Kirche ist heute das einzige Bollwerk gegen den wahrscheinlich kurzlebigen aber immer noch sehr gefährlichen Flächenbrand, den man Kommunismus nennt. Oder nehmen wir ein anderes, umfassenderes Beispiel: Sie ist das einzige Bollwerk gegen den modernen Pantheismus und das damit auf den Gebieten von Kunst und Moral einhergehende Chaos.

Daher kann sich niemand, dem an einem Verstehen der Welt gelegen ist, der Notwendigkeit entziehen, sich mit der Lage des Glaubens vertraut zu machen. Wer sind gegenwärtig seine Feinde? Welche Gefahren suchen ihn heim? Wo und wie lassen sich diese bekämpfen? Wo liegen Möglichkeiten zu seiner Verbreitung? Das sind die Fragen, die es zu beantworten gilt. Im Vergleich zu einer Bewertung der gegenwärtigen Lage der katholischen Kirche ist ein Urteil über Aufstieg und Niedergang von Wirtschaftssystemen oder Nationen unbeachtlich.

Das ist meine Voraussetzung und der Ausgangspunkt meiner Untersuchung.

⁂

Ich habe gesagt, dass sich die Lage der Kirche zu jeder Zeit (und daher auch in der unsrigen) am besten einschätzen lässt, indem man den Aufstieg und den Niedergang derjenigen Kräfte analysiert, die ihr in diesem Moment feindlich gegenüberstehen.

Diese können, wenn wir uns die Zeit nehmen, den Verlauf des Kampfes für jeden einzelnen Zeitpunkt richtig einzuschätzen, in drei recht verschiedene Kategorien unterteilt werden:

1. Die wichtigste dieser Kategorien betrifft das, was ich als den jeweiligen *Hauptgegner* bezeichnen werde. Als Beispiel dafür kann der Arianismus gelten, der im 4. und 5. Jahrhundert dunkle Wolken aufziehen ließ. Die lebensbedrohliche Gefahr für den Glauben schien nicht länger von staatlicher und heidnischer Verfolgung auszugehen, sondern von innerer Zerrissenheit. Die neue Häresie, die von den römischen Legionen und ihren Generälen unterstützt wurde, schien nicht nur im Osten, sondern auch in Gallien, Italien, Afrika und Spanien ein zu heftiger Angriff auf die Kirche zu sein, als dass diese ihn überstehen könnte. Die damalige Gesellschaft war eine Militärgesellschaft und die Soldaten waren Arianer. Im 7. und 8. Jahrhundert ließ der Arianische Angriff zunächst schnell nach, um danach vollständig zu enden. Dann stellte sich uns der Mohammedanismus riesenhaft entgegen. Und im 9. und 10. Jahrhundert gesellten sich zum Mohammedanismus die heidnischen Piraten des Nordens und die Mongolenhorden aus dem Osten. Im 11. und 12. Jahrhundert ging die Gefahr von einer rationalisierenden Bewegung *im Inneren* aus, die sich gegen die sakramentalen Mysterien und später gegen die Hierarchie wandte.
2. Zu jedem Zeitpunkt in der Geschichte wird der Hauptgegner auf der einen Seite von altbekannten Angriffsformen flankiert, die allmählich das Schlachtfeld verlassen – ich werde sie *alte Feinde* oder Überbleibsel nennen.
3. Andererseits beobachtet man neue Formen des Angriffs, die auf dem Kampfplatz eben erst zu sichten sind. Diese werde ich als *neue Feinde* oder Neuankömmlinge bezeichnen.

Die Überbleibsel veranschaulichen den ununterbrochenen, aber stets gefährdeten Sieg des Glaubens durch ihr Scheitern und ihren allmählichen Rückzug aus dem Kampf. Wenn man sie richtig versteht, kann man erkennen, wo die Schwächen des Hauptangriffes liegen, den sie führten und teilweise verursacht haben. Die Neuankömmlinge verdeutlichen die Wahrheit, wonach die Kirche niemals in Frieden leben kann; ihre richtige Einschätzung ermöglicht es uns in einem bestimmten Maße, eine Prognose künftiger Probleme anzustellen.

Durch die alten und neuen Feinde lässt sich das Wesen des Hauptkonfliktes besser einschätzen und nur eine Gesamtschau aller drei Hauptgegner erlaubt eine Beurteilung der ganzen Lage. Eine solche Betrachtungsweise ist daher für ein umfassendes Verständnis unseres Zeitalters unabdingbar.

Das Fehlen solcher Untersuchungen in der Vergangenheit bedeutete einen großen Mangel, der vielleicht dadurch bedingt war, dass die Menschen innerhalb des Kampfgeschehens keine Zeit für eine Gesamtbetrachtung finden.

Die Menschen berichten uns ausführlich darüber, wie der Hauptgegner ihrer jeweiligen Zeit wütete. Man erfährt alles über den Jansenismus und den Puritanismus des 17. Jahrhunderts und auch alles über den Nationalismus, der unmittelbar darauf folgte. Nur sehr wenig und Zusammenhangloses vernimmt man jedoch über die *letzten* Bestrebungen älterer Feinde in der jeweiligen Epoche. Doch noch bruchstückhafter oder sogar inexistent sind Aussagen über *neue* herannahende Feinde. Letztere sind in der Regel nur aus Anzeichen zu erahnen, die von Zeitgenossen missverstanden wurden, denn die Anfänge einer neuen Angriffsform sind bescheiden, diffus und verborgen. Die Menschen werden sich ihrer für gewöhnlich erst bewusst, wenn die Offensive bereits in vollem Gange ist.

In den Quellen der Vergangenheit sind Beschreibungen des allmählichen Niedergangs alter Angriffsformen und Anzeichen für das Entstehen neuer Spielarten entweder unzureichend oder fehlen gänzlich.

Wäre es nicht interessant, wenn uns eine solche Darstellung für das ausgehende 17. Jahrhundert vorläge, in welcher der Verfasser die Auswirkungen des Niedergangs von Puritanismus und Jansenismus auf seine Zeit darstellen würde, wie auch das Aufkommen des Rationalismus, der begann, seine Schatten vorauszuwerfen. Es wäre ebenfalls hochinteressant, vermittels einer Quelle des 11. oder 12. Jahrhunderts aus erster Hand vom langsamen Niedergang des von außen kommenden, heidnisch-rohen mohammedanischen Angriffs und dem Auftreten des von innen wirkenden, raffiniert-neuen philosophischen Gifts zu erfahren.

Auf den folgenden Seiten beabsichtige ich, etwas in dieser Art für die Zeit, in der wir heute leben, zu versuchen. Ich behaupte nicht, eine detaillierte Studie vorzulegen. Es handelt sich um nichts weiter, als eine allgemeine Betrachtung, deren Bedeutung – zumindest aus Sicht des Verfassers – auf der intellektuellen und komischen Ebene liegt. Denn es entbehrt nicht einer gewissen *Komik* (im eigentlichen Sinne dieses großartigen Wortes), wenn man die Vernichtung oder das Vergehen einer menschlichen Laune betrachtet, die sich selbst für vollkommen und immerwährend hielt. Es ist hochgradig komisch, neue Stimmungslagen zu identifizieren, die, zunächst schüchtern und verhalten hervortretend, dann vorgeben, zeitlos zu sein, und dennoch untergehen. Außer dieser Komik ergibt sich ein praktischer Vorteil, nämlich der, vorgewarnt und gewappnet zu sein.

Von den vielen Beispielen, mit denen ich mich befassen werde, seien zwei besondere genannt. Der Angriff der herkömmlichen Bibelchristen veranschaulicht die Überlebenden ganz gut. Niemand wird die komische Seite dieser Bestrebungen leugnen. Trotz dieser Komik darf man jedoch durchaus auch Mitleid für diese bedauernswerte Gruppe empfinden. Diese Buchstabengläubigen haben etwas sehr Ritterliches. Sie sind niemals zurückgewichen, sie haben niemals kapituliert, sie waren niemals kampfunfähig. Und die wenigen, die es noch gibt, werden eher mit ihrer Überzeugung sterben, als einen Meter preiszugeben. Ihrer Einfalt ist zuweilen eine gewisse Gottgefälligkeit eigen. Andererseits trifft man bei den Neuankömmlingen, bei den Kräften, die sich gegen den Glauben in Stellung bringen, auf eine Ablehnung der menschlichen Verantwortung, ja sogar der menschlichen Persönlichkeit. So etwas wäre den Feinden der Kirche, gleichgültig welcher Ausrichtung, noch vor einer Generation als absurd und irrsinnig erschienen. Und auch das ist komisch. Denn Professor Schmidt würde sagen: »Ich muss so handeln, wie ich es tue. Ich habe keinen freien Willen. Außerdem existiert kein Professor Schmidt.«

Bevor ich mich diesen Überlebenden und Neuankömmlingen widme, muss ich mich noch einmal entschuldigen. Meiner Studie haftet notwendigerweise der Mangel lokaler Bezüglichkeiten an. Obwohl die gesamte Problematik so universell ist wie die Kirche selbst, bin ich naturgemäß mit den Überlebenden und Neuankömmlingen meines eigenen Volkes besser vertraut als mit denen des Auslands. Ich muss mich mit Schriften und Personen, mit Einzelmeinungen auseinandersetzen, die denjenigen, die der englischen Sprache nicht mächtig sind, kaum bekannt sein dürften.

Aus französischer Sicht gibt es beispielsweise kein bezeichnenderes oder bekannteres Vorbild für einen alten Feind als Paul Souday[2]. In England jedoch ist dieser Name unbekannt. Als weiteres Beispiel seien einige der neuen Phantasiereligionen wie die Christliche Wissenschaft genannt, die bei uns wirklich von Gewicht sind. Ein Franzose hingegen würden sie als *fumisterie* oder sogar *blague* abtun. Er würde sie niemals als echte Wissenschaft betrachten. Er würde nicht einmal glauben, dass ihre eigenen Anhänger sie ernst nehmen. Damit läge er jedoch falsch.

Dies sind also die Grenzen und unvermeidlichen Risiken der Aufgabenstellung, der ich mich jetzt zuwende. Ich werde

2 Anm. d. Übers.: Paul Souday (1869–1929), französischer Essayist und Literaturkritiker.

ihr nur höchst unzureichend gerecht werden, hoffe aber, einen allgemeinen Überblick geben zu können, der im Wesentlichen der Wahrheit entspricht.

KAPITEL I

Die zwei Kulturen

Bevor man die relative Bedeutsamkeit der Kräfte versteht, die sich heute gegen die katholische Kirche richten, muss man sich der Tatsache bewusst werden, dass sie selbst in unserer gespaltenen und chaotischen Gesellschaft in drei sehr unterschiedlichen Bereichen existiert. Die Art, wie diese sich auf das Glaubensleben auswirken, hat Einfluss auf jedes Problem, mit dem der Katholizismus an einem bestimmten Ort konfrontiert wird. Mancherorts ist ein bestimmter alter Feind von großer Bedeutung, während er anderswo keine oder nur eine geringe Rolle spielt. Ein neuer Feind, der gegen den Katholizismus antritt, kann an einem Ort bereits von erheblicher Bedeutung sein, während er an einem anderen noch unbekannt ist.

Denn wenn wir den gegenwärtigen Zustand der katholischen Kirche in der modernen europäischen Welt und deren Ausbreitung nach Asien und in die Neue Welt betrachten, dann sehen wir, dass sie in drei Bereichen oder Atmosphären lebt, die ihr sämtlich feindlich gesinnt sind, allerdings jeweils in sehr unterschiedlicher Form.

In diesen drei Bereichen hat die katholische Kirche ihre alte und angestammte Position als exklusive und etablierte Gesellschaftsreligion mit voller offizieller Anerkennung und der Unterstützung der Staatsgewalt schon lange verloren und nirgends auch nur ansatzweise wiedergewonnen. Aber ihre eigene Haltung gegenüber der ihr entfremdeten Staatsgewalt und deren Haltung ihr gegenüber sind voneinander völlig verschieden. In noch viel höherem Maße unterscheiden sich jedoch die jeweiligen gesellschaftlichen Atmosphären voneinander, wie auch die Reaktion der Kirche auf die jeweilige gesellschaftliche Situation.

Diese drei Bereiche mit ihren drei sehr verschiedenen Haltungen dem Glauben gegenüber sind:

1. Die Kultur, die zumindest historisch mit der griechischen Kirche in Verbindung steht;
2. diejenige, die der protestantischen Kultur und
3. diejenige, die der katholischen Kultur verbunden ist.

In diesem Zusammenhang berücksichtige ich nicht die gegenwärtige Situation der katholischen Kirche in den mohammedanischen und heidnischen Ländern, da sie dort für gewöhnlich entweder unter den gleichen Bedingungen der jeweiligen europäischen (oder amerikanischen) Länder existiert, aus denen die Missionare gekommen sind, oder unter denjenigen des europäischen (oder amerikanischen) Landes, das die Regierungsgewalt über ein bestimmtes heidnisches oder mohammedanisches Teilgebiet ausübt.

In der griechischen Kultur (natürlich unter Einschluss dessen, was ihren größten Teil ausmacht, nämlich das riesige Gebiet, welches gegenwärtig von der Sowjetregierung kontrolliert wird) stellt sich die Situation der katholischen Kirche als die einer nicht wahrzunehmenden Minderheit dar. Es gibt bestimmte Ausnahmen von dieser Regel – zum Beispiel dort, wo die Italiener eine Insel der Ägäis kontrollieren – aber mit Hinblick auf die Gesamtheit dieses ungeheueren Gebietes (mit einer Gesamtbevölkerung von nicht viel weniger als 200 Millionen Seelen) ist der numerische Anteil der dortigen Katholiken ebenso unerheblich wie ihre gesellschaftliche Bedeutung.

Von deren geistigem Einfluss kann dies nicht gesagt werden, nämlich dem Einfluss, der mitunter von katholischem Denken auf intellektuelle Gruppen von einigem Gewicht ausgeht. Im Allgemeinen jedoch wird dieses winzige Fragment des Katholizismus im unermesslichen Ozean der orthodoxen Kultur ertränkt. Es ist von einer großen katholischen Entwicklung die Rede, die die von der jüngsten Revolution hinterlassene geistliche Leere ausnutzen kann, dies ist jedoch vorerst nur eine Hoffnung für die Zukunft.

Es bleibt allerdings zu festzuhalten, dass die sowjetische Revolution die gesamte griechische Kulturwelt bis ins Mark erschüttert hat. Zuvor beruhte diese gesamte Kultur im Grunde direkt oder indirekt auf der Macht der Waffen der russischen Autokratie. Das Zarentum war der Kern oder die Grundlage der gesamten griechisch-orthodoxen Kultur. Es war die notwendige Institution und der zentrale Pfeiler, auf dem der gesamte Bau ruhte. Es sicherte der orthodoxen Religion eine machtvolle Monopolstellung, und es setzte sich aktiv und kraftvoll dafür ein, den Katholizismus gewaltsam abzuwehren, nicht nur in Russland, sondern etwa auch in Serbien, wo man diesem Beispiel folgte. All das ist zerbrochen.

Die Sowjetregierung ist trotz bestimmter Wechsel in der letzten Zeit nach wie vor überwiegend jüdisch, nicht nur im personellen Bereich ihrer Geheimpolizei im Inneren und ihrer Propagandisten im Äußeren, sondern auch in ihrem sittlichen Charakter und ihren Methoden. Sie hegt womöglich nicht aufgrund ihres jüdischen Hintergrundes, wohl aber wegen ihres Bolschewismus, einen starken Hass sowohl auf die griechische Kirche als auch auf den Katholizismus. Möglicherweise wird sie schlussendlich weltweit dasjenige zu ihrem Hauptangriffsziel machen, was sie als die lebendigste Kraft wahrnimmt, und das ist fraglos die katholische Kirche. Was aber die allgemeine Position der katholischen Kirche in den griechischen Ländern (und insbesondere in Russland) betrifft, so änderte sich durch die große Umwälzung kaum etwas, der Masse der Bevölkerung bleibt sie nahezu unbekannt.

Es gibt jedoch tatsächlich eine jüngste Ausnahme, die bedacht werden sollte. Diese betrifft die bedenkliche Unterwerfung der katholischen Kroaten und Slowenen unter die orthodoxe Macht Serbiens. Die inkompetenten Politiker, die der Christenheit nach dem großen Krieg ihre eigene Geistesverwirrung und historische Ignoranz aufgezwungen haben, banden eine bedeutende katholische Bevölkerungsgruppe nicht föderativ, sondern absolut an eine Dynastie, eine Hauptstadt und eine Regierung, die nicht ihre eigene ist: die Dynastie und Regierung Belgrads. Ein großes katholisches Gebiet wurde gleichsam an den Randbereich der orthodoxen Völker künstlich angeheftet. So wurde dem neuen Königreich namens Jugoslawien zu seiner ursprünglichen orthodoxen Hälfte noch eine genauso große Hälfte hinzugefügt, die kulturell katholisch und in Bezug auf Schrift und alle Einzelheiten des Lebens westlich ist. Die desaströsen Folgen dieser Stümperleistung haben wir bereits gesehen.

Auf ähnliche Weise wurde ein Landstrich an Rumänien angeschlossen, der das rumänische Territorium beinahe verdoppelt und dessen Einwohner größtenteils lateinische oder unierte Katholiken sind.

Diese Anomalien, verursacht durch die Rohheit unserer Parlamentarier, tragen einigermaßen zur Verunklarung der Sachlage bei. Indes bleibt das Faktum bestehen, dass die Stellung des Katholizismus im Bereich der orthodoxen oder griechischen Kultur derart insignifikant ist, dass wir sie für den Augenblick vernachlässigen können. Das eigentliche Problem liegt in der jeweiligen Situation des Katholizismus im protestantischen und katholischen Kulturbereich. Zwischen dem jeweiligen Status der Kirche in diesen Bereichen besteht ein Gegensatz, der in der Menschheitsgeschichte einmalig ist.

Der protestantische Kulturbereich umfasst die Vereinigten Staaten von Amerika, Kanada als Ganzes (ausgenommen das stabile französisch-kanadische Gebiet), Großbritannien, Australasien und den Kapp, Holland, Norddeutschland, Skandinavien sowie die baltischen Staaten, Litauen ausgenommen.

Hier ergeben sich zwei Beobachtungen. Zunächst die, dass der Bekanntheitsgrad der katholischen Kirche in den verschiedenen Ländern, die dieser Kulturgruppe zugerechnet werden, sehr verschieden ist, und weiterhin die, dass dieses Kulturgebiet eine besondere Größe einschließt, über die wir gesondert sprechen müssen, um falsche Schlussfolgerungen zu vermeiden – nämlich das preußisch-deutsche Kaiserreich.

Die skandinavischen Länder, fast zur Gänze protestantisch, sind klein und haben nur geringen Einfluss auf die heutige Gesamtlage. Holland bzw. die Niederlande, ein weiteres kleineres Land, besitzt eine sehr große, aktive und gut organisierte katholische Minderheit, die mehr als ein Drittel der Bevölkerung ausmacht – tatsächlich sind es beinahe 40 % –, aber die Traditionen Hollands, politische wie gesellschaftliche, bilden einen Gegensatz zum Katholizismus. Das Land gewann nämlich seine Unabhängigkeit durch einen finanziell motivierten Aufstand gegen seinen Monarchen, Philipp II., der seinerzeit für die Kirche und gegen die Reformation einstand, und für zweihundert Jahre richteten sich alle Kräfte der dortigen Obrigkeit gegen den Katholizismus.

Im preußischen System jedoch, das heute vor allem unter dem Namen »das Reich« bekannt ist und gemeinhin, wenngleich irrtümlich, auch als »Deutschland« bezeichnet wird, wurde durch das Genie Bismarcks ein besonderer Zustand herbeigeführt.

Bismarck hatte sich dazu entschlossen, das starke Verlangen nach einem vereinten Deutschland zugunsten des Königreichs Preußen und dessen Herrscherdynastie, der Hohenzollern, in deren Diensten er stand, zu kanalisieren. Zu diesem Zwecke erschuf er das sogenannte »Deutsche Reich«, welches das genaue Gegenteil dessen war, wofür die alten Wörter »deutsch« und »Reich« tausend Jahre lang standen. Er entwarf es bewusst so, dass es die größtmögliche Minderheit an Katholiken enthielt, während die Mehrheit des neuen Staates protestantisch blieb und alles unter der direkten und indirekten Kontrolle Berlins stand. Hätte er eine Vereinigung aller deutschsprachigen Stämme angestrebt, wären Österreich und die deutschen Teile Böhmens ebenfalls Teil eines Staates geworden, in dem die beiden Kulturen im Gleichgewicht gestanden hätten. Das Wort »deutsch« stünde für uns nicht – wie es heute der Fall ist – für den Gedanken des »Antikatholizismus«, noch wäre eine der bedeutendsten katholischen Bevölkerungsgruppen der Welt – die Deutschen an Rhein und Donau – auseinandergerissen und infolgedessen machtlos geworden.

Nun besteht der Staat, den Bismarck künstlich geschaffen hat, noch immer fort. Er ist straff organisiert und in der eigentümlichen Situation, dass er unter der Leitung einer protestantischen Kultur steht, sodass sein katholischer Kulturbestandteil frei und aktiv handeln kann, dabei jedoch durch eine antikatholische Tradition dominiert und dadurch von aller Welt als Teil der protestantischen Kultur betrachtet wird.

Würde man das Deutsche Reich als Ganzes protestantisch nennen, hätte das die natürlichen und gerechtfertigten Proteste jener Landesteile im Süden und Westen zur Folge, die nicht nur solide katholisch sind, sondern auch größtenteils in homogenen Gruppen leben, die sich ihrer vor noch relativ kurzer Zeit bestehenden Eigenständigkeit erinnern, von der noch einige Reste fortbestehen. Tatsächlich machen die Katholiken ein knappes Drittel der gesamten Reichsbevölkerung aus.

Würde man andererseits sagen, dieses katholische Element im Reich sei eine separate Angelegenheit, die insgesamt zur katholischen Kultur als Ganzer gehöre, würde dies noch weniger der Wahrheit entsprechen. Die katholischen Teile des Reiches wurden nicht zwangsweise an einen größeren antikatholischen Teil angegliedert, wie es bei den jüngst annektierten Teilen Jugoslawiens oder Rumäniens der Fall war. Dennoch wurden sie von Bismarck zugunsten Preußens an den neuen Staat gebunden.

Gemeinsame große Siege, die vor sechzig Jahren errungen wurden, starke Geistesströmungen, die sich auf die Allgemeinheit auswirkten, samt einem großen Zuwachs des Wohlstandes und der Bevölkerung sowie eine sehr bemerkenswerte Entwicklung aller Formen des bürgerlichen Lebens, die Schaffung eines völlig neuartigen Sozialsystems, eine sorgfältig aufrechterhaltene innere Ordnung – all dies schmiedete Bismarcks Reich zusammen. Demzufolge sehen wir bezüglich der Glaubenssituation die Anomalie, dass das Reich in den Augen des ausländischen Beobachters *insgesamt* dem protestantischen Kulturkreis zugerechnet wird, obgleich es weit von der konfessionellen Homogenität entfernt ist.

Es gewinnt die Sympathien protestantischer Gebiete wie England oder Skandinavien, und seine eigene Feindseligkeit richtet sich eher gegen die benachbarten katholischen Mächte wie Polen und Frankreich.

Das Reich enthält also nicht nur eine große katholische Minderheit, sondern eine solche, die sich durch eine besondere Hingabe an ihre Religion auszeichnet. Diese katholische Minderheit im Reich ist jedoch, trotz ihrer kulturellen Ähnlichkeit mit dem Großteil der deutschsprachigen Katholiken außerhalb der nominellen Grenze, politisch von ihresgleichen getrennt. Sollte in Zukunft eine Vereinigung Österreichs mit dem Reich stattfinden, würde sich der gesamte Charakter Mitteleuropas wandeln und das Werk Bismarcks zerstört werden.

So stellt sich die Situation des Katholizismus in denjenigen Staaten Kontinentaleuropas dar, die unter protestantischer Tradition und Führung stehen.

Wenn wir uns dem Sonderfall der anglophonen Welt (außerhalb Irlands) zuwenden, finden wir eine Situation vor, die sich von jener des restlichen protestantischen Kulturkreises durchaus unterscheidet, da ihre Geschichte anders verlaufen ist. In beinahe allen anderen Aspekten ist der Begriff der »anglophonen Welt« eine Fehlbezeichnung. Die »anglophone Welt« hat keine Entsprechung in der Realität, die unter dieser einen Bezeichnung zusammengefasst werden kann. Aber unter dem einzigen (und ausschlaggebenden) Aspekt des Katholizismus trifft der Begriff genau zu. Mit Ausnahme Irlands sind die Länder englischer Zunge – d. h. Großbritannien, die weißen Dominions[3] und die Vereinigten Staaten – in ihrem Verhältnis zur katholischen Kirche von eigener Art.

Wenngleich nun die englischsprachige Welt auseinandergebrochen ist, eint sie eine gemeinsame Wurzel. Ihre Institutionen gingen aus dem englischen Protestantismus des 17. Jahrhunderts hervor.

---

3 Anm. d. Übers.: Gemeint sind die sich selbst verwaltenden Kolonien des Britischen Reiches.

Die amerikanischen Gesellschaftsgruppen entstanden größtenteils als Emigrantenkolonien mit einem bestimmten religiösen Hintergrund; beinahe alle waren ausgesprochen antikatholisch. In England, Schottland und Wales war die katholische Kirche spätestens im Jahr 1605[4] besiegt worden. Auch wenn wir von den höchsten Schätzungen ausgehen und diejenigen miteinbeziehen, die unverbindlich mit dem Katholizismus sympathisierten, machte ihre Zahl im Jahr 1688[5] nicht mehr als ein Siebtel oder Achtel der englischen Bevölkerung aus, in Schottland noch weniger und in beiden Ländern mit fallender Tendenz. Nach 1688 schrumpfte der katholische Bevölkerungsanteil zu einem winzigen Fragment – etwa einem Prozent – und dieses bemitleidenswerte Grüppchen spielte weder im gesellschaftlichen noch im staatlichen Leben irgendeine Rolle. Aus dieser Quelle speiste sich zunächst das Kolonialsystem Amerikas, dann das der Dominions. Natürlich muss eine so allgemeine Aussage modifiziert werden. Südafrika war – und wird womöglich wieder – holländisch. Die Neue Welt war in einem ihrer Staaten holländischen Ursprungs und in zwei anderen katholischer Tradition. Im Ganzen trifft die Verallgemeinerung dennoch zu.

Der Rohstoff dieser gesamten Kultur war eine, aus der der Katholizismus entfernt worden war. Und bis zur Mitte des 19. Jahrhunderts hatten die Vereinigten Staaten, Großbritannien und ihre Kolonien wenig Bedarf, sich innerhalb ihrer Grenzen mit dem katholischen Glauben zu befassen.

In unserer eigenen Zeit hat sich all dies weitgehend gewandelt. Hauptakteur dieses Wandels war das durch Hungersnot auseinandergetriebene irische Volk. Dies brachte eine große katholische Bevölkerungsgruppe nach England, Australasien, Kanada und Amerika. In jüngerer Vergangenheit gab es auch

4 Anm. d. Übers.: Das Jahr des *Gunpowder Plots*.

5 Anm. d. Übers.: Das Jahr der *Glorious Revolution*, durch die der Oranier Wilhelm III. den englischen Thron bestieg und die Toleranzpolitik Jakobs II. beendete.

größere Immigrationswellen aus anderen Ländern des katholischen Kulturgebiets in die Vereinigten Staaten – aus Süddeutschland, Polen und Italien.

In den Vereinigten Staaten, wahrscheinlich aber in größerem Ausmaß in Großbritannien, ist eine Konversionsbewegung festzustellen. Diese hat bislang noch keine größeren zahlenmäßigen Auswirkungen, aber sie hat eine tiefe moralische Wirkung, da sie so viele führende Denker, so viele Schriftsteller und schließlich auch so viele Historiker beeinflusst hat.

Der Anteil von Katholiken an den beiden ältesten Universitäten Englands etwa beträgt vermutlich kaum 7 %, wenn nicht gar nur 5 %. Im Lehrkörper sind Katholiken fast nicht präsent und die wenigen, die es gibt, werden daran gehindert, den Glauben zu verbreiten. Aber niemand kann heutzutage noch sagen, dass sich Oxford und Cambridge des Katholizismus nicht bewusst seien.

Aus diesen verschiedenen Gründen wurden katholische Minderheiten und katholische Einflüsse in der anglophonen Welt sichtbar, wenngleich sie in Gesellschaften erschienen, deren historische Hintergründe sich von derjenigen des restlichen protestantischen Kulturkreises unterscheiden.

Dort findet man entweder die Bedingungen Skandinaviens und der baltischen Protestanten vor – wo es keinen öffentlich wahrnehmbaren Katholizismus gibt – oder die Bedingungen des Deutschen Reiches und Hollands, wo eine sehr große katholische Bevölkerungsgruppe einen Teil des Staates ausmacht und wo die Staatsgrenzen genau mit dem Ziel gezogen wurden, die größtmögliche katholische Minderheit miteinzuschließen, die mit der protestantischen Vorherrschaft vereinbar ist. Hier ist der Katholizismus allen bekannt, da er an einer überkommenen historischen Position festhält, und große katholische Volksgruppen gleicher Herkunft und gleicher Sprache befinden sich direkt auf der anderen Seite der Grenze. In der englischsprachigen Welt liegt der Fall jedoch ganz anders. *Dort* kam der Katholizismus spät als fremdes Phänomen wieder neu auf, nachdem der Gesellschaftscharakter schon eine »festgefügt« antikatholische Prägung hatte. Dort waren (und sind) die gesamte Nationalliteratur, die Traditionen, die Gesetze und insbesondere die Geschichtsschreibung grundsätzlich antikatholisch. Die gesamte Gesellschaftsphilosophie hatte schon lange eine antikatholische Form angenommen, bevor das erste Wiederaufleben des Katholizismus auch nur begann.

Infolgedessen ist es unvermeidlich, dass die katholische Bevölkerungsgruppe innerhalb der englischsprachigen Welt eine Luft atmet, die nicht die ihrige ist und mehr von einem nicht- oder antikatholischen Geist durchdrungen ist als in anderen protestantischen Ländern, in denen eine alte katholische Kultur mit ununterbrochenen Traditionen existiert.

Dementsprechend entstand in Großbritannien und den Vereinigten Staaten eine Situation, die es in der gesamten Geschichte der katholischen Kirche seit Konstantin noch nicht gegeben hatte. Es handelt sich um eine Situation mit äußerst starken Auswirkungen auf das jetzige Schicksal der Anglophonen auf der ganzen Welt, da das englischsprachige Gemeinwesen momentan derart wohlhabend und zahlreich ist.

Diese Sachlage bewirkt u. a. eine Atmosphäre der Debatte statt des Kampfes, was keinem Beobachter entgangen sein kann. Sie führt außerdem zur Einforderung des verhältnismäßigen Anspruchs, nämlich des Anspruchs der katholischen Minderheit, so klein sie auch sein mag, ihren Zugang zu Positionen und gesellschaftlichen Vorteilen des Gemeinwesens nicht (direkt) zu verhindern. Umgekehrt veranlasst sie (wie im Fall der gerade erwähnten akademischen Lehre) die Anwendung *indirekter* Mittel zur Verhinderung des Fortschritts der katholischen Sache.

Es ist eine Lage, die einer schnellen Entwicklung unterworfen ist und deren Zukunft natürlich nicht vorausgesehen werden kann. Das macht sie umso interessanter. Sie wird sich aber mit Sicherheit verändern. Dies ist das Einzige, was in dieser Hinsicht für die Zukunft sicher feststeht. Was als etwas Verfolgtes begann und als tolerierte Anomalie weitergeführt wurde, wandelte sich zu einem normalen Bestandteil des Staates, der jedoch seiner Art nach vom Rest dieses Staates verschieden ist.

Eine Wirkung ist die enge Interaktion zwischen den genannten katholischen Minderheiten und der nichtkatholischen anglophonen Welt, die sie umgibt. Manche würden es als das Aufgehen der katholischen Bevölkerung in die nichtkatholische Atmosphäre bezeichnen, die sie überall umgibt. Die anderen würden im Gegenteil behaupten, katholische Vorstellungen hielten in einem gewissen Maße Einzug in die nichtkatholische Umgebung. Die Tatsache, dass diese zwei entgegengesetzten Ansichten so weit verbreitet sind, sind ein klarer Hinweis auf die Wechselwirkung.

Eine weitere Wirkung ist die relativ geringe wechselseitige Sympathie zwischen den katholischen Minoritäten und den großen katholischen Bevölkerungsgruppen im Ausland, zumindest auf politischer Ebene.

Die politischen Auseinandersetzungen der großen ausländischen Gesellschaften werden von der englischsprachigen Welt entweder kaum verstanden oder ignoriert, bzw. sind, selbst bei Vielgereisten mit zahlreichen Verbindungen zum Kontinent, kaum von Interesse (von Begeisterung ganz zu schweigen!) bei den englischen und nordamerikanischen Katholiken.

Man könnte etwa sagen, dass die Katholiken Englands der polnischen Sache etwas weniger feindlich gesinnt sind als die meisten Engländer, man könnte jedoch nicht behaupten, dass sie viel über Polen wüssten oder dass bei ihnen auch nur eine von hundert Personen irgendwelche deutlichen Sympathien für den polnischen Widerstand gegen Preußen hätte. Der Großteil von Literatur aus dem katholischen Kulturkreis ist dieser Minderheit der anglophonen Welt gleichermaßen fremd. Sie haben keine einflussreiche Tagespresse. Beinahe all ihre Nachrichten und mehr als die Hälfte ihrer Vorstellungen sind antikatholischen Zeitungen entlehnt. Die Bücher, die der Seele der Nation die Form geben, formen auch die Seele der katholischen

Minderheit – und diese Literatur ist, en gros, penetrant antikatholisch.

Meine eigenen Erfahrungen auf diesem Gebiet beziehen sich hauptsächlich auf den Bereich der Geschichtswissenschaft. Die gesamte Geschichte Europas stellt sich durchaus anders dar, wenn man sie vom Standpunkt eines durchschnittlich gebildeten Franzosen oder Italieners betrachtet, als das, wofür sie der durchschnittlich gebildete englische oder amerikanische Katholik sieht.

Es ist sogar so, dass die Wiedergabe dessen, was auf dem Kontinent als Binsenweisheit gilt, den meisten Katholiken in England als Paradoxon erscheint.

Die Vergangenheit, insbesondere die ferne, ist für sie eine andere Welt. All die Lobhudeleien auf die Spaltung der Christenheit im 16. Jahrhundert, die stillschweigende Akzeptanz ihrer politischen Konsequenzen als etwas Gutes, die Denunziationen unserer Helden, die Komplimente für unsere schlimmsten Feinde, der Hohn auf die Länder, die dem Glauben treu blieben, die Bewunderung der Fürsten und Politiker, die ihn zerstört haben, werden von uns durch die Bücher aufgesogen, mit denen wir von Kindesbeinen an unterrichtet werden. Der Spott und der Hass für die späten Stuarts in unserem Land oder für Ludwig XIV. im Ausland, der Respekt gegenüber dem Haus Oranje, die Betonung des Verfalls Spaniens: All das und die ganze Masse der englischen Literatur richtet uns darauf ab, gegen den Glauben Partei zu ergreifen. Auch steht uns, zumindest in England (bis zur Stunde) so gut wie gar keine wahrhaftige Geschichtsschreibung zu Gebote, um dieser Propagandaflut etwas entgegenzusetzen.

Bevor ich aber diese Bemerkungen über die Lage der Katholiken in den englischsprachigen protestantischen Ländern abschließe, muss ein Punkt zur Sprache gebracht und beachtet werden: Der Katholik ist, selbst unter derart widrigen Umständen, seinen Gegnern in Bezug auf Begriffsbestimmungen und Wissen voraus. Er weiß viel mehr über die anderen, als die anderen über ihn wissen. Ferner hat der Katholik eine Philosophie, die sich auf alle Lebensbereiche anwenden lässt und die sich nicht wandelt, während es in seiner Umwelt weder eine einheitliche Philosophie noch Beharren angesichts der Launen der Zeit gibt. Dieser Kontrast wird zunehmend sichtbarer, da sich die Dogmen des Protestantismus und dessen Gesellschaftsnormen auflösen.

Die katholische Kirche sieht sich also in der anglophonen Welt, welche die Leser (und den Autor) in erster Linie betrifft, mit den oben genannten Vor- und Nachteilen konfrontiert. Sie ist von der allgemeinen katholischen Welt geradezu abgeschnitten. Sie ist von antikatholischer Literatur, antikatholischen Gepflogenheiten und einer antikatholischen Geschichtsschreibung durchdrungen. Auf der anderen Seite reagieren die englischsprachigen Katholiken auf die feindliche Umgebung und nehmen, obgleich dunkel, etwas von den ihnen eigenen Überlegenheiten wahr: vor allem bezüglich der Klarheit im Denken und der soliden Philosophie.

Die Zurücksetzung des Glaubens in einer solchen Umgebung ist eng mit der modernen Mischreligion des Nationalismus verbunden, über die ich weiter unten ausführlicher sprechen werde, wenn ich auf die Hauptopponenten der Kirche zu sprechen komme.

Das Kennzeichen der katholischen Situation in diesem Bereich der protestantischen Kultur ist Tolerierung *auf Grundlage des Nationalismus.*

Huldigen Sie der Nation – und Sie können jedwede unbedarfte Meinung vertreten, die Ihnen in den Sinn kommt. Möge der katholische Bevölkerungsanteil auch sehr klein und arm sein wie in Großbritannien oder eine örtlich gruppierte und politisch einflussreiche, hauptsächlich urbane Minderheit wie in Amerika (die Schätzungen gehen auseinander – einige, so glaube ich, gehen von einem Sechstel der Bevölkerung aus), möge er auch groß wie in Australien und Kanada oder kleiner wie in Neuseeland: Überall gestaltet sich die Situation auf diese Weise.

Der katholische Glaube wird folglich als eine von vielen Sekten innerhalb der Nation betrachtet. Und wir neigen dazu, diese Position zu akzeptieren, nämlich die moderne protestantische Lehre, der zufolge Sekten, d. h. Sondermeinungen, ein heiliges Existenzrecht hätten, »solange sie die Gesetze befolgen«. Dabei handelt es sich um die Vorstellung, vom Staat könnten nur Rechtsvorschriften ausgehen, die moralisch von niemanden anfechtbar seien – vor allem nicht von der gesetzgebenden Gewalt der Kirche. Die so denken, sind unfähig, zu erkennen, dass Toleranz bei gleichzeitiger Forderung nach Konformität mit jedwedem Gesetz einen begrifflichen Widerspruch bilden. All dies führt zu der gesellschaftlichen Atmosphäre, in der wir leben. Der Katholizismus darf weiterhin ungehindert praktiziert werden, wir können die Messe hören. Gewisse charakteristische Emanationen des Katholizismus dürfen sich ungehindert entwickeln. Die geistlichen Orden etwa genießen in diesem Teil der Welt vollkommene Freiheit, ihr Eigentumsbesitz wird nicht beschränkt und sie können sich ungehindert ausbreiten. Aber all dies nur innerhalb und unter den Augen der bürgerlichen Gesellschaft.

Am wichtigsten ist aber, dass das katholische Bildungssystem innerhalb der Welt des anglophonen Protestantismus intakt bleibt. Es wird an verschiedenen Orten auf verschiedene Weise und in unterschiedlichem Maße sichergestellt. So genießt es in England öffentliche Zuschüsse. In den Vereinigten Staaten genießt es diesen Vorteil zwar nicht, kann sich dort aber nach freiem Belieben ausbreiten. Dem Cäsarenkult, der die höchste Stellung innehat, muss sich jedoch alles unterwerfen.

Die Wahrheit, die ich an dieser Stelle betone, ist unangenehm. Den meisten von uns ist nur wenig bewusst (und dieses Bewusstsein kommt uns mit jedem verstreichenden Jahrzehnt noch mehr abhanden), dass die Luft, die wir atmen, antikatholisch ist, dass die Geschichte, die uns beigebracht wird, dass die moralischen Grundvoraussetzungen hinter dem Rechtssystem, dem wir gehorchen, dass die uns auferlegten Beschränkungen, dass die politischen Vorstellungen, die in jeder öffentlichen Geste zur Geltung kommen, dass die allgemeine Haltung dem Ausland gegenüber – dass all dies das Produkt des Nationalismus ist, den unsere nichtkatholischen Mitbürger als *heiligste Empfindung* betrachten. Wir können nicht anders, als selbst von dieser Empfindung beeinflusst zu werden. Aber sie steht in einem geistigen Gegensatz zum Glauben.

⁂

Bis jetzt habe ich mich hauptsächlich mit der Situation der katholischen Kirche in der englischsprachigen Welt befasst. Dies diente der Vorbereitung, um zu einer Einschätzung der Stellung der Kirche sowohl zu vergehenden als auch zu wachsenden Antagonismen zu gelangen.

Um deren Auswirkung in ihrer Gesamtheit würdigen zu können, sollten wir einen Blick auf die Situation in den traditionell katholischen Ländern wie Frankreich, Spanien oder Italien werfen, wo Bedingungen herrschen, die sich von den unsrigen deutlich unterscheiden. Zu diesem Zweck werden wir uns der Ausgangslage zuwenden. Denn diesen wichtigen Doppelcharakter, der die gegenwärtige politische Situation der katholischen Kirche in der Welt kennzeichnet, werden wir nicht zur Gänze verstehen können, solange wir nicht begreifen, wie er in der Vergangenheit zustande gekommen ist.

Die große Schlacht der Reformation endete, ohne dass eine Seite den Sieg für sich beanspruchen konnte. Die sich gegenüberstehenden Armeen konnten keine Entscheidung herbeiführen, sondern zogen sich vom Feld zurück und teilten Europa unter sich auf. Vor beinahe dreihundert Jahren wurde der Hauptkampf durch den Westfälischen Frieden beendet und selbst der letzte Akt dieser Tragödie, die Englische Revolution, liegt nun fast zweieinhalb Jahrhunderte zurück.

Die Nationen, die nach dem Konflikt ihre Landestraditionen erhalten konnten und in denen die Kirche noch immer den gesellschaftlichen Ton angab, waren in ihren wesentlichen Institutionen eng mit der katholischen Kirche verbunden, am auffälligsten natürlich durch ihre Landesdynastien. Diese Landesdynastien waren größtenteils absolute Monarchien, d. h., es handelte sich dort um die Regierungsform, in der die ganze Nation von einem Zentrum aus regiert wurde, um den Schwachen gegen die Starken beizustehen und den Einfluss von Wohlstand und Reichtum zu zügeln.

Außerdem gründete sich die allgemeine Gesellschaftsordnung in diesen Ländern auf dieselben hierarchischen Vorstellungen, die die hieratische Organisation der katholischen Kirche bestimmen. Die Macht nahm gleichmäßig von oben nach unten ab und es herrschte eine präzise Ordnung.

Weiterhin muss daran erinnert werden, dass die wichtigsten Staatsakte allesamt eng mit dem offiziellen Kirchenleben verflochten waren.

Diese Einheit war etwas viel Realeres und Lebendigeres als die Verbindung, die man andernorts zwischen Staaten und etablierten Kirchen antrifft.

Die Bischöfe waren große politische Gestalten und spielten in der Verwaltung eine wichtige Rolle. Der König wurde in einer ihrem Wesen nach katholischen Zeremonie gekrönt und gesalbt, die mehr als tausend Jahre alt ist. Die Rechtsprechung geschah überall in Übereinstimmung mit dem kirchlichen Lehramt und den Theologenmeinungen. In den Gerichtssälen stand das Kruzifix und der Prozess war von der Glaubens- und Sittenlehre des Katholizismus bestimmt.

Überdies setzten die katholischen Staaten die Staatsreligion durch und wurden darin von der Mehrheit der Bevölkerung unterstützt. In den verschiedenen italienischen Staaten, in den Spanischen Niederlanden (die wir heute Belgien nennen), in Frankreich und Spanien wurde wichtige Ernennungen nur solchen zuteil, die der Landeskonfession angehörten. Das Bildungssystem des jeweiligen Landes war vom gleichen Geist erfüllt.

Es ist schwierig für jemanden, der unter modernen englischen oder amerikanischen Verhältnissen lebt, sich einen solchen Zustand vorzustellen. Selbst wenn das moderne England mit der englischen Landeskirche flächengleich wäre, was definitiv nicht der Fall ist, und wenn diese Kirche ein großes Corpus definierter Lehren und zudem eine einheitliche und detaillierte rituelle Disziplin hätte, dann bestünde eine gewisse Parallele. In den modernen Zuständen Amerikas sind überhaupt keine Parallelen feststellbar.

Nun, dieser Stand der Dinge wurde in Frankreich unmittelbar und in anderen katholischen Ländern mittelbar durch die Französische Revolution beendet.

Schon lange vor der Französischen Revolution hatte eine breite intellektuelle Bewegung des Skeptizismus, die der Kirche mit aktiver Feindseligkeit gegenüberstand, die katholische Gesellschaft durchdrungen, insbesondere Frankreich. Die gesellschaftliche Struktur blieb jedoch bis zur Revolution unangetastet.

Nach der Revolution brach diese Struktur zusammen. Ein Riss trennte das bis dahin unauflöslich enge Band zwischen der Kirche und der politischen Gesellschaft. Es wurde die Theorie aufgestellt, nach der allein die bürgerliche Gesellschaft im Besitz der legitimen Gewalt sein könne und der Glaube nicht mehr sei als die Meinung einzelner Bürger. Danach wurde dann auch gehandelt. Gleichgültig, ob die Zahl dieser Bürger auch sehr groß wäre oder sie sogar die Hauptmasse der Nation darstellte – sie sollte kein Recht haben, ihre Privatreligion zum Maßstab der Institutionen zu machen, die alle Menschen betreffen, Katholiken wie Nichtkatholiken.

So kam es zu einem Bruch, in dessen Folge zwei Lager entstanden. Auf der einen Seite stand die Kirche mit ihrer alten, offiziellen Position, ihrem alten Reichtum und ihrer alten politischen Macht. Auf der anderen Seite stand die Theorie, die Kirche sei nicht Angelegenheit des Staates und nicht mehr als eine Gruppe von Menschen, die zufälligerweise irgendwelchen

Frömmigkeitsübungen nachgingen, die für die Regierung oder die Staatsinstitutionen nicht von Interesse sind.

Der entscheidende Punkt hinsichtlich der traditionell katholischen Länder, also derjenigen Nationen, die dem Reformationssturm widerstanden und ihre Traditionen beibehalten hatten, ist nun, dass dieser Streit bis heute noch nicht entschieden ist. Die alte Sicherheit und unhinterfragte Position der Kirche, die noch fünf Generationen nach der Reformation erhalten blieb, während all ihre unsichtbaren moralischen Stützen zu bröckeln begannen, wurde nach 1791 nicht wieder erreicht. Die französischen Revolutionsarmeen trugen ihre neuen laizistischen Staatsideen nach Belgien, Spanien, Italien und das katholische Deutschland. Literatur und Lehre taten weiterhin das ihrige. Die *Vorstellung* vom laizistischen Staat (obgleich nirgendwo in Gänze umgesetzt und überall bekämpft) verbreitete sich im gesamten katholischen Europa.

Weder die Kirche noch das katholische Bewusstsein haben diese laizistische Staatstheorie aber jemals anerkannt. Die Kirche beanspruchte weiterhin ihren politischen Platz als Teil ihrer katholischen Staatslehre. Und alle Katholiken – in jedem Fall die Mehrheit in den relevanten Nationen – waren der Meinung, dass es ihr *Recht* war.

Zum Beispiel: der Anspruch der Kirche auf einen besonderen Platz im Bildungswesen. Es galt ihr als für die Gesellschaft unverzichtbar, dass den Kindern in den Volksschulen katholischer Religionsunterricht erteilt wird und die katholische Philosophie die Universitäten beseelt. Die laizistische Staatsvorstellung bekämpfte diesen Anspruch als eine Tyrannei und Anomalie und tut es auch noch heute.

Vor allem muss, um dieses immense politische Problem des »Laizismus« zu verstehen (das außerhalb des katholischen Kulturkreises so unbekannt ist), die bereits angeführte Tatsache zur Kenntnis genommen werden, dass dieser Kampf immer noch geführt wird. Die Vorstellung eines laizistischen Staates, die vor fünfzig Jahren auf dem Vormarsch zu sein schien, hat bis heute nicht einmal einen unsicheren Sieg errungen. Das katholische Ideal, auch wenn ihm die starken und gesunden Bewegungen in Italien und Spanien zugeneigt sind, hat auch in jenen Ländern nicht den Laizismus bezwungen. Die beiden Parteien stehen noch immer an ihren Ausgangspositionen.

Das laizistische Bildungsideal übt immer noch seinen Reiz auf diejenigen aus, die die Religion als Privatsache und für gewöhnlich auch als Einbildung betrachten. Aber die durchschnittlichen Eltern in einem katholischen Land empfinden die sogenannte Neutralität der laizistischen Schule und Universität immer noch als Betrug. Für sie ist deren Neutralität keine echte Neutralität, sondern vielmehr eine Form der Verfolgung und überdies eine sorgfältig geplante Maßnahme zur Entwurzelung des Glaubens.

Zwischen diesen beiden Positionen ist keine Versöhnung möglich, da sie von ganz verschiedenen Voraussetzungen ausgehen, die jeden Bereich des bürgerlichen Lebens durchdringen, nämlich nicht nur die Bildung, sondern auch die Verwaltung, die Justiz und alles andere.

Die katholische Position geht vom Prinzip aus, dass eine homogene katholische Gesellschaft, in der Staat und Kirche eng miteinander verbunden sind, das Ideal darstellt. Es ist kein vages Leitbild, das für die Zukunft entworfen ist, sondern eine lebendige historische Erinnerung an die Vergangenheit, die in manchen Gegenden noch in lebendiger Erinnerung ist und in anderen in etwa wiederhergestellt wurde.

So wurden zum Beispiel erst vor einer halben Generation die Kruzifixe in den Gerichtssälen Frankreichs abgenommen, während sie in Italien kürzlich erst wieder aufgehängt wurden. In Spanien wurde die Einheit von Staat und Kirche nach mehr als einem laizistischen Intermezzo wiederhergestellt. In Polen wurde der Vorschlag, den Katholizismus zur Staatsreligion zu machen, nur mit großer Kraftanstrengung abgelehnt. Er wird abermals vorgebracht werden. Betrachtet man also die katholische Kultur als Ganze, so stellt man in ihr eine politische

Situation fest, die keinesfalls mit der Englands oder Amerikas vergleichbar ist. Man sieht eine politische Konfliktsituation, die nicht entschieden ist, und zwar mit einem strengen, breiten und starken historischen Anspruch der katholischen Seite zur Etablierung und staatlichen Anerkennung: ein Anspruch, der in einigen Ländern nur eine Erwartungshaltung, in anderen zum Teil realisiert, aber überall sehr lebenskräftig ist.

Diese kurze Einführungsskizze über die katholische Position in katholischen Gesellschaften im Vergleich zur Situation der Kirche innerhalb des protestantischen Kulturgebiets war notwendig, bevor wir die Betrachtung der älteren und neueren Kräfte angehen, die sich heute gegen den Glauben in Position bringen. Diese Kräfte unterscheiden sich nämlich nach Maßgabe der Kultur, in welcher sie wirken.

Diese werde ich nun betrachten und mit der ehrfurchtheischenderen Gruppe beginnen, den Überbleibseln alter Feinde, die sich *in articulo mortis*[6] befinden und zusehends den Geist aufgeben, worauf ich zu den weniger sterbensmatten übergehe und schließlich zu den aktivsten komme.

6 Anm. d. Übers.: lat. für »im Augenblick des Todes«.

KAPITEL II

Alte Feinde

In diesem Abschnitt komme ich auf die bedeutendsten Überbleibsel der älteren Angriffsformen auf die Kirche zu sprechen. Damit meine ich die Angriffsformen, die zwar nicht mehr an vorderster Front stehen, aber noch immer gegenwärtig sind – wenn auch nicht in allen Teilen der modernen Welt, so zumindest doch jede einzelne in irgendeinem Teil der heutigen Welt. Jene, die praktisch schon tot und begraben sind (etwa Voltaires »Deismus«) werde ich nicht miteinbeziehen, sondern nur solche, die noch in einem bestimmten Maße aktiv sind. Und wie ich bereits bemerkte, scheint es am sinnvollsten, sie in der Reihenfolge ihrer Vitalität zu betrachten: Ich beginne mit denen, bei denen nur noch ganz schwache Zuckungen verbleibenden Lebens feststellbar sind, und schließe mit den kräftigsten, die jedoch die ersten Erschöpfungszeichen zu zeigen beginnen.

In einer solchen Aufstellung sind vor allem fünf Bewegungen zu nennen.

1. Die antiquierteste und moribundeste von ihnen, der *biblische* Angriff: d. h. der Vergleich, der zur Desavouierung der katholischen Glaubenslehre, Moral und Lebenspraxis mit dem Wortlaut der Heiligen Schrift angestellt wird, deren Text im wortwörtlichen Verständnis in jedem Falle als letzte Autorität gilt.[7] Der Wortlaut dieses Textes sei völlig hinreichend, während alles, was dort nirgendwo erwähnt wird, als Fälschung gebrandmarkt wird. Hier haben wir es mit demjenigen zu tun, was in den Vereinigten Staaten als »fundamentalisti-

7 Mit einer bemerkenswerten Ausnahme. Die Worte: »*Dies ist mein Leib ... dies ist mein Blut.*« Dem Beharren auf dieser *einen* Inkonsistenz fehlt es nicht an einer gewissen Ironie.

sche« Haltung bezeichnet wird und auf unserer Seite des Atlantiks auch »der Standpunkt des Bibelchristen« genannt werden kann.

2. Der *Materialismus*: Die altmodische und sehr grobe Philosophie, der zufolge jedes Phänomen auf eine materielle Ursache zurückgeführt werden könne. Dies wurde zum unhinterfragbaren Lehrsatz erhoben, aus dem gefolgert wurde, dass nicht nur alle transzendenten und übernatürlichen, sondern auch alle geistigen Ursachen auszuschließen sind. Diejenigen, die solchen Rechnung tragen, sind Opfer einer Illusion – dies gilt insbesondere für Katholiken, die sich auf eine gänzlich metaphysische Philosophie stützen, übernatürliche Erklärungen akzeptieren und letztendlich alles auf eine geistige Ursache zurückführen.
   Diese Art des Angriffs ist in ihrer direkten Form beinahe verschwunden, allerdings nicht ganz. Sie hat nach wie vor einen nicht zu unterschätzenden Einfluss auf das Denken.
3. Das »Macht und Wohlstand«-Argument. Dabei handelte es sich um eine Zurückweisung der katholischen Kirche aufgrund der ökonomischen und politischen Erträge, die in den Gesellschaften vorliegen, die sie beeinflusst hat: eine Einschätzung, die mit dem angeblichen Verfall der militärischen Stärke und des Wohlstands der katholischen Länder im Vergleich zum Aufstieg der protestantischen Nationen begründet wurde. Dieser Angriff entfaltete in der Mitte des 19. Jahrhunderts seine stärkste Wirkung und ist auch heute noch von erheblichem Gewicht, wenngleich er zusehends schwächer wird.
4. Der *historische* Angriff. Dieser bestand im Vergleich von katholischen Lehren mit dem, was durch historische Fakten bewiesen oder scheinbar bewiesen werden konnte. So wurde beispielsweise die katholische Lehre

von der päpstlichen Vormachtstellung (a) durch Befunde aus früheren Jahrhunderten, in denen diese Vormachtstellung weniger ausgestaltet war, und (b) durch die Beweise gegen die Authentizität solcher Urkunden wie der Konstantinischen Schenkung (und der pseudoisidorischen Dekretalen allgemein) vom historischen Standpunkt aus angegriffen. Noch allgemeiner wirkte sich das historische Argument, da es seine zerstörerische Kraft gegen Mythen und Legenden wandte, auch zerstörerisch auf die Wahrheiten aus, die mit solchen Mythen und Legenden in Zusammenhang gebracht wurden.

Hauptsächlich in dieser Angriffsform wurde über mehrere Generationen hinweg die katholische Position bekämpft. Sie war während der frühen Reformationszeit eine mächtige Waffe; über mehr als dreihundert Jahre sollte sie den Kritiken gegen die Kirche ständig zur Verfügung stehen. Angesichts dieser Bedrohung gerieten die Verteidiger des Glaubens in große Aufregung. Erst in unserer Epoche zeichnete sich der öffentliche und kümmerliche Zusammenbruch dieser Angriffsform ab. Jetzt befindet sie sich in vollem Rückzug. Die Gründe dafür, dass sie lange Zeit so mächtig war und was ihren kürzlich erfolgten, ziemlich schnellen Zusammenbruch verursachte, werde ich an geeigneter Stelle besprechen.

5. An letzter Stelle steht der bei Weitem beeindruckendste Gegner seit Menschengedenken, den ich die *wissenschaftliche Negation* nennen möchte. Der Begriff mag unbeholfen und ungenau sein, ein besserer ist jedoch schwerlich zu finden. Es war die Angriffsform, die katholische Lehrsätze zunächst aufgrund angeblicher Beweise, die den Naturwissenschaften entlehnt waren, leugnete, und dann, durch eine Ausweitung naturwissenschaftlicher Methoden, aufgrund der

minutiösen und planmäßigen Untersuchung von dokumentarischem Material, von Sitten und Gebräuchen wilder Stämme und von prähistorischen Relikten.

Ihr starker Einfluss wirkte sich nicht nur schädlich auf katholische Ansprüche aus, sondern auch auf das gesamte philosophische Gebäude, das unserer Zivilisation überkommen war. Zu einem bestimmten Zeitpunkt (vielleicht vor fünfzig Jahren), schien es so, dass der Angriff ein für alle Mal obsiegt hätte. Teleologische Positionen, die so alt sind wie die Zivilisation selbst – d. h. die Idee, dass alles Geschaffene auf einen *Zweck* hin gestaltet wurde und zur Erfüllung dieses Zweckes existiert –, waren anscheinend zuschanden gemacht; nicht durch eine neue Stimmung oder Mode, sondern durch den positiven, für jeden nachvollziehbaren Nachweis. Gerade als dieser Unsinn triumphierte, zeigte sich seine Hilflosigkeit. Vor etwa vierzig Jahren war Kritik daran noch kaum zu vernehmen, aber zehn Jahre nahm sie an Kraft zu. Dann, mit zunehmender Geschwindigkeit und aus Gründen, die später erwogen werden, begann sie intellektuell zusammenzubrechen und in die Defensive gedrängt zu werden, um nunmehr zu den Besiegten zu zählen. Manche, insbesondere in England, stufen noch immer die wissenschaftliche Negation als unseren primären Feind ein. Das ist ein Irrtum. Sie hat ihren Platz einer eigentümlichen, viel verächtlicheren Ausgeburt eingeräumt, mit der wir uns als dem »modernen Geist« beschäftigen werden. Die unhinterfragte wissenschaftliche Negation der Generation, die der unserigen unmittelbar voranging, ist jetzt der wütend verteidigte Standpunkt ältlicher Herren, die – das lässt sich nicht leugnen – viele jüngere Unterstützer haben, jedoch im Krieg gegen den Glauben keine führende Stellung mehr einnehmen. Auch wenn es sich dabei um den lebendigsten der alten Feinde handelt, so ist die wissenschaftliche Negation doch ein alter Feind und folglich werden wir sie wie einen Gegner behandeln, der seine Position aufgeben musste.

(i) Der biblische Angriff

Der Ursprung des biblischen Angriffs ist allen bekannt, er ist einfacher und leichter nachzuvollziehen als die meisten Verstiegenheiten im Bereich der Religion.

Die katholische Kirche hatte sich die Heilige Schrift von Anfang an als inspiriertes Wort Gottes zu eigen gemacht. Zunächst wurden die überlieferten hebräischen Bücher angenommen, da unser Herr sie als Autorität angeführt und sie bestätigt hatte, eben weil sie eine Hinführung zu seiner Menschwerdung und messianischen Mission waren; die ersten Zeugen seiner Wunder nämlich, seiner Auferstehung und seiner Aussage, er sei Gott, waren von diesen Büchern durchdrungen und beriefen sich auf sie. Vor allem jedoch, weil sie, die Kirche, die sich ihrer Aufgabe als göttlich eingesetzte Richterin der Wahrheit bewusst war, die Heiligkeit der überkommenen Schriften anerkannte und sie bestätigte.

Die Entscheidung der Kirche, an den jüdischen Schriften festzuhalten, wurde mit Schwierigkeiten konfrontiert. Diese Bücher waren der imposanten Mittelmeerzivilisation, die von der Kirche durchdrungen und umgewandelt wurde, fremd. Deren Stil wurde als grob und vernunftswidrig empfunden. Die Taten, die sie (lobend) nacherzählen, galten als barbarisch und mitunter absurd; ihr Anspruch auf moralische Beispielhaftigkeit wurde manchmal als anstößig, manchmal als kindisch wahrgenommen. Das Ganze stammte zudem aus einer anderen und (für Griechen und Römer) belanglosen und minderwertigen Welt. Einige der damaligen Resonanzen sind für uns noch dokumentierbar, darunter die Pöbeleien jener Häretiker, die sie dem Teufel zuschrieben. Und selbst nachdem sie beinahe vierhundert Jahre von der Christenheit studiert worden waren, bekannte sogar einer ihrer glühendsten Verehrer, der hl. Augustinus, dass sein kultivierter Geschmack sie als abstoßend empfunden und ihr fremdartiger Stil ihm als erbärmlicher Kontrast zur edlen Tradition der klassischen Literatur erschienen sei.

Die Kirche hielt jedoch entschieden an ihrem übernatürlichen Charakter fest und verehrte sie als göttliche Propheten, die ein Zeugnis für ihren Gründer darstellten. Tatsächlich hatte sie die jüdischen Schriften nicht um ihrer selbst willen in Empfang genommen. Für sich selbst genommen hätten sie für die Kirche keine Bedeutung gehabt. Als Rechtsvorschrift waren sie überflüssig geworden. Aber sie verwiesen auf und führten hin zu dem göttlichen Ereignis, aus dem die Kirche hervorging, und insofern waren sie heilig.

Die Kirche fügte dem Kanon noch weitere Bücher hinzu, die von größerer Bedeutung waren, denn bei ihnen handelte es sich nicht um schattenhafte Andeutungen und Ankündigungen, sondern um die Dokumentierung der entscheidenden Lehren, auf denen sie gegründet wurde. Die Gebote unseres Herrn selbst wurden von seinen Gefährten und ihren engsten Mitarbeitern aufgezeichnet, außerdem die wichtigsten Ereignisse seiner Sendung, seiner Passion, seiner Auferstehung von den Toten und die innere Bedeutung all dessen, wie er sie dem Apostelkreis, den er ausgewählt hatte, offenbarte – insbesondere dem hl. Johannes. Daraus entstanden die *Evangelien* der Kirche: ihre neue und frohe Botschaft für die Menschheit. Sie standen innerhalb der Literatur einzigartig da und befanden sich auf einer ganz anderen Ebene. Ihnen wurden die Briefe und Mahnschreiben der ersten Glaubensverkünder und ihrer Nachfolger sowie apokalyptische und den Glauben betreffende Abhandlungen angefügt.

Der Entscheidungsprozess, welche der Bücher, die in den Kirchen verlesen wurden, als inspiriert zu gelten hatten, nahm viel Zeit in Anspruch. Die älteren hebräischen Bücher wurden überprüft, manche konnten nicht in den Kanon aufgenommen werden, ebenso auch Bücher aus christlicher Zeit (wie die Clemensbriefe oder der Hirte des Hermas). Die Kanonbildung war im vierten und fünften Jahrhundert abgeschlossen. Die ursprüngliche griechische Version im Osten und dessen lateinische Übersetzung im Westen hatten ihre endgültige kanonische Form gefunden und Europa war von nun an im Besitz der Heiligen Schrift, durch die Autorität katholischen Kirche bewahrt und vorgelegt.

Die lebendige Stimme der Kirche muss offensichtlich das Lehrorgan und Tradition dessen Hauptstütze sein. Aber die Kirche hielt unentwegt an der gleichrangigen Autorität der Heiligen Schrift fest. Die Lehre wurde durch Schriftzitate bestätigt und über die Jahrhunderte hinweg wurde immer wieder auf den schriftlich fixierten Text des Kanons verwiesen. Hätte die Bibel nicht existiert, wäre die Kirche als Garantin der Wahrheit ausreichend gewesen: Trotzdem nahm sie fortwährend Bezug auf ihr Buch, die Bibel. So könnte der Primat Petri vollständig aus der ununterbrochenen Annahme dieser Lehre begründet werden. Sie jedoch betonte die petrinischen Textstellen und meißelte sie in ihrem römischen Zentralheiligtum in Stein. Nur ihr obliegt es, die Eucharistielehre darzulegen und dogmatisch zu definieren, aber sie verweist sowohl ihre Anhänger als auch ihre Gegner auf Evangelienberichte über das Letzte Abendmahl.

So wurde, aufgrund der eigenen Praxis der Kirche und der Bildung, die sie Europa dadurch geschenkt hatte, ihre eigene Lehre in der großen Revolte vor vierhundert Jahren gegen sie missbraucht. Es ist eine bemerkenswerte Ironie des Schicksals, dass ausgerechnet *die* katholische Sache, die der menschliche Geist nur wegen der überwältigenden Autorität der Kirche anzunehmen vermocht hatte, als Waffe aufgegriffen wurde, um sie zu zerstören.

Für die Menschen des 16. Jahrhunderts gab es kein Leben ohne Autorität, sei es in religiösen oder zivilen Angelegenheiten. Wenn die höchste Autorität, die katholische Hierarchie, gestürzt wurde, so musste eine andere vollumfänglich hinreichende Zweitautorität etabliert werden – dies war die Geburtsstunde der Bibliolatrie. Die Bibel, nackt und ohne Interpretation, wurde zur einzigen Wahrheitsinstanz erhoben. Spätestens seit dem 17. Jahrhundert wurde die Bibel zum

Götzen und die intellektuellen Folgen einer solch dümmlichen Pervertierung ließen nicht lange auf sich warten. Die Menschen wussten schließlich so wenig von ihrer eigenen Vergangenheit, dass der gesamte symbolische Schriftsinn, der allegorische Geist der frühen Väter, vergessen wurde. Künftig war der tote Buchstabe maßgebend.

Die schlimmste gesellschaftliche Folge bestand in der Zerstörung der Renaissance. Dieser wiederhergestellte mächtige Jungbrunnen, die Wiederkehr antiker Ordnung und Schönheit und Weisheit wurde verfälscht, verzerrt und verdorben. Unsere Chance auf eine vollständige Wiederauferstehung der Kultur wurde durch die Reformatoren zerschlagen.

Eines der Beispiele (das ich auch in einem anderen Buch anführte)[8] soll genügen. Gerade als der religiöse Aufruhr zu seinem Höhepunkt gelangt war, brachte ein polnischer Kanoniker, Kopernikus, die alte pythagoräische Lehre von der Erdbewegung in präziserer Form zu neuem Leben und teilte vielen seine Theorie mit, dass die Sonne, um die sich die Erde drehe, das Zentrum des Systems sei, in dem wir uns befinden. Schließlich, kurz vor seinem Tod, ließ er das Ganze mit einer Widmung an den regierenden Papst drucken. Diese neue Hypothese – ein typisches Beispiel für den wissenschaftlichen Fortschritt der Renaissance – erregte bei Gebildeten das besondere Interesse, das sie verdiente. Sie wurde in den päpstlichen Hochschulen vertreten und die Dozenten wurden vorzüglich belohnt. Sie wurde in Bologna gelehrt. Die Bibelvergötzer jedoch gerieten außer sich. Aufgrund der Autorität der »Schrift allein« verwarfen sie die Bewegung der Erdkugel. Luthers eigene Universität zu Wittenberg entließ den Professor für Mathematik, weil er die böse Lehre von seinem Katheder vorgetragen hatte. Luther, Melanchthon und ihre Anhänger ereiferten sich gegen gotteslästerliche Lehre einer sich bewegenden Erde mit einer ganzen Reihe von Schimpfkanonaden. Das schlechte Beispiel

---

8 *How the Reformation Happened*, London 1929.

entfaltete eine solche Breitenwirkung, dass es schließlich auch Italien erreichte. So wurde Galileo eine Generation später sogar in Rom verurteilt, wenngleich in Wirklichkeit nicht für die Verbreitung der Hypothese, sondern für seine zänkische Behauptung, es handle sich um eine bewiesene Tatsache – was zu diesem Zeitpunkt noch nicht der Fall war.

Eine weitere fürchterliche Konsequenz der Bibliolatrie war der Ausbruch einer abstoßenden Grausamkeit in der Hexenverfolgung. Hunderte armer Menschen – größtenteils Frauen – die auf dem Höhepunkt dieser Raserei gefoltert und verbrannt oder (vor allem in Ostanglien) gehängt wurden, hatten ihr Leiden hauptsächlich dieser Ideologie zu verdanken – denn tatsächlich wurde der Grausamkeit im Allgemeinen durch die bizarre neue Mode Vorschub geleistet, alle Gegebenheiten des Alten Testaments als unfehlbare moralische Richtlinien der Lebensführung zu betrachten. Auch die Haltung gegenüber den Eingeborenen in jüngst entdeckten Landen ist hier zu nennen. Die Bibelvergötzer setzten sich nicht für ihre Bekehrung, sondern für ihre Vernichtung ein.

Sie hatten nämlich gelesen, dass diejenigen, die nicht »des Gesetztes« waren, auszurotten seien. Und was diejenigen anbelangt, die sie selbst vorfanden, so waren sie der Meinung, sie dürften sie frohgemut massakrieren wie die Kanaaniter. Stammten sie selbst nicht aus einem erwählten Geschlecht und war nicht jeder, der anders war als sie, in den Augen des Schöpfers ein Minderwertiger?

Denn der Grundsatz, dass dieses bestimmte gedruckte Buch die einzige und letzte Autorität in allen Angelegenheiten der Lehre, der Sitte und sonstigen Belangen sei, bedeutete die Verpflichtung, die dort vorfindlichen Handlungsweisen samt deren ethischem Kodex nachzuahmen.

Dies hatte noch eine weitere Auswirkung. Was sich in den Texten nicht finden ließ, war hassenswert. So wurde das Wort »Messe« im Bibeltext nicht für die Eucharistie benutzt, folglich war es ein Gräuel. Der Krieg gegen die Messe hatte andere

Hintergründe, aber dieses kleinkarierte Argument hatte eine seltsame Kraft. Alles, was mit einem Wort beschrieben wurde, das erst nach den Wörtern entstand, die sich im Kanon wiederfanden, musste beseitigt werden.

Noch eine Auswirkung: Bilder waren zu verurteilen und die Kunst war nicht nur im Gottesdienst, sondern in allen Lebensbereichen suspekt – die Folgen stehen uns in unserer täglichen Umgebung vor Augen.

Indes handelte man nicht konsequent. Der Sonntag wurde anstelle des Samstags zum Ruhetag. Menschenopfer wurden nicht einmal als Ausnahme eingeführt. Ein Priestertum – in den alten Büchern von zentraler Bedeutung – war verhasst. Das aufwendige Ritual des jüdischen Gottesdienstes wurde nicht kopiert, solche Übungen wurden im Gegenteil verurteilt, weil die Kirche sie übernommen hatte. Blutwurst war ebenfalls erlaubt und man durfte ein Hähnchen verspeisen, auch wenn der Gärtner ihm den Hals umgedreht hatte.

Im großen Ganzen aber war der biblische Angriff auf die Kirche drei Jahrhunderte lang der entscheidende. Er unterstützte den historischen Angriff und blieb in den Ländern des protestantischen Kulturkreises bis zum letzten Drittel des 19. Jahrhunderts eine bedeutende Kraft. Jeder in England oder den Vereinigten Staaten, der über fünfzig Jahre alt ist, kann sich noch daran erinnern, wie er in vollem Gange war.

Heute ist er jedoch nur noch der schwächste der alten Feinde. Die Ursache seines schnellen Verschwindens liegt im wissenschaftlichen Fortschritt.

Der biblische Angriff war bereits im Literalismus versunken: die Idee, der englische Text der hebräischen Schriften, wie sie vor dreihundert Jahren unter Jakob I. veröffentlicht wurden,[9] böte eine exakte historische und wissenschaftliche Beschreibung seines gesamten Inhalts.

9 Anm. d. Übers.: Gemeint ist die King-James-Bibel, die 1611 erstveröffentlichte und einflussreichste englische Bibelübersetzung.

Der Literalist glaubte, dass Jonas von einem echten Grönlandwal verschluckt wurde und unsere Stammeltern vor einer präzise zu errechnenden Zahl von Jahren in Mesopotamien lebten. Er glaubte, dass Noah in der Arche die zahlreichen Unterarten der Käferfamilie eingesammelt hatte. Er glaubte, weil das hebräische Wort JOM, »Tag«, in seinem Koran abgedruckt war, dass die Schöpfungsphasen demzufolge genau sechs an der Zahl und jeder einzelne Tag vierundzwanzig Stunden lang war. Er glaubte, dass der Mensch als ein Häufchen Schlamm begann, mit Fingern geformt und dann angepustet wurde.

Diese Überzeugungen waren keine Begleiterscheinungen seiner Religion, sie *waren* seine Religion. Und als sie unhaltbar wurden (hauptsächlich durch die Fortschritte in der Geologie) verschwand sein Glaube.

Er hat sich mit verblüffender Schnelligkeit zurückgezogen. Die kulturell katholischen Länder konnten nie verstehen, wie man überhaupt einer solchen Religion anhängen konnte. Für sie war es unbegreiflich. Als die ungemein alte Lehre vom Wachstum (oder der Evolution) und die Verbindung von lebenden Organismen mit vergangenen Formen von Buffon und Lamarck neu formuliert wurde, berührte das die öffentliche Meinung in Frankreich überhaupt nicht. Für Menschen aus der katholischen Tradition blieb es ein unlösbares Rätsel, warum die Entdeckung des Alters der menschlichen Spezies durch einen katholischen Priester (in Torquay in der sogenannten *Kents Cavern*) von der protestantischen Welt aufs Heftigste getadelt wurde. Noch mehr versetzt es sie in Erstaunen, wenn sie von dem erbitterten Kampf gegen die Weiterentwicklung der Hauptthesen Buffons und Lamarcks durch sorgfältige und geduldige Beobachter wie Darwin und Wallace hören.

Dieser Streit wurde derart erbittert geführt, dass das Entscheidende aus dem Blick geriet. Die Evolution im Allgemeinen – das bloße Wachstum – wurde zum Hassobjekt. Der entscheidende Punkt jedoch, die *Ursachen* der Evolution, die zugrundeliegende Wahrheit von Lamarcks Theorie und die Falschheit derjenigen

Darwins und Wallace', wurde nicht erwogen. Was blind verteidigt werden musste, war die vollständige Wahrheit bestimmter englischsprachiger Sätze, die 1610 gedruckt worden waren.

All das kam einem Menschen des katholischen Kulturgebiets komisch vor. Er konnte es überhaupt nicht nachvollziehen. Wir aber, die wir in einer protestantischen Gesellschaft leben, wissen nur zu gut, um was es sich handelte und welcher allgemeine Kollaps darauf folgte. Denn mit der Niederlage des Literalismus wurde die Bibliolatrie über Bord geworfen und der biblische Angriff auf den Glauben, der Jahrhunderte überdauerte, versank in Bedeutungslosigkeit.

Sein sukzessives Verschwinden ist unwahrscheinlich schnell vonstattengegangen. Personen meines Alters können sich noch daran erinnern, wie ganz Großbritannien und Amerika gewissermaßen auf Bibliolatrie aufgebaut waren. Bis vor Kurzem hatte sie noch eine zahlenmäßig bedeutsame Anhängerschaft. Noch wenige verbleiben ihr, in den Vereinigten Staaten mehr als hier.

Wenn dieser Angriff also gescheitert ist, warum nenne ich ihn dann überhaupt unter den »Überlebenden«?

Die Bibliolatrie mag heutzutage als bizarres Kapitel betrachtet werden, das die Mehrheit der gebildeten Menschheit nicht einmal für erwähnenswert oder zumindest für so bedeutungslos hält, dass es von jedem vernachlässigt werden könne, der sich mit den großen religiösen Problemen unserer Tage beschäftigt.

Nun, es stimmt, dass selbst innerhalb der protestantischen Kultur niemand von Belang einen derartigen Unsinn, der noch vor einer halben Generation von Bedeutung war, erwägen würde. Dennoch muss dieser Angriff als überlebender Feind anerkannt werden – wenngleich als erschöpftester unter ihnen –, da seine Auswirkungen, zumindest in der anglophonen Welt, noch spürbar sind.

Ich nenne drei Beispiele:

Dr. Gore[10], ein überaus kultivierter Mann, unterschied zu-

10 Anm. d. Übers.: Charles Gore (1853–1932), anglikanischer Bischof von Oxford.

letzt sorgsam zwischen der Geschichte von Jona und dem Wal und den Wundern des Herrn. Erstere gab er ehrerbietig auf, während er die letzteren respektvoll akzeptierte. Wir müssen die bloße Existenz einer solchen Haltung als ernstzunehmenden Beweis dafür betrachten, dass der Literalismus selbst in Europa (oder zumindest in England) noch eine gewisse Vitalität besitzt. Es scheint so, dass der Literalist in den Augen von höchstrangigen anglikanischen Hierarchen immer noch jemand ist, mit dem man zu rechnen hat.

Mein zweites Beispiel stammt aus einem jüngst erschienenen Artikel von Mr. Arnold Bennett. Der populäre Schriftsteller steht mit seinen zeitgenössischen Landsleuten womöglich in engerem Kontakt als jeder anderer seiner Kollegen aus dem Bereich der Literatur, in dem er eine solch herausragende Stellung erreicht hat. Indem er jedenfalls die Ursache für den Zusammenbruch der Religion bespricht, sagt er, sie sei an ihrer »einzigen verwundbaren Stelle« angegriffen worden, nämlich der Bibel. Diese Worte lassen sich nicht auf den Katholiken anwenden, für den die Bibel von der Kirche abhängt und nicht umgekehrt. Sie haben jedoch große Bedeutung für denjenigen, der zwar kein Bibelchrist mehr ist, das biblische Christentum aber mit der Religion gleichsetzt.

Mr. Bennett unterliegt keiner solchen Verwechslung. Er kennt die Welt zu gut, um im Hinblick auf das Wesen des Katholizismus zu irren. Er geht allerdings zurecht davon aus, dass sein großes englisches Publikum in allgemeiner Tradition die Bibel für die Grundlage einer Religion hält.

Mein drittes Beispiel stammt von einem anderen hochangesehenen Autor unserer Zeit, der voll und ganz für das moderne englische Denken steht und sich in bestem Einverständnis mit seiner großen Leserschaft befindet. Er ist berufsmäßiger Skeptiker, aber auf dem Gebiet von Moral und Tradition ebenso protestantisch wie Dr. Gore. Ich spreche von Mr. H. G. Wells.

Mr. H. G. Wells hat sich sehr darum bemüht, ein katastrophales Ereignis zu erörtern, an das er nicht glaubt: den Sündenfall. Wenn er aber den Sündenfall bespricht, denkt er immer an den Verzehr eines Apfels an einem bestimmten Ort zu einer bestimmten Zeit. Wenn er hört, dass es keine derartige katholische Lehre gibt, die den genauen Ort oder die genaue Zeit, ja nicht einmal den Namen des Apfels definiert, dann argwöhnt er scharfsinnigerweise, dass wir uns vor dem Hauptproblem drücken. Er denkt in den Begriffen des Bibelchristen – mit dem er nicht übereinstimmt.

Das Hauptproblem der europäischen Zivilisation im Allgemeinen ist die Frage, ob die Menschheit gefallen ist oder nicht. Genauer gesagt: Ob der Mensch zur Seligkeit erschaffen wurde, einen übernatürlichen Zustand genoss, durch sein Aufbegehren aus dieser Situation heraus zum natürlichen, aber unglücklichen Zustand hinabfiel, in dem er sich jetzt befindet, dem Tode unterworfen, mit getrübten Verstandeskräften und von Stolz zerfressen: jedoch von der Erinnerung an Größeres getrieben, vom Streben ergriffen, diesen Zustand vermöge einer richtigen Lebensweise in der diesseitigen Welt der Verbannung wiederzuerlangen. Oder ob die Menschheit in einem fortwährenden Entwicklungsaufstieg vom Niederen zum Höheren begriffen ist, in berechtigtem Selbstrespekt dem eigenen Schicksal genügend.

Von diesem großen Streit hängt die Zukunft der Menschheit ab. Die Erfinder des Bibelchristentums meinen dies allerdings nicht, selbst wenn sie ihre ursprünglichen Glaubenssätze aufgegeben haben. Sie gehen davon aus, dass das Hauptproblem darin besteht, ob es ein Apfel war und wer ihn genau wo und genau wann verzehrte. Sie stellen triumphierend fest, dass keine Frucht und kein Datum nachgewiesen werden kann, und schließen daraus, dass das christliche Glaubenssystem ruiniert und der Sündenfall ein Mythos sei.

Es ist also augenfällig, dass die bedeutendsten Schriftsteller innerhalb der protestantischen Kultur sich immer noch für den Literalismus interessieren. Es ist ebenso augenfällig, dass sie die vollständige Lehre vom Sündenfall – auf der, gemeinsam mit der Inkarnationslehre, die katholische Kirche ihre gesamte Theologie begründet – die einzige Lehre, die unseren Stand erklärt, nie begriffen haben.

Um es kurz (und damit auch ziemlich unvollständig) zu fassen: Sie sind sich sicher, dass wir höherentwickelte Tiere seien. Die Vorstellung, dass wir eine Art gefallene Engel sein könnten, ist ihnen völlig fremd.

Wenn es so herausragende Männer gibt, die also die Literalisten ernst nehmen – einer streitet kindisch mit ihnen, während ein anderer nicht versteht, dass es andere Arten von Gläubigen gibt –, dann behaupte ich, dass im Literalismus noch ein Hauch von Leben steckt.

Es gibt natürlich zahllose andere Fälle. Man kann schwerlich einen Zeitungsartikel über das Thema Religion finden – abgesehen von den sehr wenigen von Katholiken verfassten, die gelegentlich als Gnadenerweis zugelassen werden –, der nicht stillschweigend voraussetzt, dass der Fortschritt in den Naturwissenschaften etwas erschüttert hätte, was der Autor »Religion« nennt. Damit kann er nur die Religion des Bibelchristen meinen. Denn welche Auswirkungen könnten die Naturwissenschaften schon auf die katholische Kirche haben?

Es ist auch beinahe unmöglich, die evolutionistischen Autoren (in England ist es immer Darwin) zu erwähnen, ohne dass stets die gleiche Idee sich geltend macht: »Der Konflikt zwischen Wissenschaft und Religion.« Aber mit welcher Religion kann die Wissenschaft in Konflikt stehen, außer mit der Bibliolatrie? Allerorten wird die noch nicht lange zurückliegende Präsenz dieses eigentümlichen Kultes – und sogar seine Nachwehen – für selbstverständlich gehalten.

Demzufolge ist der biblische Angriff tatsächlich ein alter Feind, der noch am Leben ist, wenn ich auch zugestehe, dass er an der Schwelle des Todes steht.

Bevor ich zum nächsten Thema übergehe, möchte ich dem Leser noch etwas zu bedenken geben. Der biblische Angriff auf die Kirche scheiterte, weil die Bibliolatrie durch ein größeres geologisches und historisches Wissen zerstört worden war. Er liegt im Sterben und wird in Bälde dahingeschieden sein. Aber wird er »tot bleiben«?

Die Glücksfälle für die Dummheit sind unberechenbar. Man weiß nie, ob nicht Ignoranz und Einfalt noch einmal wiederaufleben könnten. Die meisten von uns würden auf Nachfrage schätzen, dass in fünfzig Jahren kein Literalist mehr auf Erden wandeln werde. Man möge sich da nicht zu sicher sein. Unsere Kinder könnten ein Wiedererwachen dieses Typus in irgendeinem fremden Land erleben. Es könnte aber auch später geschehen. Diese Abwegigkeiten haben eine große Macht. Wenn wir in 300 Jahren wieder zum Leben erwachten, fänden wir möglicherweise an einem fernen Ort ganze Gesellschaften vor, die dem Menschenopfer frönen, Kriegsgefangene massakrieren, samstags jedwede Kommunikation verbieten, die Wissenschaften verfolgen und wer weiß welchen anderen Unfug im Namen des Alten Testaments Jakobs I. veranstalten – insbesondere, wenn dieses Alte Testaments Jakobs I. bis dahin zu einem hieratischen Buch in einer toten Sprache geworden ist, die nur einige wenige beherrschen.

(ii) Der Materialismus

So wie die Dinge jetzt liegen, wird sich der Materialismus nicht mehr lange halten können.

Der explizite Materialismus, d. h. die unumwunden aufgestellte Philosophie, nach der es ausschließlich materielle Ursachen gebe und alle Phänomene, die geistig oder sittlich genannt worden sind, Wirkungsweisen der Materie seien, kommt jetzt kaum noch vor.

Der implizite Materialismus hingegen, d. h. die unausgesprochene, grundsätzliche Vorstellung, wonach materielle Ursachen alles erklären, besteht fort. Die meisten sagen heutzutage nicht, wie noch vor Kurzem, dass der Mensch als eine Maschine oder eine Reihe von chemischen Formeln erklärt werden könne. Nicht mehr viele leugnen weiterhin in plumper Form die Präsenz immaterieller Faktoren im Universum. Aber wenn sie vom Leben oder vom Tod sprechen oder eine Erklärung für irgendetwas geben, implizieren ihre Äußerungen, oftmals ohne ihr Wissen, dass sie lediglich von Materiellem sprechen. Das Leben sei ein materieller Prozess, der Tod die Beendung dieses Prozesses und alle menschlichen Umstände – z. B. eine gesellschaftliche Entwicklung – könnten vollständig verstanden werden, wenn sie in materiellen Begriffen ausgedrückt würden. Sie werden etwa sagen, dass der Charakter einer Gemeinschaft das Erzeugnis seiner physischen Umwelt sei oder die Seele einer Gesellschaft sich mit der Einführung einer neuen Maschine verändere.

Dass der Materialismus als explizite, offen vertretene Philosophie – momentan – dahinschwindet, ist zwei Kräften zu verdanken, die beide intellektuell verächtlich sind. Die erste ist die Mode, die zweite ist das zunehmend bedeutungslose Vokabular der Naturwissenschaften. Kein vernünftiger Mensch sollte zulassen, von einer bloßen intellektuellen Mode seiner Zeit beeinflusst zu werden, ohne ihren Gehalt oder die Beweise, auf denen sie beruht, zu sichten. Kein vernünftiger Mensch sollte sich einem wirren Denken anschließen. Der moderne Mensch schämt sich, sich selbst einen Materialisten »ohne Einschränkungen« zu nennen, weil die meistzitierten Gewährsleute sich nicht mehr so nennen. Sogar Haeckel[11] musste vor fünfzig Jahren seine Atome beseelen und behaupten, in ihnen läge der Keim von Bewusstsein und Willen. Bergson[12], dessen nun abnehmender Einfluss kürzlich noch so groß war, ging noch viel weiter und setzte eine unstoffliche Kraft an den Ursprung – oder zumindest den Grund – aller Dinge. Diese

11 Anm. d. Übers.: Ernst Haeckel (1834–1919) war ein deutscher Mediziner, Zoologe, Philosoph, Zeichner und Freidenker, der die Ideen von Charles Darwin zu einer speziellen Abstammungslehre weiterentwickelte.

12 Anm. d. Übers.: Henri-Louis Bergson (1859–1941) war ein französischer Philosoph und Nobelpreisträger für Literatur.

beiden und außer ihnen noch Ungezählte schufen jene *Mode* gegen den expliziten Materialismus, die anzufechten moderne Menschen sich scheuen.

Unterdessen beunruhigte sie, sofern sie alles der Materie zuschrieben, dass jemand sie fragen könnte, was denn Materie sei, und dass sie nicht im Stande wären, darauf zu antworten. Bis vor Kurzem war es einfach. Die Materie und ihre Gesetze wurden als bekannt vorausgesetzt. Heute verliert sich ihre Definition in Wortgeplänkel und man hört bedeutungslose Phrasen wie »eine auf die Materie beschränkte Substanz«, »Materie als ein Wirkungsausdruck« usw.

Solche Moden und Verirrungen sind verachtenswert.

Es ist ein beachtliches Argument gegen den expliziten Materialismus, dass er, trotz seiner ständigen Wiederkehr, keine längere Beheimatung im menschlichen Denken vorzuweisen hat. Es scheint etwas an ihm zu sein, das die Erhabenheit des Menschen als unterhalb seiner Würde zurückweist.

Der explizite Materialismus ähnelt, verglichen mit anderen Philosophien im menschlichen Debattenpalast, einem lustigen, kleinen, selbstgefälligen Zwerg, der fortwährend versucht, sich in die imposanten Senatszeremonien zu drängen, und dabei fortwährend von den Pförtnern hinausgeworfen wird. Zuweilen jedoch, wenn die Pförtner schliefen oder betrunken waren, konnte er sich seinen Weg bahnen und es zumindest ein paar Minuten bis zum obersten Treppenabsatz schaffen. Dem Materialismus gelang in der letzten Generation ein solcher Siegeszug und er wurde von vielen voll ausgekostet, insbesondere von den populären Gegnern der Religion im 19. Jahrhundert. Für einen Augenblick sah es so aus, als würde er permanent Fuß fassen.

Man möge mir mein Abschweifen verzeihen, um tief im Inneren eine persönliche Schwäche für den altmodischen expliziten Materialismus einzugestehen. Meine Neigung zu ihm hatte folgenden Grund: Er ist voll von gesundem Menschenverstand und Ehrlichkeit.

Insofern hatte er im höchsten Maße recht, und wenn ich sage »im höchsten Maße«, dann meine ich »im höchsten Maße«. Er ging bis an seine Grenzen. Es handelte sich nicht um eine Verirrung und noch weniger um eine Perversion. Der explizite Materialismus war eine bodenständige Halbwahrheit, aber menschlich und, auf seine ausgesprochen beschränkte Weise, rational.

Der Materialist meiner Kindheitstage ging seinen Weg entlang des weiten Pfades, dem wir alle zu Beginn unseres Philosophierens folgen müssen. Tag für Tag, Augenblick für Augenblick befassen wir uns mit einer offensichtlichen Reihe von materieller Ursache und Wirkung.

Nichtmaterielle Ursachen werden uns auf subtile Weise deutlich. Wir haben auf subtile Weise auch ein Wissen über die Wahrheit, wonach die sogenannte »materielle Erfahrung« gar keine Erfahrung von Materie, sondern etwas ganz anderes ist, nämlich eine Erfahrung des Verstandes – der, durch irgendeinen selbstständigen Akt, ein Etwas namens Materie *voraussetzt* und sie als Ursache bezeichnet. Wir müssen uns der Materie bewusst sein, bevor wir überhaupt die Materie an erste Stelle setzen können – und das Bewusstsein ist nicht materiell.

Aber unseren lustigen, kleinen Zwerg kümmert das alles nicht. Subtilität gehört nicht zu seinen Spezialitäten. Ihm ist klar, wie Sie und ich und der Schornsteinfeger um die Ecke wissen, dass man ertrinkt, wenn man ins Wasser fällt. Also ist das Wasser die Ursache des Ertrinkens. Wenn man einem Mann auf den Kopf schlägt, hört er auf zu denken und hört auch scheinbar zwischenzeitlich auf zu sein. Wenn man ihn fest genug schlägt, scheint er vollkommen aufzuhören, zu sein. Das arbeitende Gehirn ist also die Ursache des Denkens und Seins – und wenn es die Arbeit einstellt, so werden auch das Denken und Sein eingestellt.

Überall um uns und um den Materialisten herum zeigen sich zahllose sichtbare, fassbare und echte Beispiele materieller Ursachen, die scheinbar jeder Wirkung vorangehen. Der Materialist hält hier, bei dieser Halbwahrheit, die durchaus eine Wahrheit ist, inne und geht nicht mehr weiter. All das sagt mir zu. Der Materialismus beruht auf zwei großen Tugenden: der Einfachheit und der Ehrlichkeit.

Mit all jenen, die mit hochtrabenden Ausdrücken auf meinen stämmigen kleinen Zwerg zukommen, der so voller Gewissheiten ist, habe ich keine Geduld. Ich habe keine Geduld mit denen, die lange Wörter benutzen und versuchen, ihn mit dem Jargon der sogenannten Philosophie einzuschüchtern, mit denen die Deutschen sich benebelt haben, weil sie die Klarheit Descartes' missverstanden. Ich habe keine Geduld mit Leuten, die den armen kleinen Gesellen mit Wörtern wie »subjektiv« und »objektiv« verwirren. Lieber verbringe ich einen Abend mit einem Materialisten in einer Wirtschaft als mit irgendeinem dieser Sophisten in einem Gesellschaftsraum. Mehr noch, der Materialist erfüllt mich mit einem Mitleid, das der Liebe ähnelt.

Ich achte ihn in dem Chaos unserer Tage mit einem Gefühl beschützerischer Zuneigung. Ich möchte ihn vor den Schlägen seiner Feinde bewahren und ihm sagen, dass, so schwach sie auch sein mögen, er immer noch schwächer ist. Genauso möchte ich ihm andauernd sagen, was für ein ehrlicher kleiner Kerl er ist. Denn er hat zumindest noch einen Sinn für die Realität, so wie wir Gläubigen ihn auf eine größere Weise haben. Er sagt die Wahrheit, so weit er sie sehen kann, während sich die meisten von denen, die ihn verhöhnen, nicht um die Wahrheit scheren, sondern nur um ihre Systeme oder ihre Bekanntheit.

An den noch verbliebenen expliziten Materialisten ist mir aufgefallen, dass es sich bei ihnen fast immer um ehrliche Männer handelt, die von unlogischer Empörung gegen das Böse und insbesondere gegen die Ungerechtigkeit erfüllt sind. Sie sind Haufen großzügiger Leute und sie fühlen sich immer der Unschuld verbunden.

Unter den alten Feinden nehmen sie jetzt einen sehr kleinen Platz ein. Sie haben das Gefühl, aus dem Rennen zu sein.

Ihre Herzen wurden durch Missbrauch und Kränkung und die gemeine Desertion ihrer Freunde gebrochen, die den schrecklichen Titel des Materialisten wie im Chor und mit Entrüstung verschmähen. Deswegen sind es die meisten von ihnen gewohnt, sich zu entschuldigen. Sie reden üblicherweise wie Ungebildete unter Gelehrten und sagen gewissermaßen:

Ich weiß, ich bin nur ein armer, ungehobelter Bursche, und zweifellos bin ich altmodisch. Dennoch: Vernunft bleibt am Ende Vernunft. Ich beherrsche kein Latein oder Griechisch oder Deutsch, aber ich kann vernünftiges Englisch sprechen, verdammt noch mal, und das reicht mir.

Nun, das gefällt mir.

Der explizite Materialismus hält aber nicht Schritt mit der Welt. Nur selten entdecke ich ihn außerhalb der Kolumnen französischer Provinzzeitschriften (denn die Klarheit des Materialismus spricht das französische Temperament an), in ein paar unbekannten englischen Wochenzeitungen und in verblassten Handbüchern, die betagten Herren lieb und teuer sind. Der Materialist ist auf der Strecke geblieben und mir, für meinen Teil, macht es nichts aus, hinten in der Kolonne zu verweilen und mich mit dem fußkranken Nachzügler anzufreunden.

Der Materialist wird in unserer Zeit nicht wieder an Stärke gewinnen. Wenn es mir gestattet ist, mich sehr lehrsatzmäßig auszudrücken, sage ich Ihnen, warum: Er wird nicht wieder an Stärke gewinnen, weil der Teufel für ihn keine Verwendung mehr hat. Der Teufel hat den Materialisten zwischen der Mitte des 18. und dem letzten Drittel des 19. Jahrhunderts für seine eigenen Zwecke eingespannt (obwohl der Materialist für den Teufel keine Verwendung hatte). Nun hat der Teufel dem Materialisten ungeduldig befohlen, den Weg freizumachen. Und der Teufel wird seinen Willen bekommen.

Er hat unsere Generation zu vornehm gemacht, um sich mit dem Materialisten zu beschäftigen. In uns wurden geistige Kräfte zum Leben erweckt. Wir müssen über den »Willen zum Frieden«, den »Willen zur Macht« und »den Willen zu«

diesem und jenem reden. Wir wollen die »Fülle unseres Lebens« leben und haben (komischerweise) entdeckt, dass dies ohne lebendiges Prinzip nicht möglich ist, d. h. ohne eine Seele.

Also könnte man sagen, dass der Materialist heute, nach dem Bibelchristen, der letzte und schwächste unter den verbleibenden alten Feinden ist. Und deswegen habe ich ihn auf dieser Liste an zweite Stelle gesetzt.

Er wird bis zu meinem Tod noch nicht ganz verschwunden sein, hoffe ich – obgleich ich fürchte, dass dies der Fall sein wird –, denn ansonsten würde ich mich sehr einsam fühlen.

Es gab eine Zeit, die bis zum Ende der 1880er Jahre reichte, als er ein ständiger Begleiter war und man sicher sein konnte, ihn so ziemlich überall anzutreffen. Die Welt wird ärmer sein ohne ihn, aber er liegt im Sterben.

Ich bitte darum, dass ihn niemand mit seinen mächtigeren, aber garstigeren modernen Brüdern verwechseln möge, die seine Verwandtschaft zu ihnen so gerne verschweigen. Ganz besonders hasst ihn der Pantheist. Er ist jedoch besser als sie alle.

Sollte er uns zu meinen Lebzeiten verlassen, was durchaus wahrscheinlich ist, werde ich andächtig an seinem Begräbnis teilnehmen, was mehr ist, als ich für jeden der anderen tun würde.

Seine Werke werden allerdings nach seinem Tod weiterleben und zur rechten Zeit wird er selbst wiederkehren. Er ist unverwüstlich. Er lauert in dem Stoff, aus dem die Menschheit gemacht ist.

(iii) Das Argument von »Macht und Wohlstand«

An diesem Punkt überschreiten wir die Trennlinie zwischen den alten Feinden, die offensichtlich verbraucht sind, und denjenigen, die immer noch aktiv sind und in der modernen Offensive gegen den Glauben eine bedeutende Rolle spielen. Der Bibelchrist ist beinahe ein Fossil und der erklärte Materialist ein seltenes Exemplar aus längst vergangenen Tagen. Aber das historische Argument gegen den Katholizismus, der Geist der wissenschaftlichen Negation und der Disput um »Macht und Wohlstand«, die wir nun betrachten wollen, besitzen noch immer großes Gewicht, auch wenn ihre Bedeutung schwindet. Sie sind immer noch Teil der öffentlichen Debatte und haben Gewicht.

Das Argument von »Macht und Wohlstand« lässt sich wie folgt zusammenfassen:

Die katholische Kirche irrt, da die katholischen Nationen im Vergleich zu denjenigen der antikatholischen Kultur, in diesem Fall die protestantischen Nationen, stetig an Macht und Wohlstand verloren haben.

Wenn wir ein solches Argument hören und annehmen, dass es zutrifft, bemerken wir zuallererst, dass es an zwei Mängeln leidet: Es ist irrelevant und beweist keinen kausalen Zusammenhang.

Außerdem haben wir anzumerken, dass es falsch ist.

Wenn wir mit diesem Argument von »Macht und Wohlstand« konfrontiert werden, ergeht es uns wie dem, der mit dem Argument konfrontiert wird, die breiten Straßen und die sorgfältige Planung einer Stadt wie Washington, D.C. sei Energieverschwendung gewesen, denn Städte wie Kairo mit ihren engen und verschlungen Straßen und ihrem unkontrollierten Wachstum wiesen eine höhere Geburtsrate auf.

Dieses Argument wäre irrelevant, da der vorausschauende Städtebau mit breiten Straßen nicht das Ziel verfolgt, die Geburtenrate zu erhöhen, sondern den Straßenverkehr zu erleichtern und für andere Bequemlichkeiten zu sorgen; niemand versucht, einen Zusammenhang zwischen einer hohen Geburtenrate und engen Gassen herzustellen. Zudem stimmt die Behauptung nicht. Zu einem bestimmten Zeitpunkt oder in einem bestimmten Land hat die eine Städteart eine höhere Geburtenrate, an einem anderen Ort und zu einer anderen Zeit eine andere.

Trotzdem hat dieses Argument bis vor Kurzem in allen Ländern einen sehr starken Reiz ausgeübt und das Denken gewaltig beeinflusst. Selbst heute besitzt es noch eine beachtliche Stärke. In einer bestimmten Bildungsschicht ist es im protestantischen Kulturgebiet beinahe ein Gemeinplatz, und obwohl die modernen Belege, die gegen das Argument sprechen, in den katholischen Ländern zu eindeutig geworden sind, gibt es immer noch Inseln einsamen, altmodischen Denkens, auf denen es seinen ursprünglichen Einfluss weiterhin behauptet. Die solchem Denken verhafteten Begriffsstutzigen, so viel ist sicher, finden sich eher unter den wenig Gereisten oder Unbelesenen, die in den alten Kategorien von Aufklärung und Fortschritt denken, insbesondere solchen wie »Pressefreiheit«, »Bildung der Massen« usw.

Im Zusammenhang mit der Irrelevanz dieses Arguments liegt ein Paradoxon vor, das in dieser Kontroverse auf katholischer Seite nicht allenthalben Beachtung gefunden hat: nämlich dass ein solches Beispiel äußerst wirksam ist. Wo ein klarer Fall von Überlegenheit in politischer und wirtschaftlicher Macht demonstriert werden kann, wird unweigerlich der Gedanke einer entsprechenden Überlegenheit auf philosophischem und religiösem Gebiet aufkommen. Maßgebend für eine solche Überlegungen sind falsche Einschätzungen von Ursachen, wirre Gedanken und falsche Ideale. Diese Überlegung – und das ist der entscheidende Punkt – wird aber auch aus Gründen angestellt, die von echtem intellektuellen und moralischen Wert sind.

Was die falschen Gründe anbelangt: Der Zweck einer Religion oder Philosophie besteht nicht darin, Menschen reich oder mächtig, sondern sie endgültig glücklich zu machen, d. h. ihrem Daseinszweck gerecht zu werden. Wenn ein derartiges Glück für unsterbliche Menschenseelen erreichbar ist, kann es nicht in einem vergänglichen und sterblichen, sondern nur in einem endgültigen und unvergänglichen Glück gesucht werden. Nur eine absurde Philosophie lässt jemanden etwas tun, das ihm eine Stunde lang behagt, ihm aber den Rest seines Lebens zur Qual macht. Diejenigen, die die Lehre von der Unsterblichkeit akzeptieren, können nicht auf vergängliche Wirkungen als Zweck einer wahren Religion verweisen. Aber auch gegenüber der zahlenmäßig zunehmenden Schar derjenigen, die die alte Lehre von der Unsterblichkeit zurückweisen, lässt sich die Irrelevanz des Arguments nachweisen, und zwar mit Hinweis darauf, dass Reichtum und politische Macht an sich nicht einmal ein vergängliches Glück zustande bringen. Selbst wenn in einer Gemeinschaft Wohlstand und Macht gleichmäßig verteilt sind, werden ihre Mitglieder nicht glücklich sein, sofern sie es nicht auch innerlich sind. Und wo Wohlstand und Macht ungleich verteilt sind, wo die wenigen im Überfluss leben und die vielen Not und Elend leiden oder wo einige wenige Kontrolleure den vielen ihren Willen aufoktroyieren können, ist die Gesellschaft gescheitert, auch wenn ihr Wohlstand und ihre Macht insgesamt zugenommen haben.

Worin besteht also der falsche Grund, der die Menschen trotz derart offenkundiger Wahrheiten zur Annahme des Argumentes veranlasst? Er besteht in der Tatsache, dass alle Menschen als *Einzelpersonen* den Wohlstand und die Macht, die er mit sich bringt, verlangen. Dies mit dem höchsten Gut zu verwechseln ist der verbreitetste aller Irrtümer. Tatsächlich scheinen der Menschheit, insoweit sie nicht mit der katholischen Philosophie vertraut ist, Wohlstand und Macht geradezu selbstverständlich die Ziele des Lebens zu sein. Der hl. Thomas hat diese Illusion in seiner berühmten *Quaestio* besprochen: »Ob die Seligkeit des Menschen im Reichtum besteht«[13], und alle Menschen, die seinen Gedankengang nicht bis zum Schluss folgen, antworten mit »Ja«. Selbst dort, wo der Glaube erhalten geblieben ist, streben die Menschen übermäßig nach Wohlstand und Macht. Wo der Glaube verloren ist, streben sie nach gar nichts anderem mehr.

Der *Einzelne*, der vom Streben nach Wohlstand und Macht beherrscht wird, projiziert sich selbst in die Gemeinschaft und

---

13 Anm. d. Übers.: Thomas von Aquin: *Summa theologiae*, Ia IIae q. 2 a. 1.

sieht in der Vergrößerung von Reichtümern ein irgendwie ausgeweitetes individuelles Tun, das er selbst gerne vollbrächte. Dabei macht er indes sich und die meisten anderen zugunsten einer kleinen Zahl von Menschen arm, diese Folge verkennt er allerdings wegen der Illusion eines allgemeinen Wohlstands.

So rühmen sich unsere modernen Industriestädte ihres Glücks, obgleich die Masse ihrer Einwohner hilfsbedürftig oder halb versklavt ist.

Das sind also die Scheingründe, die Menschen dazu bringen, das Argument zu akzeptieren, wenn, wie es der Fall ist, protestantische Gesellschaften sich durch mehr Wohlstand und Macht auszeichnen als katholische.

Gibt es aber Gründe von intellektuellem und moralischem Wert, die zur Annahme dieses Arguments veranlassen? Es gibt sie. Und diesen Aspekt möchte ich ganz besonders betonen, denn er wird gewöhnlich übersehen.

Wir leben alle aufgrund wirtschaftlicher Leistung und wir alle erfreuen uns an der Stärke unseres Landes. Sowohl die Not als auch die Tugend bestimmen uns dazu. Zu Recht beschuldigen wir Faulheit und Gleichgültigkeit, der Größe des Staates zu schaden. Wenn wir etwa sagen, dass die Trunkenheit die menschlichen Leistungskräfte oder die Korruption von Politikern die politische Macht der Nation ruinieren, dann stellen wir die Dinge auf eine hohe und gute Grundlage, aber nicht auf die höchste. Der maßgebliche Grund, weswegen wir die Trunkenheit beim Arbeiter und die Korruption beim Staatsdiener verurteilen, liegt darin, dass beide moralisch verwerflich sind. Es genügt jedoch zu sagen, dass deren Konsequenzen in Armut und Machtlosigkeit bestehen, um ihre Missbilligung hinreichend zu begründen. Wenn Menschen an einem Moralsystem festhalten, das solche Dinge für erlaubt erklärt, gelangen wir durch die Auswirkungen dieses Systems (Armut und staatliches Scheitern) zum berechtigten Urteil, dass es falsch ist. Wenn ein anderes Moralsystem Nüchternheit, harte Arbeit und eine strenge disziplinierte Politiker hervorbringt, bei denen Bestechlichkeit oder Erpressbarkeit ausgeschlossen sind, dann schließen wir *unter ansonsten gleichen Zuständen* zurecht darauf, dass letzteres System das bessere ist. Diese auf dem gesunden Menschenverstand beruhende Überlegung ist in der hier erörterten Frage von großem Gewicht. Wenn wir überall dort, wo der Katholizismus die Geister beherrscht, in einem seinem Einfluss entsprechenden Maße Not und Elend als Folge von Faulheit und anderen Fehlhaltungen samt einem Zusammenbruch der Staatsgewalt anträfen; wenn wir überall dort, wo der Katholizismus abgeschafft und in dem Maße, in dem er abgeschafft wurde, heitere, produktive, einsatzfreudige Tätigkeit und einen hohen Moralstandard im öffentlichen Dienst wahrnähmen – insbesondere bei den führenden Persönlichkeiten: Wenn wir im erstgenannten Szenario auf architektonische Hässlichkeit, ekelerregende und unzureichende Nahrungsmittel, Schmutz und Elend, in letzterem aber auf Schönheit in der Baukunst, eine gute Küche, Sauberkeit und Fröhlichkeit stießen, dann könnte nichts davon abhalten, sich für das Zweite und gegen das Erste zu entscheiden. Das praktische Argument würde jede Theorie widerlegen. Keine abstrakte Darstellung der Wahrheit könnte das Sichtbare und Fassbare aufwiegen, welches den Menschen vor Augen steht und daher konkret fassbar ist. Hüben laufen die Dinge gut und werden immer besser; drüben laufen sie schlecht und werden immer schlechter. Die Schlussfolgerung liegt auf der Hand.

Nun ist genau dies die Grundlage, aufgrund derer das Argument von »Macht und Wohlstand« seine größte Wirkung ausübte, wie es in der Mitte des 19. Jahrhunderts der Fall war. Und für viele stellen sich die Dinge, wenn auch mit erheblichen Einschränkungen, auch heute noch so dar.

Dieses Argument war in England zum genannten Zeitpunkt besonders wirksam und blieb es auch bis zum Ende des Jahrhunderts. Es handelte sich um eine Epoche, in der das protestantische England schnell an Reichtum, Bevölkerung und Gebiet wuchs, während die Nationen katholischer Prägung entweder an einer Abnahme des Wohlstandes, an Bevölkerungsrückgang oder an inneren Erschütterungen zu leiden hatten, wovon England ganz und gar verschont blieb. Zudem beeinflusste das unmittelbar vor Augen stehende Beispiel (Irlands) das Denken der Engländer in hohem Maße. Sie sahen, wie die katholischen Länder im Vergleich zu ihnen an Reichtum und Bevölkerung verloren. Sie berücksichtigten jedoch nicht ihren eigenen Anteil an dieser Entwicklung. Sie hielten diese Entwicklung, an der sie mitschuldig waren, aber für ein Beispiel des Wirkens Gottes innerhalb des Weltgeschehens. Zu dieser Zeit war es insbesondere Mode, den Gegensatz zu Spanien zu betonen. In all unseren verbreiteten Geschichtsbüchern wurde eine bis zum heutigen Tage ansteigende Kurve vom England des 16. Jahrhunderts gezeigt, das die Macht Spaniens herausforderte und es im Kampfe besiegte. Uns wurde gezeigt, wie das protestantische England ungehindert vorwärts schreitet und der im 16. Jahrhundert so mächtige katholische Kämpfer seit dreihundert Jahren ständig tiefer herabsinkt, all seiner Besitztümer und seines Wohlstands verlustig geht, auf dem Feld der Wissenschaften immer und immer weiter zurückfällt, an Bevölkerung verliert und, wie es ein englischer Premierminister, der fähigste Mann seiner Zeit, ausdrückte, zu »einem sterbenden Volk« wurde. Zur gleichen Zeit waren es in den allem Anschein nach prosperierenderen Nationen des katholischen Kulturkreises die antikatholischen Kräfte, die mit materiellem Wohlstand und politischer Macht ausgestattet waren. Der Aufschwung Frankreichs nach 1871 gestaltete sich zögernd, bis 1876 eine antikatholische Gruppierung die Staatsmaschinerie übernahm und ihre Macht behauptete. Sie gestaltete das öffentliche Bildungswesen um, kopierte erfolgreich ausländische Institutionen, vermehrte den sichtbaren Reichtum des Landes (oder verwaltete zumindest die zunehmende Anhäufung von Reichtum). Die Universitäten feierten neue Triumphe unter einer Führung, die den Katholizismus mit aller Macht bekämpfte, und ein neues Gesetz nach dem anderen vernichtete die Macht der Kirche.

Italien, bis dahin eine Sammlung von Kleinstaaten, wurde zu einem Königreich vereinigt und beanspruchte einen festen Status als europäische Macht. Dies geschah durch die Intervention kirchenfeindlicher Kräfte. Das Papsttum wurde angegriffen, seines Staates, seiner Hauptstadt und seiner politischen Macht beraubt, sodass es dem äußeren Anschein nach rasch in die Bedeutungslosigkeit versinken musste. Eine den französischen Bestrebungen ähnliche Richtung verbreitete sich im ganzen Land. Das öffentliche Bildungswesen, die Presse und die Literatur nahmen einen neuen Ton an, und es zeigte sich der Welt ein neues Italien.

All dies bestätigte die sichere Meinung der Engländer, der Katholizismus sei mit Verfall gleichzusetzen. Bestärkt wurde man in dieser Überzeugung außerdem von einer Erfahrung im eigenen Land. Ein lebhaftes Zwischenspiel katholischer Reaktion in kleinem Maßstab, jedoch mit verblüffender Intensität, erleuchtete und alarmierte jene Generation. Eine kleine, aber brillante Konvertitengruppe erweckte in ihren Anhängern außerordentliche Zukunftshoffnungen.[14] Doch sie scheiterte. Ihr Hauptresultat bestand darin, dass die protestantische Landeskirche umgewandelt wurde, und bald schon entstand der Eindruck, dass der Geldbeutel des einzelnen Konvertiten zu leiden hatte und seine gesellschaftlichen Chancen, gleich welcher Art, erheblich sanken. Der Konvertit war (und ist) ein Anschauungsobjekt für die Theorie der protestantischen Überlegenheit. Wenn der Konvertit zu einem großen Finanz- oder Handelshaus gehörte, so hatte er künftig keinen Einfluss mehr auf dessen weitere Entwicklung. Er konnte fortan keine exponierte Stellung mehr einnehmen – gleichgültig, welcher Art. Er scheiterte darin, eine neue Presse zu etablieren. Seine schriftstellerischen Leistungen, Romane oder Ge-

14 Anm. d. Übers.: Belloc meint an dieser Stelle möglicherweise die von Aelred Carlyle (1874–1955) in Südwales gegründete, zunächst anglikanische Benediktinergemeinschaft, die 1913 geschlossen zur römisch-katholischen Kirche übertrat. 1947 siedelte der Konvent in die bis heute bestehende Abtei Prinknash in der englischen Grafschaft Gloucestershire um.

schichtswerke, blieben unbeachtet. Als Denker mochte er für den Augenblick eine starke Wirkung haben – wie es bei Newman der Fall war –, allerdings nur vorübergehend. Auch wuchs der zahlenmäßige Anteil der Konvertiten an der Gesamtbevölkerung nicht.

Das Argument, das hier in England so schlagkräftig war, entfaltete andernorts bald die gleiche Wirkung. Dies war die Zeit, in der das protestantische Preußen zum Höhepunkt seiner Macht aufstieg. Es hatte das katholische Frankreich und das katholische Österreich besiegt, verstärkte seinen Zangengriff um das polnische Volk und dominierte die katholische Minderheit seines neuen Reiches. Es war die Zeit, in der die Vereinigten Staaten, nachdem sie eine sehr schwere Krise überwunden hatten, schnell an materiellen Gütern, Bevölkerung und schließlich auch internationaler Stärke gewannen. Im Allgemeinen schritt die industrielle Entwicklung innerhalb der gesamten protestantischen Kultur beständig voran. Lange Zeit herrschte der Eindruck vor, dass der Katholizismus einen negativen Kontrast dazu bildete. Und deswegen erheischt das Argument von »Macht und Wohlstand« auch heute noch unsere genaue Aufmerksamkeit, auch wenn es im Schwinden begriffen ist.

Erwägen wir nun also, welche Wahrheit dieser Haltung innewohnte und warum das Argument trotz seines Wahrheitsgehaltes fundamental falsch war und heute zunehmend immer unhaltbarer wird.

Zunächst muss ein erheblicher Abzug an der Selbsteinschätzung der protestantischen Kultur vorgenommen werden. Alle menschlichen Gruppen neigen, genauso wie alle Einzelpersonen, zu einem falschen Selbstbild. Der Einzelne ist der Hauptgegenstand seiner eigenen Selbstbetrachtung. Seine Sorgen und Erfolge sind bezogen auf das Gesamt der Gesellschaft notwendigerweise kleiner, als er sie ihm selbst erscheinen. Die protestantische Kultur übertreibt diese natürliche Tendenz jedoch aus einer morbiden Selbstgenügsamkeit heraus, die in all ihren Ausdrucksformen entdeckt werden kann, beträchtlich.

Ursächlich ist hier teilweise die Tradition des »auserwählten Volks«, die auf die Bibelvergötzung zurückzuführen ist, aber noch mehr ein allgemeines ethisches Prinzip. Es wird als Pflicht und gleichbedeutend mit Patriotismus betrachtet, eine Überlegenheitsvorstellung zu pflegen: die Überlegenheit der eigenen Nation über alle anderen und die allgemeine Überlegenheit der eigenen Kultur über eine konkurrierende. In den gängigen Sprechweisen ist dies allgegenwärtig: in der Verachtung des Nordholländers gegenüber denen »südlich des Deichs«, in Berlins Verachtung gegenüber Wien, im amerikanischen Begriff »Dago«,[15] in den zahllosen Beschreibungen der eigenen Institutionen und Erzeugnisse, die mit einer Art Doxologie enden: »die besten der Welt«.

Als Nächstes ist zu bemerken, dass diese Sichtweise nicht nur das vernachlässigt, worin sich andere auszeichnen, sondern die Elemente des Wohlstands und der Macht vergisst, in denen sich das eigene Volk nicht auszeichnet. Die städtische Verwaltung im deutschen Reich etwa ist oder war die geordnetste und wirtschaftlichste in ganz Europa, die städtische Architektur jedoch war die am wenigsten ansprechende. Ein Mensch dieses Kulturkreises würde viel eher die nicht so sauberen Straßen eines konkurrierenden Volkes als ihre größere Schönheit bemerken. Wenn seine eigenen Gerichte ungießbar sind, ist das nicht von Relevanz, wenn aber sein Postwesen wohlstrukturiert ist, wird es zum Prüfstein der Zivilisation. Wenn seine Züge pünktlich und schnell und die Schienen besser als andernorts gelegt sind, sind dies Belege für die führende Stellung des Landes. Dass jedoch die Transportkosten exzessiv sind, wird zur Nebensächlichkeit. Wenn ein Land in der Massenproduktion eines bestimmten Artikels führend ist, dann ist die Quantität entscheidend. Wenn es aber in der Qualität führend ist, dann ist dies entscheidend, während die Quantität von zweitrangiger Bedeutung ist.

15 Anm. d. Übers.: Pejorative Bezeichnung für Personen italienischer oder südeuropäischer Herkunft.

Zu alledem muss die Auswirkung der Geschichtsschreibung in Rechnung gestellt werden. Geschichte kann so geschrieben werden, dass jeder Fortschritt oder Erfolg ein Höhepunkt, jeder Rückschlag lediglich ein Intermezzo ist. Solch eine Geschichtsschreibung ist schlechter als gar keine. Und doch wurde die protestantische Geschichte über Generationen hinweg so geschrieben. Ein für die Zukunft Europas bedeutungsloses Ereignis wird zum entscheidenden Geschehen, weil es das eigene Land betrifft. Alles, was zum gegenwärtigen Stand der Dinge führte, war ein Glücksfall. Es war ein Glücksfall, dass die Monarchie zusammenbrach, dass die Kabinettsregierung entstand, dass die Industriestädte wuchsen. Bis vor Kurzem war es ein Glücksfall, dass die Bevölkerung rapide wuchs. Jetzt ist es ein glücklicher Umstand, dass die Geburtenrate genauso schnell wieder fällt.

Das eklatanteste Beispiel für diese Haltung ist die Vernachlässigung der Grundlage jeder Gesellschaft: der Scholle.

Der Verlust der Bauernschaft – ein unersetzlicher Verlust für die Stärke einer Nation – wird als Kleinigkeit abgetan. Der immense landwirtschaftliche Reichtum der katholischen Kultur wird außer Acht gelassen, während das Außenhandelsvolumen der Nation und die Entwicklung ihrer Industrie der Maßstab für wirtschaftlichen Erfolg sind.

Eine weitere Erwägung, die bei der Bewertung des Arguments von »Macht und Wohlstand« von höchster Wichtigkeit ist, ist die der säkularen Schwankungen. Es entspricht nicht der Wahrheit, dass es einen beständigen Aufstieg der protestantischen und einen stetigen Verfall der katholischen Kultur gegeben hat. Allein die Bauten der Vergangenheit lehren selbst den Ungebildetsten diese Lektion über hier vorkommende Schwankungen. Die Geschichte lässt diesbezüglich keinen Zweifel aufkommen. Das 17. Jahrhundert – und eine Generation darüber hinaus – war eine Epoche des katholischen Aufstiegs, der von der französischen Monarchie angeführt wurde. Die Phase, auf der das Argument von Macht und Wohlstand beruhte, war eine spätere, die erst im späten 18. Jahrhundert langsam begann und nicht vor den Koalitionskriegen deutlich erkennbar wurde.

In diesem Zusammenhang (der Aufstieg und Fall materiellen Reichtums und Macht über große Zeiträume) können wir an den alten Mohammedanismus erinnern. Der Mohammedanismus nahm auf der Höhe seiner Macht für sich in Anspruch, dass seine Überlegenheit in den Künsten und in der militärischen Stärke der Beweis seiner weltanschaulichen Wahrheit sei. Könnte man dieselbe Probe noch zweihundert Jahre später auf ihn anwenden? In diesen Dingen gibt es keine Beständigkeit.

Das Argument wurde also auf einer falschen Grundlage entwickelt. Es enthält jedoch einen wahren Kern, den wir zugeben müssen. Im 19. Jahrhundert triumphierte die protestantische Kultur zunehmend über ihren Rivalen. Sie gestaltete sich als aufsteigende Kurve, deren Scheitelpunkt zum Ende des Jahrhunderts erreicht und überschritten wurde.

Dies hatte viele Ursachen: Die Französische Revolution mit ihrem unerwarteten Resultat der Schaffung des modernen Preußens und der Vernichtung der französischen Flotte. Der große »antiklerikale« religiöse Kampf, der Italien so lang lähmte, die Franzosen immer noch stark behindert und mit einer gewaltigen Macht das katholische Europa durchzog, die erst jetzt langsam abnimmt. Der erfolgreiche Abbau von bestimmten natürlichen Rohstoffen – vor allem der Kohle – außerhalb des katholischen Kulturkreises. Die Erschöpfung im Inneren aufgrund von bürgerlichen Unruhen und Kriegen. Was aber auch immer die Gründe sein mögen (und es gibt noch viele weitere): Das Phänomen war tatsächlich da. Von diesem einzigen stichhaltigen Teil des Arguments hing alles ab.

Diese Phasen materiellen Erfolges waren jedoch, um es zu wiederholen, nicht von Dauer und aus diesem Grund hat das Argument keinen endgültigen Wert. Heute hat sich das Blatt in Europa vor unseren Augen unzweifelhaft gewendet. Man bedenke die offensichtlicheren Belege, die für diese Schlussfolgerung angeführt werden können: die neuen Staaten – Polen und Irland –, der bemerkenswerte Aufstieg Italiens, der langsam gewürdigt wird, und der langsame, aber stetige Fortschritt Spaniens. Im gesamten katholischen Kulturkreis ist eine schnelle und sichtbare Belebung – wie auch immer genau dies einzuschätzen sein mag – in den mechanischen Wissenschaften auszumachen. Die Ausgangsbedingungen haben sich tiefgreifend geändert. Am wichtigsten aber ist das Aufscheinen der katholischen Tradition als einziger Schutz vor der Auflösung unserer Gesellschaft.

Diese Gesellschaft wird noch viele Anstrengungen unternehmen müssen, bevor sie wieder konsolidiert ist. Wo auch immer das industrielle System seine zweite Generation erreicht hat, wird es durch zwei tödliche Gefahren bedroht. Die erste ist die Forderung eines organisierten Proletariats nach Lebensunterhalt, die nicht in Relation zur Frucht seiner Arbeit steht: eine Forderung, die die Existenz des *Profits* – und damit die notwendige Basis des Kapitalismus – bedroht. Die zweite und unmittelbar drohende Gefahr ist die der Revolte mit dem Ziel einer Konfiszierung der Produktionsmittel. Die Menschen wenden sich – wenn auch undeutlich – der katholischen Kultur als Gegenmittel für derartige Gefahren zu. Ersterer Gefahr setzt die katholische Kultur ihre Tradition gemeinschaftlicher Arbeit, die Wiederbelebung des Bauernstandes und den Grundsatz des Privateigentums entgegen. Gegen die zweite Gefahr bringt sie die moralische Wirkung eines Sittengesetzes in Stellung, welches ein Todfeind des Kommunismus ist. Polen als Bastion gegen die von Moskau aus gesteuerte Revolution ist mehr als ein Symbol.

Dieser großen Veränderung liegt ein Gesinnungswandel zugrunde. Für denjenigen, der Europa in seiner Gesamtheit betrachtet, ist die Rückkehr der katholischen Philosophie das entscheidende geistige Phänomen der letzten Jahre: direkt im akademischen Leben, aber noch viel stärker indirekt in ihrer Ausstrahlung, die man überall im Bereich der Literatur, der

Sprache und dem praktischen Handeln wahrnimmt. Sie wird durch den Kontrast zwischen ihr und dem sie umgebenden extravaganten Heidentum verdeutlicht. Die katholische Renaissance hat etwas Dauerhaftes an sich, das Heidentum etwas wie ein sich zu Tode glühendes Fieber.

(iv) Das historische Argument

Unter den alten Feinden folgt als nächster das historische Argument. Wie all die anderen hat auch dieser Feind die Grenzlinie zwischen agilem Leben und Verfall überschritten. In ihm steckt jedoch noch mehr Vitalität als im Argument von »Macht und Wohlstand«, mit dem wir uns gerade beschäftigt haben.

Zunächst eine Definition.

Mit dem historischen Angriff auf die katholische Kirche meine ich nicht die verbreitete These, laut der die Geschichte zeige, sie sei lediglich etwas Menschengemachtes – mit vermeintlichen Götterwesen usw. – genauso wie alle anderen Religionen auch. Dies gehört vielmehr zum nächsten Abschnitt, der die wissenschaftliche Negation behandelt. Hier jedoch soll es um den Versuch gehen, der unternommen worden ist, um aus der Geschichte zu zeigen, dass die Inanspruchnahme bestimmter geschichtlicher Fakten durch die katholische Kirche hinfällig sei. Ich führe einige Beispiele an. Es ist ein Glaubenssatz, dass im allerheiligsten Altarssakrament Jesus Christus seiner ganzen Menschheit und Gottheit nach gegenwärtig präsent ist. An dieser Stelle befasse ich mich nicht mit der Behauptung, dies sei lediglich ein weiteres Beispiel für eine Wahnvorstellung, wie es angeblich viele Parallelbeispiele aus der Heidenwelt veranschaulichen könnten. Dazu komme ich später. Hier geht es vielmehr um das Argument, es könne bewiesen werden, dass diese Lehre eine *späte* Erfindung der Kirche wäre, und die Behauptung, sie sei eine *ursprüngliche* Offenbarungslehre ihres Gründers, wäre durch historische Nachforschungen widerlegbar. Jahrhundertelang, so wird behauptet, habe es keine solche Lehre gegeben.

Des Weiteren hält der Glaube die Dreifaltigkeit von Vater, Sohn und Heiligem Geist als Lehre fest, die so alt ist wie er selbst. Der historische Angriff wendet sich nicht gegen die Lehre an sich, sondern behauptet nachweisen zu können, dass sie nicht Teil der ursprünglichen Offenbarung gewesen sei.

Ferner lehrt die Kirche den Primat des Papstes. Der historische Angriff will ihn zu einem späteren Zusatz machen. Sie lehrt die Unfehlbarkeit der Kathedra des Heiligen Petrus. Der historische Angriff will den Beweis antreten, dass eine solche Vorstellung nicht vor dem späten Mittelalter möglich gewesen sei.

Dies meine ich, wenn ich vom historischen Angriff auf die katholische Kirche spreche.

Die jüngste Schwächung dieses Angriffes, der so lange eine große Rolle spielte, ist von besonderem Interesse. Vielleicht handelt es sich um den faszinierendsten Ideenwandel der letzten fünfzig Jahre. Welcher Angriffsform der Katholizismus über beinahe 400 Jahre hinweg auch immer begegnet ist, welche anderen Waffen auch gegen ihn von den Gelehrten der Renaissance bis zu unseren Tagen verwendet wurden, eines galt als sicher: dass die Kirche zumindest beim *historischen Argument* immer in der Defensive stehen würde. Und so verhielt es sich auch im Allgemeinen bis zur jetzigen Zeit.

Ich möchte damit nicht sagen, dass diese Defensive nicht erfolgreich war; sie war es häufig, wie es bei Verteidigungen in anderen Konfliktformen ebenfalls häufig der Fall ist – dennoch, es war eine Defensive.

Sogar vor dem Ausbruch des großen Chaos im 16. Jahrhundert, d. h. vor der ursprünglichen Verwirrung, die viel zu sehr mit dem Namen Martin Luthers verbunden wird, hatte es schon ein Menschenalter lang Angriffe auf die Tradition gegeben, die ihre Kraft aus dem historischen Argument herleiteten. Und als die Revolte selbst ausbrach, verließ man sich nach 1517 überall auf die Geschichtsschreibung als sichere Siegesmethode gegen den Glauben. Dafür gab es zwei Gründe, die oft miteinander verquickt werden, aber dennoch gesondert betrachtet werden sollten. Der erste ist die Tatsache, dass das katholische Leben im Verlauf des Früh- und Hochmittelalters von manchen unhistorischen Traditionen und Behauptungen überwuchert wurde. Es gab eine Zahl von zweifelhaften Reliquien, unzählige Legenden, die als Tatsachen betrachtet wurden usw. All dies hatte keinen Einfluss auf die Lehre der katholischen Kirche, aber ein Angriff darauf war von großem praktischen Wert, um das Ansehen der wahren Religion zu schwächen.

Jedwede Assoziationen von Ideen haben einen großen Einfluss auf das Denken; und die Menschen scheitern oft daran, zwischen Wesentlichem und Unwesentlichem zu unterschieden. Wenn also irgendein Teil der Handlungen eines Menschen oder einer Institution mit Erfolg angegriffen werden kann, werden in den Augen der Öffentlichkeit mit etwas Glück auch all ihre Ansprüche und ihr gesamter Charakter vernichtet. Bei Verfassern historischer Schmähschriften, deren Lebenswerk aus Angriffen gegen Glauben bestand, blieb die Nützlichkeit solcher Verwirrspiele keineswegs unbeachtet. Man denke etwa an Macaulay[16]. Um seine Leser mit seiner abenteuerlich unhistorischen These zu versöhnen, die Krone stünde einigen wenigen Reichen rechtmäßigerweise zur freien Verfügung, lässt er sich ausführlich über die Tatsache aus, dass Jakob II. den Mätressen ergeben war. Das Argument hat in etwa den gleichen Wert, als würde man die Hässlichkeit eines Bahnwaggons dafür anführen, den Fahrpreis nicht zahlen zu müssen. Es kam jedoch gut an und erreichte den von Macaulay beabsichtigten Zweck.

Nun waren sich die Reformatoren – zumindest die intelligenteren unter ihnen – durchaus darüber im Klaren, dass jedes Mal, wenn man einen mit der Religion in Verbindung gebrachten Mythos widerlegt, im öffentlichen Bewusstsein Zweifel bezüglich des religiösen Gebäudes insgesamt gesät wird. Wenn man zum Beispiel die Konstantinische Schenkung bloßstellt,

16 Anm. d. Übers.: Thomas Babington Macaulay, 1. Baron Macaulay (1800-1859) war ein britischer Historiker, Dichter und Politiker.

indem man zeigt, dass das Dokument nicht aus der angegebenen Zeit stammt, die man angenommen hatte, und viele unhistorische Details enthält (vermengt mit zahlreichen Fakten, die ganz sicher historisch sind), dann rüttelte man damit an der Autorität des Papsttums. Und das, obwohl die Autorität des Papsttums schon Jahrhunderte existiert hatte, bevor man sich in irgendeiner Weise auf die Konstantinische Schenkung berief.

Historische Angriffe dieser Art boten dem Scharfsinn und Fleiß ein unermessliches Betätigungsfeld, da die Volksfrömmigkeit, entstellte Traditionen, missverstandene Texte, Leichtgläubig- und Vergesslichkeit über die Jahrhunderte hinweg ein Dickicht unhaltbarer Dinge hervorgebracht hatte. Dass die Menschen an ihnen hingen, machte deren Zerstörung nur umso wirksamer. Es gab endlose Möglichkeiten, zweifelhaften Hokuspokus oder lächerliche Behauptungen und Praktiken zu entlarven und damit, durch die Assoziation von Ideen, fundamentale Lehren zu schwächen. So konnte es etwa keine zwei kompletten Reliquiensätze der hl. Maria Magdalena geben, eine in Südfrankreich und eine in Vezelay, und doch wurden beide verehrt. Folglich konnten beide verhöhnt werden. Märtyrerakten, die grobe Anachronismen enthielten, wurden dazu benutzt, um die Existenz des Märtyrers selbst oder die bloße historische Tatsache, dass er für den Glauben den Tod erlitten hatte, infrage zu stellen. Sie konnten auch dazu benutzt werden, um jede Hochachtung für solch einen Heroismus zu zerstören und die Menschen dazu zu bringen, das mutige Handeln derer zu vergessen oder zu verachten, denen wir unser christliches Erbe verdanken.

Es war nicht schwer, zu zeigen, dass der hl. Dionysius, Apostel Nordgalliens und Bischof von Paris, nicht, wie man einfältigerweise wähnte, mit Dionysius dem Areopagiten identisch war, sondern in späterer Zeit gelebt hatte. Es war noch einfacher, zu zeigen, dass es keine zeitgenössischen Beweise dafür gab, dass er seinen Kopf unter seinem Arm getragen hatte. Es war (zum Ärger der Bewohner Carnacs) ein Leichtes, zu zeigen, dass der heilige Cornelius, trotz seines Namens, keine besondere Verbindung zum Hornvieh hatte.

Dies also war die erste Gelegenheit, die historische Methode gegen die katholische Kirche einzusetzen. Es gab nämlich zum Zeitpunkt, als der Angriff eröffnet wurde, sehr viele legendäre Anbauten, die die historische Methode zerstören und infolgedessen das Hauptgebäude schwächen konnte.

Die zweite Gelegenheit aber, deutlich subtiler und weit weniger naiv, war womöglich von noch größerer Bedeutung. Sie bestand darin, jedes notwendige Wachstum der lebendigen Kirche unter Verweis auf die frühen Formen des Glaubenslebens – wo sie auffindbar waren – zurückzuweisen. Und wo bestimmte Formen nicht nachweisbar waren, behauptete man, sie hätten nie existiert.

Der Angriff bestand darin, die einfachen Menschen, die nie über diese Dinge nachgedacht hatten, darauf hinzuweisen, dass etwas ihnen in Lehre oder Praxis Vertrautes vor irgendeinem bestimmten Datum nicht existiert habe oder vor diesem oder jenem Zeitpunkt noch nicht als Glaubenslehre definiert gewesen sei.

Diese Art des historischen Angriffs wurde auf die hinterhältigste Weise geführt, mit der man eine Debatte manipulieren kann: die stillschweigende Voraussetzung eines Prinzips. Dem Opfer wird eine vermeintliche Wahrheit vorgelegt, die es zu glauben hat, indem sie nicht begründet, sondern als Selbstverständlichkeit postuliert wird.

Im vorliegenden Fall wurde die angebliche Selbstverständlichkeit angenommen, dass alles, was einer ursprünglichen Praxis hinzugefügt wird oder eine genauere Definition einer ursprünglichen Lehre darstellt, notwendigerweise eine Verfälschung sei. Das historische Argument auf diese Weise gegen den Katholizismus einzusetzen, bot, genau wie die erste Methode, viele Möglichkeiten.

Die Institution, die von den Reformatoren angegriffen wurde, hatte seit 1.500 Jahren bestanden und während all dieser

Zeit ein intensives und blühendes Leben, reich an Früchten und Entwicklungen, geführt. Der Durchschnittsmensch aber, der das Argument zum ersten Mal hörte und die Praxis seiner eigenen Zeit gewohnt war, konnte unter Umständen leicht dadurch schockiert werden, wenn man ihm sagte, dass diese oder jene Praxis auf einen nicht sehr fernen Ursprung oder zumindest auf einen Ursprung lange nach apostolischer Zeit zurückgeführt werden konnte. Beinahe alles konnte als Neuerfindung hingestellt werden.

Dieser zweiten Methode konnte auf dem Feld der Vernunft leichter begegnet werden als der ersten, dennoch war sie in der gesellschaftlichen Praxis umso hartnäckiger. Unter Gebildeten besaß sie nie sonderliches Gewicht, Narren aber liebten sie und die einfachen Geister gingen ihr ins Netz.

Man erzähle jemandem zum Beispiel, dass die Hostie vor dem 11. Jahrhundert nicht hochgehoben wurde, dass der Zölibat der Geistlichkeit im 10. Jahrhundert heftig diskutiert und in der Praxis nicht allgemein beachtet wurde. Man sage ihm, dass die Ernennung zur Bischofs- oder Abtswürde praktisch schon lange vor dem Investiturstreit in Laienhänden gelegen hatte, dass Kniebeugen und Kerzen und Glocken aus diesem oder jenem Jahrhundert stammten. In jedem einzelnen Fall wäre der einfache Mann, für den die Elevation, der Zölibat, die Art und Weise der Ernennungen von Geistlichen so normale Dinge waren, dass er sich keinen anderen Zustand vorstellen konnte, entsetzt. Er würde sich selbst sagen: »Das, was ich als die Grundlage meiner Religion angenommen habe, habe ich für älteres Glaubensgut gehalten, das in apostolischer Zeit dieselbe Form hatte wie heute. Nachdem mir nun gezeigt wurde, dass das nicht der Fall war, erscheint mir meine ganze Religion als unglaubwürdig.«

Ich sage, dass die Stärke des historischen Angriffs auf die Kirche das Feld bis in unsere eigene Zeit hinein behauptet hatte. Er hatte weit größeren Einfluss auf die Ungebildeten als auf die Gebildeten. Er triumphierte nie (in dem Sinne, dass er das zerstörte, was er attackierte), weil seine Methode falsch war. Seine Wirkung war jedoch außerordentlich.

Es gibt drei Gründe dafür, warum das historische Argument gegen den Katholizismus jüngst so stark an Kraft verlor.

Der erste ist folgender: Die ständige Wiederholung hat unsere Gegner schließlich davon überzeugt, dass es Zeitverschwendung ist, nachzuweisen, dass ein bestimmter Brauch nicht aus der Urkirche stamme oder die volle Definition einer Lehre späten Datums sei. Viele verwenden immer noch ihre Zeit darauf, seriösere antikatholische Historiker jedoch beschäftigen sich nicht mehr mit solcher Schattenboxerei.

Solange man dachte, dass diese Methode wirksam sei, um Schaden anzurichten, setzte man sie ein. Nachdem man schließlich begriffen hatte, dass katholische Historiker mit dem Wachstum von Bräuchen und Definitionen in der Kirche völlig einverstanden waren, dass die Kirche ein lebendiger Organismus ist, in dem die Entwicklung einen wesentlichen Bestandteil ihres Seins darstellt, griff man zu anderen Waffen.

Der zweite Grund ist der, dass wir eine schlechte Angewohnheit aufgegeben haben: nämlich die, dem Feind in die Falle zu laufen.

Für eine Institution, die so alt und tief verwurzelt ist wie die katholische Kirche, war es nur natürlich, jede Tradition zu erhalten. Es war unvermeidlich, dass sie, die mit Myriaden von Menschen, Tausenden von Orten und Dutzenden von Gesellschaften verbunden war, sich damit konfrontiert sah, dass alle ihre besonderen Sitten und Gebräuche verteidigten. Dieser oder jener Wallfahrtsort hängt ebenso an seiner legendären wie an seiner historischen Vergangenheit; dieses oder jenes Volk klammert sich an seine oft wiederholten Erzählungen. Zudem waren loyale Männer in Anbetracht des Schadens, welcher der gesamten Struktur in der Vergangenheit durch den Angriff auf die Anwüchse zugefügt wurde, wenig geneigt, durch stillschweigende Gutheißung des Spottes der Feinde einen solchen Angriff zu unterstützen.

Innerhalb der Kirche erhob sich jedoch kräftig ein kritischer Geist, der beständig wächst und inzwischen unschätzbare Dienste geleistet hat. Manchmal ging er zu weit, aber in jedem Fall erwies er die Anwürfe als gegenstandslos.

Der dritte Grund steht damit in Zusammenhang. Denn der kritische Geist auf katholischer Seite konnte schließlich diejenigen, die mit dem historischen Angriff begonnen und ihn so lange fortgesetzt hatten, mit ihren eigenen Waffen schlagen.

Es gab katholischerseits, seit dem späten 16. Jahrhundert und bis ins frühe 19. Jahrhundert, sehr viel korrekte Kritik. Sie wurde jedoch entweder nicht ohne polemische Aspekte oder nur als Antwort auf einen bereits begonnen Angriff betrieben. Mit anderen Worten: Die Grundhaltung war defensiv, die Initiative ging nicht von uns aus.

Es ist erstaunlich, wie spät es anscheinend erst denjenigen, die die Tradition hochschätzen, in den Sinn kam, dass eine genauere Untersuchung der Befunde zu ihren Gunsten ausfallen würde. Dieser neue Geist kam nicht vor dem 19. Jahrhundert und auch dann erst (mit voller Kraft) in dessen letztem Drittel zur Geltung. Aber sobald er hervortrat, waren die sich bietenden Möglichkeiten so unerwartet zahlreich, dass sich diesem neuen Arbeitsfeld unglaublich viele Personen zuwandten. Es bildete sich eine Schule zur Verteidigung der Tradition, die rasch wuchs und schnell an Einfluss gewann. Es handelt sich nicht um eine einheitliche Schule – sie besteht aus verschiedenen Sektionen, die aufgrund unterschiedlicher Diskussionen oftmals uneins sind. Die gleiche allgemeine Richtung dieser Geistesströmung ist dennoch deutlich erkennbar und sie erweist sich als sehr kraftvoll.

Diese neue historische Arbeit hat viele Meister, die keine besonderen Sympathien für den Katholizismus hegen. Nicht wenige, die sich damit beschäftigen, haben eine lebhafte Abneigung gegen den Katholizismus. Dennoch wirkt sich die neue und gründlichere Erforschung der Vergangenheit zugunsten des katholischen Standpunktes aus. Und diese Position wird von Jahr zu Jahr stärker. Ich wähle als ein Beispiel von tausenden die bereits erwähnte Konstantinische Schenkung.

Diese Urkunde wurde zu Beginn des Frühmittelalters, irgendwann im 9. Jahrhundert, im Westen bekannt und als authentisch anerkannt. Etwa eineinhalb Jahrhunderte, nachdem sie im Westen zum ersten Mal bekannt wurde (zumindest, insofern wir dies nachverfolgen können), wurde damit begonnen, sie zur Unterstützung päpstlicher Ansprüche heranzuziehen.

Der Text der Schenkung behauptet, Konstantin habe dem Bischof von Rom die Souveränität über das übertragen, was später der Kirchenstaat werden sollte, sowie die Oberherrschaft über die kaiserliche Stadt selbst. Sie ist mit der Geschichte Papst Silvesters verbunden, einem Zeitgenossen Konstantins, der den Kaiser getauft haben soll, als dieser mit Lepra geschlagen war. Nach der wundersamen Heilung des Kaisers durch das Bad der Taufe habe Silvester diese neuen Privilegien und Herrschaftsrechte sowie eine Anzahl symbolischer Ehren als Zeichen der Dankbarkeit erhalten.

Die Authentizität der Urkunde wurde seit dem 15. Jahrhundert infrage gestellt. Peacock, der exzentrische, aber gelehrte Bischof von Chichester in England, und Valla, der große italienische Gelehrte aus Pavia, hatten zu jener Zeit Argumente gegen ihre Echtheit vorgebracht.

Die Authentizität der Schenkungsurkunde wurde bereits vor Ausbruch der Reformation stark angezweifelt. Im 16. Jahrhundert war es unter den Gebildeten allgemeine Auffassung, dass die Echtheit nicht haltbar war. Sie war voller Mythen, datierte die Taufe Konstantins viele Jahre vor und wurde in einem Stil verfasst, der viel eher zum siebten oder achten als zum vierten Jahrhundert passte.

Und dennoch wurde die Schenkung von katholischer Seite offiziell noch eine ganze Weile verteidigt, bis sie schließlich im 17. Jahrhundert endgültig aufgegeben wurde.

Hier haben wir einen klaren Fall, in dem die historische Methode als Waffe gegen den Glauben angewendet wurde – und das mit scheinbar vollem Erfolg. Eine falsche Urkunde war als echt akzeptiert worden, sie wurde sogar dazu benutzt, einen Teil der katholischen Lehre zu stützen, nämlich die Vormachtstellung des Bischofs von Rom. Sie wurde noch lange verteidigt, nachdem sie jedes Recht darauf verloren hatte, verteidigt zu werden. Sie wurde schweren Herzens aufgegeben und am Ende des Konfliktes erweckte die Sache bestenfalls den Anschein einer schmachvollen Niederlage aus Unwissenheit oder schlechtestenfalls den einer absichtlichen Lüge.

Es ist jedoch zu beachten, was in neuerer Zeit folgte.

Die Schenkung ist nie rehabilitiert worden. Und das wird auch niemals geschehen. Was aber hier veranschaulicht wurde, ist ein interessantes Beispiel für die Art und Weise, wie ein Mythos die Wahrheit der Tradition bezeugt. Eine viel aufwendigere und weitreichendere Untersuchung als jede, die ihre Kritiker bis dahin unternommen hatten, konnte es in einigen Punkten als wahrscheinlich, in anderen als sicher nachweisen, dass die Urkunde, die uns (im Abendland) zunächst als Konstantinische Schenkung bekannt wurde, ihren Ursprung von einem viel älteren Bericht herleitet, nämlich den Akten des hl. Silvester.

Es wurde fernerhin gezeigt, dass diese apokryphen Akten des hl. Silvester, wie alle ihrer Art, ihre Grundlage in der wahren Geschichte hatten. Sie wurden von Schicht um Schicht zusammengefügte Legenden geformt, die einen wahren Kern umgaben: z. B. das ungefähre Datum, zu der die päpstliche Herrschaft in der Ewigen Stadt begann, die Schenkung des Lateranpalastes, das zeitgleiche Leben Silvesters und Konstantins usw. Wären alle Aufzeichnungen des frühen 4. Jahrhunderts verloren gegangen, würden uns die apokryphen Akten ein halbes Dutzend der wichtigsten Fakten darüber liefern können.

Der Prozess schreitet auf allen Seiten voran. Kürzlich erst widerlegte ein katholischer Gelehrter die bislang unhinterfragte akademische Lehre über eine unabhängige keltische Kirche, die weder mit Rom in Kircheneinheit stand noch den

Primat Roms anerkannte.[17] Nichtkatholische Gelehrte haben auf ähnliche Weise die Authentizität der berühmten Passage über unseren Herrn Jesus Christus bei Flavius Josephus neuerlich glaubhaft nachgewiesen. Ein definitiv – sogar heftig – antikatholischer Gelehrter[18] wies mit kritischen Gründen die Historizität des hl. Patrizius, seiner Mission und Autorschaft für die *Confessio* nach.

Es gibt im Bereich der Glaubenswissenschaft natürlich weiterhin ein gewisses Maß an Lärm gegen den Glauben, wie es z. B. notorisch der Fall ist bei Mr. Coulton[19]. Aber das gehört nicht in diesen Abschnitt meiner Untersuchung. An dieser Stelle beschäftige ich mich mit den landläufigen Angriffen unserer Zeit. Die ernstzunehmende Geschichtsschreibung gibt es auf, uns entgegenzuarbeiten. Die nichtkatholischen Historiker sind uns in der Philosophie immer noch feindlich gesinnt – manchmal sogar fanatisch. Die Hoffnung aber, dem Glauben durch historische Forschung schaden zu können, schwindet dahin. Sie hatte ein langes, erfülltes Leben!

(v) Die wissenschaftliche Negation

Dieser letzte und lebendigste unter den alten Feinden ist sehr schwer zu definieren. Worum es sich handelt, wissen wir alle: Er begegnet uns immer noch täglich. Wir alle erkennen diese Geisteshaltung, wenn sie uns begegnet. Sie ist sicher etwas dem Denken unserer Zeit organisch Verbundenes, etwas, das noch unlängst Triumphe feierte und tatsächlich vor nicht ganz einer Generation den Hauptwiderstand gegen die katholische Wahrheit ausmachte. Es ist der Geist, der das viktorianische England dominierte und Frankreich im späten 19. Jahr-

---

17 M. V. Hay: *A Chain of Error in Scottish History*. London 1928.

18 Der unlängst verstorbene Dr. John Bagnell Bury, Professor am Trinity College Dublin sowie Lehrstuhlinhaber in Cambridge.

19 Anm. d. Übers.: George Gordon Coulton (1858–1947) war ein antikatholischer britischer Mediävist, der in den 1930er Jahren heftige öffentliche Debatten mit Hilaire Belloc führte.

hundert politisch, wenn nicht sogar gesellschaftlich gefangen nahm, und die französischen Universitäten überflutete. Es ist der Geist, der den herrschenden Denkern im neuen preußischen Deutschland Bismarcks als Selbstverständlichkeit galt und, obgleich von den früheren und kultivierteren deutschen Staaten ererbt, praktisch mit der Gelehrsamkeit des neuen Reiches gleichgesetzt wurde. Er galt während der »liberalen Phase« der italienischen Wiedergeburt außerhalb der Kirche als Kennzeichen der Intelligenten und Gebildeten als unhinterfragbar. Diejenigen, die sich weigerten, diesen neuen Geist zu akzeptieren, wurden nicht ernst genommen. Der Katholizismus, sein einziger Rivale, lag seiner Meinung nach im Sterben. Der Glaube war notwendigerweise dem Untergang geweiht, da die naturwissenschaftliche Erkenntnis ihn widerlegte. Katholiken wurden als unfähig betrachtet, philosophische Diskussionen zu führen. Sie galten nicht als intellektuell ebenbürtig. Einzelne von uns, die zufälligerweise Bekanntheit erlangten, wurden bestenfalls für Rhetoriker und Poeten gehalten, die ihren Emotionen zu Lasten ihrer Vernunft freien Verlauf ließen. Schlechtestenfalls hielt man sie für unehrliche Männer, die irgendein Theater spielten, oder schlicht für Narren.

Ich sagte, dass es außerordentlich schwer sei, diesem Geist einen Namen zu geben. Er wird natürlich oft als »wissenschaftlich« bezeichnet. All das, was im öffentlichen Bewusstsein mit den Wörtern »Wissenschaft« oder »Wissenschaftler« einhergeht, sei es Lob oder Tadel, ist mit dieser Geisteshaltung verknüpft.

Wenn man jedoch das Wort »wissenschaftlich« ohne nähere Bestimmung benutzt, wird der Purist sogleich einwenden, dass dessen Verwendung unberechtigt sei. Denn das Wort »Wissenschaft« bedeutet lediglich »das, was durch Beobachtungs- oder Deduktionsbeweis derart klar erwiesen ist, dass das Gegenteil nicht in Erwägung gezogen werden kann«. Die Wissenschaft lehrt uns zum Beispiel, dass Eicheln zu Eichen heranwachsen, dass die Hyperbel beim Schnitt einer Ebene mit einem geraden Kreiskegel entsteht, dass die Erde rund ist und dass sich Wasser nach entsprechender Behandlung in zwei recht verschiedene Substanzen verwandelt, die wir »Sauerstoff« und »Wasserstoff« nennen.

Es ist klar, dass eine »Wissenschaft« in diesem Sinne kein Gegner irgendeiner das Übersinnliche betreffenden Lehre sein kann. Sie kann keinen Bezug zu einer Theologie haben und demzufolge auch kein Feind dieser Theologie sein. Das eine bezieht sich auf die Forschung zum Nachweis bestimmter Wahrheiten mittels Erfahrung in der physischen Welt, das andere auf eine »Weltanschauung«. Man kann alles Mögliche über stoffliche Reaktionen ergründen, ohne dass dies irgendwie bei der Entscheidung der Frage hilft, ob die Welt geschaffen ist oder seit jeher von selbst besteht. Man kann alles über das Leben eines Menschen in der fernen Vergangenheit wissen, was durch zeitgenössische Belege eruiert werden kann, ohne der Entscheidung der Frage irgendwie näher zu kommen, ob die Behauptung dieses Mannes, der fleischgewordene Gott zu sein, ein Wahn oder eine wahre Aussage war.

Gleichwohl entstanden um das neutrale Wort »wissenschaftlich« jene Konnotationen, die ihm das Ansehen sicherten, das es in den Kontroversen der unmittelbaren Vergangenheit hatte. Es gab so etwas wie einen »wissenschaftlichen Geist«, dessen man sich rühmte oder den man verspottete. Es gab so etwas wie eine »Denkschule«, die mit der Erforschung der stofflichen Welt (und damit auch der von Texten und Bauwerken) in Verbindung stand und dem Geist der katholischen Kirche nicht nur eingestandenermaßen entgegenstand, sondern in jedem Bereich gesellschaftlicher Aktivität, von der Literatur bis zur Architektur und von der Architektur bis zur Gesetzgebung Wirkungen zeitigte, die der christlichen Zivilisation abträglich waren und sich zersetzend auf sie auswirkten. *Dies* ist der Geist, von dem ich rede. Zur genaueren Bestimmung des Gemeinten ergänze ich das isolierte Wort um ein weiteres und komme so zur Bezeichnung »wissenschaftliche *Negation*«.

Diese Bezeichnung, so genau sie auch sein mag, ist keine Erklärung. Wenn wir einem Ausländer erklären, dass es bei uns eine Institution namens »House of Lords« gibt, dann vermitteln wir ihm damit nicht einmal eine allgemeine Vorstellung davon, um was es sich dabei handelt. Zu diesem Zweck muss man seine Funktionen, seine Zusammensetzung und seine Eigenart erklären. Auf diese Weise wollen wir auch beim vorliegenden Fall, der wissenschaftlichen Negation, vorgehen.

Die wissenschaftliche Negation war ein System, das auf einer neuen, ausgedehnten und exakten Beobachtung und Koordinierung von Befunden beruhte, zuallererst im Bereich der Physik und dann auch auf dem Gebiet von Schriftstücken, antiken Fundstücken, gesellschaftlichen Bräuchen usw.

Insoweit ging sie – in der eigentlichen Wortbedeutung – ausschließlich *wissenschaftlich* vor: Tatsachen wurden zweifelsfrei und *neu* bewiesen. Diese Methode gewann durch ihre schnelle Erweiterung des menschlichen Wissens großes Ansehen. Ihre Anhänger wurden zu Recht als Männer respektiert, die uns wesentlich mehr beibringen konnten, als bislang bekannt gewesen war, und die die Grundlagen menschlicher Erkenntnisse stark erweitert hatten.

Verschiedenartige Forschungen bewiesen zum Beispiel das Vorhandensein zahlloser fossiler Organismen im Erdgestein. Die Koordination dieser Fundstücke zeigte, dass sie in überwältigender Anzahl in bestimmten Tiefenlagen zu finden waren, diese in einer bestimmten tieferen Gesteinsschicht, jene in einer höheren. Außerdem zeigte sich, dass einige dieser Fossilien mit Tieren und Pflanzen identisch waren, die auch heute noch auf der Erde existieren, während andere, so weit wir wissen, nicht mehr existieren. Wäre jemand so töricht, diese Entdeckung anzufechten, könnten entsprechende Beweise vorgelegt werden, die für jedermann nachvollziehbar wären, und der Betreffende würde in vernichtender Weise widerlegt.

Die wachsende Schar von Forschern rühmte sich ihrer Integrität sowie der Genauigkeit und Sorgfalt ihrer Untersuchungen. Diese drei Qualitäten bilden die Essenz der »wissenschaftlichen Methode« und sie werden sorgfältig gepflegt.

Infolgedessen bildete sich ein besonderes Kennzeichen beim modernen Wissenschaftler heraus, das ich »gelehrtes Selbstvertrauen« nenne. Er war von sich und seinen Schlussfolgerungen vollkommen überzeugt. Sie beruhten auf keiner Mode oder irgendeiner Laune. Sie standen nicht zur Debatte. Sie standen nach allen Maßstäben der menschlichen Vernunft für immer fest. Jede Opposition gegen sie wurde unweigerlich und hoffnungslos besiegt. Diese ständigen Erfolgserlebnisse bewirken in ihm eine gewohnheitsmäßige Sicherheit in den Dingen, für die sein Fachwissen vonnöten war. Er war sich seiner Sache absolut sicher. Seine Gegner lagen notwendigerweise falsch.

Insoweit kann man sagen, dass der moderne Wissenschaftler streng wissenschaftlich vorging. Wenn wir aber darüber hinaus sein Vorgehen genauer beurteilen wollen, werden wir sehen, auf welche Weise sich die Irrtümer ergaben, die sein Ansehen erschüttern sollten.

Zuallererst bemerken wir, dass sein ganzes Wirken auf Messungen beruhte. Er erkannte nichts, was nicht gemessen wurde, und was nicht genau gemessen werden konnte, lag außerhalb seiner Kompetenz.

Als Nächstes bemerken wir, dass in all seinen Studien, zu jedem Zeitpunkt, in allen Details und Schlussfolgerungen, geradezu als Kennzeichen seiner Tätigkeit, zwingend eine unabänderliche Abfolge von Ursache und Wirkung gegeben war.

Die Abhängigkeit von solchen Folgeabläufen war nicht neu: Sie war so alt wie die Menschheit selbst. Der Mensch säte, weil ihn zahllose Erfahrungen der Vergangenheit gelehrt hatten, dass aus der Saat als Ursache die Ernte folgte. Was neu war, war die Beschränkung der Erforschung auf diese Abfolge von materieller Ursache und Wirkung unter Ausschluss alles Sonstigen, was darüber hinausgeht. Die moderne wissenschaftliche Methode entdeckte die reguläre Verbindung der physischen Ursache mit ihrem physischen Effekt genauso wenig, wie sie die Kunst des Atmens entdeckte. Was sie nicht entdeckte, sondern gravitätisch einführte, war die Angewohnheit, sich *ausschließlich* damit zu beschäftigen und Faktoren, die nicht ohne Weiteres wahrnehmbar waren, auszuschließen.

Nun war dieser Ausschluss alles nicht Messbaren und alles nicht Physischen ein erstes Hindernis bei der Erforschung der Realität, ein erster Schritt außerhalb des Weges der Vernunft und eine Abweichung, die den seines Weges Dahinschreitenden letzten Endes nur lächerlich machen konnte.

Man legt mir zum Beispiel folgende Zeile aus einem Gedicht vor:

And what is more, you'll be a cad, my boy.[20]

Ich behaupte, dass diese Zeile nach meinem unbestimmten Urteil nicht vor 1870 abgefasst worden sein kann, vermutlich nach 1900, und zwar im Stile Mr. Kiplings. Mir wird entgegengehalten, dass diese Zeile aus dem späten 17. Jahrhundert stammt, nämlich aus der Feder Drydens[21]. Ich behaupte, dass dies *unmöglich* sei. Ich mache meine Gewissheit an nichts fest, das in einem Verfahren gemessen werden kann. Es handelt sich um eine geistige oder moralische Schlussfolgerung, die auf meinem Gespür und meiner Erfahrung mit der Sprache, dem Stil und der geistigen Haltung dieser beiden Epochen beruht.

Die wissenschaftliche Methode wird zur Vermittlung herangezogen. Sie vermerkt und vermisst alle physischen Gegebenheiten. Das Papier, auf dem das Fragment geschrieben wurde, ist laut übereinstimmenden Testergebnissen mit dem eines bestimmten Dryden-Manuskripts identisch. Die Handschrift ist nicht von der Drydens zu unterschieden und selbst unter dem Mikroskop kommen gewisse Charakteristika seiner Schrift zum Vorschein. Es stellt sich nach allen Analysen heraus, dass die

---

20 Anm. d. Übers.: dt. »Und mehr noch: dann bist du ein Schuft, mein Junge.« Anspielung auf eine Zeile aus dem populären Gedicht »If« Rudyard Kiplings: *And – which is more – you'll be a Man, my son!* (dt. »Und mehr noch: dann bist du ein Mann, mein Sohn«).

21 Anm. d. Übers.: John Dryden (1631–1700) war ein einflussreicher englischer Dichter und Dramatiker.

Tinte genau dieselbe ist, mit der er schrieb, und ihr Alter anhand der Farbe nachgewiesen werden kann. Die wissenschaftliche Methode folgert mit Gewissheit, dass diese Zeile von Dryden stammt. Aber ich habe recht und die wissenschaftliche Methode liegt falsch. Weshalb sie sich geirrt hat, werde ich womöglich nicht herausfinden (auch wenn ich es durch Nachforschungen wahrscheinlich zu ermitteln vermag). Der gesunde Menschenverstand wird aber darin übereinstimmen, dass sie sich irrt. Der Wissenschaftler hat sich lächerlich gemacht. Womöglich wurde er durch eine Fälschung oder einen Schwindel getäuscht, altes Papier konnte benutzt und das Alter der Tinte und die Handschrift imitiert worden sein. Vielleicht wurden einzelne Worte und Buchstaben aus Dryden Handschrift abfotografiert und mit dieser Tinte nachgezogen. Ich weiß es nicht. Aber in jedem Fall ist diese Zeile nicht von Dryden und stammt mit genauso großer Gewissheit aus dem späten 19. oder frühen 20. Jahrhundert. Dieses Beispiel ist absurd und aus eben diesem Grund zog ich es heran: als Extrembeispiel. Es ist jedoch nicht viel absurder als manche der Dinge, die wir von der historisch-kritischen Methode vernommen haben.

So weit zur ersten Ursache des Irrtums. Es gibt noch eine weitaus gravierendere.

Die wissenschaftliche Methode geht vom Postulat zur Hypothese über, dann zur Bestätigung der Hypothese durch weitere Experimente und der Suche nach stützenden Beweisen. Sobald sie gefunden sind, wird die Hypothese nicht mehr Hypothese genannt, sondern eine wissenschaftlich bewiesene *Tatsache*: eine wissenschaftliche Wahrheit. Zum Beispiel wird das *Postulat* vorgebracht, laut dem das Wasser zu allen Zeiten dieselbe Wirkung auf Sand gehabt habe wie heute. Ich stelle die *Hypothese* auf, dass eine Wüstenschlucht einstmals ein Flussbett gewesen sei. Meine Hypothese wird durch dort vorkommenden Sand bestätigt, der genauso stratifiziert wurde, würde er heute durch Wasser abgelegt. Aufgrund weiterer Nachforschungen werden die Fossilien von Süßwasserfischen entdeckt. Meine Hypothese wird jetzt eine wissenschaftliche Wahrheit, die nicht direkt durch bestimmte Sinneswahrnehmungen bewiesen wurde (denn niemand hat die Schlucht voll Wasser gesehen), sondern durch Schlussfolgerungen.

Nun ist dieser Prozess, der die Quintessenz der wissenschaftlichen Methode darstellt, von großem Wert und führte zu zahlreichen nützlichen Entdeckungen. Für den Beweis von Wahrheiten hat sie indes nicht den gleichen Wert wie der direkte Befund. Und dennoch wird ihr dieser Wert unberechtigterweise zugewiesen.

Ich könnte in beiden Fällen falschliegen. Das Postulat könnte unzutreffend oder die Hypothese unzulänglich sein und *beide bleiben immer von neuen Entdeckungen abhängig.*

Ein Wissenschaftler *postuliert* zum Beispiel, dass ein Stamm unseren Vorfahren in alter Zeit umso mehr ähnelt, je primitiver er ist. Er findet fossile menschliche Überreste, die in ihren Abmessungen denen eines primitiven Wilden aus unserer Zeit ähneln. Er formuliert die *Hypothese,* laut der diese Fossilien zu einer Gesellschaft gehörten, die, wie dieser moderne Wilde, keine Keramik brenne und nichts über Verhüttung wüsste. Diese Hypothese wird durch das Fehlen von Tonscherben und Metall im Umfeld dieser fossilen Knochen erhärtet. Er stellt es als wissenschaftlich bewiesen dar, dass dieser primitive Typus aus ältester Zeit stammte und keine Metalle kannte. Aber dies ist keine bewiesene Tatsache. Es handelt sich immer noch um eine Hypothese, die von weiteren Entdeckungen auf diesem Gebiet abhängig bleibt. Schließlich wird herausgefunden, dass die Ahnen dieser modernen Wilden vor nicht all zu langer Zeit die Töpferkunst pflegten und Metalle schmolzen. Sie waren keineswegs primitiv, sondern sanken von einem höheren Kulturniveau herab. Seine »wissenschaftliche Tatsache« fügt sich an tausend andere an, die mit genauso großer Überzeugung verfochten und von der *Wirklichkeit* – dieser gnadenlosen Feindin des wissenschaftlichen Stolzes – genauso verächtlich verworfen wurden.

Dies ist ein einfaches Beispiel – es führt offenbar nicht zu einem Widerspruch mit religiösen Wahrheiten.

Doch halten wir einen Moment inne. Wir beobachteten bereits die Tendenz, Hypothesen als Fakten zu betrachten, und den entscheidenden Punkt, dass Messungen die gesamten menschlichen Aktivitäten mit Beschlag belegen – und Messen ist eine mechanische Tätigkeit. Wir stellen fest, dass dies mit einer schon lange bestehenden Gewohnheit des gelehrten Selbstvertrauens einhergeht. Zuletzt sagt uns unsere Menschenkenntnis, dass in jedem Arbeitsfeld eine Berufstradition oder »Schule« entsteht, in deren Grundsätzen die älteren Mitglieder dieser Zunft fest verankert, um nicht zu sagen »eingerostet« sind, und denen sich Rekruten unbewusst verschreiben, während sie langsam in die Körperschaft hineinwachsen.

Man füge all dies zusammen und erhält – da Menschen nun einmal Menschen sind – was? Man würde erwarten, dass sich mit der Zeit eine Gemeinschaft derjenigen bildete, die sich auf diese Weise betätigen. Eine Gemeinschaft, die, ohne unmittelbar eine Vereinigung zu bilden, durch gemeinsame Erfolge, gemeinsame Traditionen und einen gemeinen Geist verbunden wäre. Es wäre zu erwarten, dass das hingebungsvolle Vertrauen in bloße Messungen zum Aufkommen einer Verachtung für diejenigen Erfahrungsformen führen würde, die sich nicht messen lassen. Wahrscheinlich würde eine immer größere Masse an Hypothesen apodiktisch als Tatsache vorgelegt. Sollte eine als Tatsache geltende Hypothese zusammenbrechen, würde, anstatt den Irrtum einzugestehen, eine weitere Hypothese formuliert, um die Lücke zu füllen, bis sich letzten Endes eine ganze Struktur von Fiktionen – Hypothesen, die *ad infinitum* auf anderen Hypothesen beruhen – erhebt, um mit ihrem fadenscheinigen Dunst die Realität zu umnebeln. Man würde erwarten, dass die großen Errungenschaften in der praktischen Anwendung der Entdeckungen dazu führten, dass solche Männer das Recht beanspruchten, in Angelegenheiten außerhalb ihres Fachbereichs Ratschläge zu erteilen und, sofern möglich, ihre

Schlussfolgerungen aufzuoktroyieren und per Gesetz durchzusetzen. Es wäre zu erwarten, dass eine solche Geisteshaltung mit dem gesunden Menschenverstand und insbesondere mit den transzendenten Lehrsätzen der Religion, die kein mechanisches System je zu erfassen vermag, in Konflikt geriete. Und schließlich würde man erwarten, dass der gesunde Menschenverstand und die Religion vereint die Schwäche der Gegenseite erkennen und sie zuschanden machen würden.

Und dies ist genau das, was geschehen ist. Die Wissenschaftler oder zumindest ein großer Teil von ihnen bildeten eine inoffizielle, internationale Gemeinschaft. Der größte Teil ihrer Mitglieder betrachtete die nicht messbaren Gegenstände der Vernunfterkenntnis als irrelevant. Als erwiesene Fakten getarnte Hypothesen machten sich allenthalben wütend bemerkbar: von Mutmaßungen über die verborgenen Altertümer der Erde bis hin zu Vermutungen über unmögliche Autorenschaften von Klassikern. Beim Zusammenbruch einer falschen Hypothese wurde der Irrtum nicht eingestanden, sondern stattdessen wurden neue Hypothesen aufgestellt, um das Scheitern zu verstecken. Zu viele Behauptungen waren geplatzt, zu viele Prophezeiungen blieben unerfüllt und schlussendlich begehrte der gesunde Menschenverstand auf.

Ein noch wichtigeres Ergebnis der wissenschaftlichen Negation war die Bildung von Denkgewohnheiten. Ein Studienfeld, das sich ausschließlich mit unzähligen Beispielen einer scheinbar unveränderlichen Abfolge von materiellen Ursachen und Wirkungen beschäftigt und jedwede Erwägungen außerhalb dieser Abfolge vernachlässigte, brachte Köpfen, die nicht stark genug waren, um zwischen habituellen Vorstellungen und Logik unterscheiden zu können (nur wenige Köpfe sind heute noch dazu im Stande), zur irrationalen Auffassung, dass solcherlei Abfolgen universal, notwendig und unerschöpflich seien: dass keine Ausnahmen existieren könnten. Das Übernatürliche, das Außergewöhnliche, war unmöglich. Die Nachwelt wird, so steht zu vermuten, darüber amüsiert (oder erstaunt) sein, einer derart grotesken Geistesverwirrung zu begegnen, so wie wir heutzutage über die astronomischen Irrtümer der Ptolemäiker oder die Leichtgläubigkeit mittelalterlicher Hagiographen amüsiert oder erstaunt sind. Und doch war dies die Sachlage. Der Wissenschaftler ging durch diese ziemlich irrationale Art des Denkens zur wissenschaftlichen Negation über. »Jedes Mal, wenn ein menschlicher Körper von mir oder von einem meiner Kollegen gewogen wurde, wurde er für schwerer als Luft befunden. *Deshalb* ist Levitation unmöglich.«

Dieses konfuse Denken erreichte in den späten 1870er und frühen 1880er Jahren seinen Höhepunkt.

Ich zitiere aus einem für jene Tage charakteristischen Buch: Es enthält Vorlesungen Bairds[22] und wurde 1883 veröffentlicht:

Jeden Tag fügen sich neue Elemente dem Beweis an, dass er (Gott) nie in natürliche Abläufe – »Gesetze« genannt – eingreift, selbst wenn er es könnte.

Man beachte das Wort *Beweis*! Wann hörte man jemals solch einen Nonsens? – Gibt es Beweise für natürliche Abläufe? Natürlich. Millionen und Billionen identischer Beweise gaben der Menschheit von Anfang an Orientierung und sie tun es noch immer. Unser gesamtes Leben basiert auf derartigen Beweisen. Aber welche rationale Verbindung besteht zwischen dieser generellen Abfolge und der Unmöglichkeit von Ausnahmen? Und doch meinte dieser Autor des Jahres 1883 im Ernst, er würde denken, obgleich er lediglich fühlte. Er glaubte zu schlussfolgern, während er doch nur von einer Emotion beherrscht wurde.

Dieser Prozess, der, wie wir gerade gesehen haben, erwartet werden konnte, fand genauso statt. Es gibt viele Gegenbeispiele, aber die große Mehrheit der Wissenschaftler schlug diesen Weg ein. Und so wurde die quasi-weltanschauliche Position, derer sie sich sicher waren, ruiniert – denn sie stand im Wi-

22 Anm. d. Übers.: Möglicherweise ist Henry Martyn Baird (1832–1906) gemeint, ein amerikanischer Historiker.

derspruch zur Vernunft. Es nützt nichts, zu protestieren, der wahre Wissenschaftler habe nichts damit gemein. Er beobachte nur geduldig und behaupte niemals, eine Sache sei bewiesen, solange sie es nicht auch ist. Jeden Anspruch, über Dinge zu reden, die seine Kapazitäten übersteigen, weise er demütig zurück. – Natürlich würde sich der ideale Wissenschaftler so verhalten. Aber der menschliche Wissenschaftler, der schließlich dem gefallenen Menschengeschlecht angehört, verhielt sich nicht so. Er leugnete pauschal alles; seine »wissenschaftliche Negation« war bis vor Kurzem das Kennzeichen unserer gesamten Zeit.

Die eingefahrene Gewohnheit, die notwendige und universale Abfolge von materieller Ursache und Wirkung ungerechtfertigt zu postulieren, hatte eine schwerwiegende Folge: das Prinzip der Negation in der wissenschaftlichen Negation. Es lautete wie folgt:

Da er – nach Art eines Wirrkopfes – die Ausnahme von der natürlichen Abfolge durch das Handeln des göttlichen Willens als unmöglich betrachtete (oder vielmehr empfand), bestritt der Wissenschaftler pauschal alles, was außerhalb dieser Abfolge lag. Er bestritt natürlich insgesamt alles Übernatürliche: die Geburt unseres Herrn aus einer Jungfrau, die Wunder, die Inkarnation, die Eucharistie, die Offenbarung, die Unsterblichkeit – das gesamte Glaubensbekenntnis. Aber er leugnete auch geistige Erkenntnisse an sich. Er lehnte die ganze Grundlage des Glaubens ab.

Möge niemand kommen und sagen, er täte das nur als Privatperson und fördere kein bestimmtes Gedankengut – es gäbe zahllose Beweise für das Gegenteil. Sie überzogen damit ganz Europa und einige wackere Überlebende geben bis heute nicht auf. Sir Arthur Keith[23], der nicht als Privatmann, sondern als Wissenschaftler sprach, und zwar auf der Grundlage dessen, was er anscheinend – so komisch es auch klingt – für »wissen-

23 Anm. d. Übers.: Arthur Keith (1866–1955) war ein schottischer Anatom und Anthropologe.

schaftliche« Beweise hielt, belehrte uns unlängst, dass es kein Weiterleben der menschlichen Seele nach dem Tod gäbe. Und das, obwohl er selbst immer noch irgendwie lebt.

Ich habe die wissenschaftliche Negation hier an den äußersten Rand der alten Feinde gestellt. Auch wenn sie ihren Zenit bereits überschritten hat, kommt ihr noch immer eine solche Bedeutung zu, dass sie beinahe auch heute noch eine Hauptkraft der Opposition gegen die katholische Wahrheit darzustellen scheint. Das war sie mit Sicherheit für vierzig oder fünfzig Jahre auch. Der Grund dafür, dass ich sie zu den alten Feinden zähle, liegt darin, dass sie schwächelt. Aufgrund dieses Kennzeichens lässt sie sich von einer anderen, späteren Kraft, unterschieden. Es handelt sich um ihr schlechteres Nebenprodukt, mit dem ich mich weiter unten beschäftigen werde. Der Ausfluss der wissenschaftlichen Negation, den ich als den »modernen Geist« bezeichne, ist jetzt unser Hauptfeind.

Die »wissenschaftliche Negation« ist besiegt. Sie weiß, dass sie besiegt ist, und tritt langsam ihren Rückzug an.

Zählen wir abschließend die Ursachen ihres Scheiterns und die Schwächen auf, die dazu führten.

Sie scheiterte zum Teil durch ihre eigenen Selbstwidersprüche, zum Teil durch ihre Extravaganzen, vor allem aber, weil die Mängel ihrer Methode bloßgestellt waren. Und diese Bloßstellung wurde hauptsächlich durch ihre eigene Arroganz verursacht.

Ihre Selbstwidersprüche: Sie behauptete an einem Tag unumstößliche Lehrsätze wie das unzerstörbare und unteilbare Atom, die sie am nächsten Tag wieder aufgeben musste. Sie verschlimmerte die Angelegenheit dadurch, dass sie Irrtümer nicht offen zugab – das tut sie nie –, sondern indem sie vorgab, ihre Lehre »erweitert« zu haben.

Ihre Extravaganzen: Da ist ihr Gerede über den »Alkohol«, den kein Mensch je zu einem Getränk erklärt hatte und es auch niemals tun wird, über »Eugenik« und die »Sterilisierung der Untauglichen«, das sowohl mörderisch als auch absurd ist, über den kommenden Wandel im Menschen, der nicht kam, vom Recht, unser Leben zu kontrollieren und jedes unmenschliche Experiment an uns durchzuführen.

Hauptsächlich aber wurde die wissenschaftliche Negation durch diejenigen bloßgestellt, die sie verachtete. Zunächst bestand man darauf, dass jemandem, der sagte (wie es einer ihrer Hauptvertreter tat): »Solange wir etwas nicht messen können, kennen wir es im Grunde nicht«, ein lediglich unterdurchschnittliches Denkvermögen eignete. Sie bestanden mit Erfolg darauf, dass das Sichere gegenüber dem extrem Unsicheren bevorzugt wegen muss, zum Beispiel unser Moralempfinden gegenüber einer Reihe von vagen und recht unbegründeten Mutmaßungen bezüglicher unserer prähistorischen Herkunft und unsere Erfahrung echter Dinge – Rindfleisch, Hammelfleisch, Erde, Himmel, See, Liebe, Brot, Wein, Poesie – über Phantasiegebilde (»den Äther« etwa), über die so vertraut gesprochen wurde wie über die Luft, die wir atmen, die aber kein Mensch je ergründete noch ergründen kann. Wir kennen die Evangelien – wir kennen ihre tiefe Wirkung. Aber was »Q«[24] anbelangt – was ist dieses lächerliche Hirngespinst schon im Vergleich zu *ihnen*?

So scheiterte sie also.

Denn die besondere Eigenart der »wissenschaftlichen Negation« in all ihren Zweigen – in der theoretischen Physik (oder vielmehr in der falschen Metaphysik, die unlogisch aus der physikalischen Forschung abgeleitet wurde), in der sogenannten »historisch-kritischen Methode«, in der sogenannten »vergleichenden Religionswissenschaft« usw. – war, wie ich schon sagte, das »gelehrte Selbstvertrauen«. Als dieses Selbstvertrauen erschüttert wurde, sowohl unter ihren eigenen Jüngern als auch im Urteil der anderen, brach ihr wesentliches Prinzip zusammen. Ferreros Urteil bewahrheitete sich: »Die Menschen

24 Anm. d. Übers.: Belloc bezieht sich hier auf die Zweiquellentheorie, eine literarkritische Hypothese zur Frage der Entstehung der synoptischen Evangelien. Ihr Grundgedanke besteht in der Annahme, dass die Evangelisten Matthäus und Lukas zwei Quellen verwendet haben, nämlich das Markusevangelium und eine nicht erhaltene Quelle, die sogenannte Logienquelle, kurz Q.

des 19. Jahrhunderts dachten, dass sie alles wüssten. Doch sie wussten nichts.«

Das Dahinscheiden der wissenschaftlichen Negation rührt uns dennoch. Ihre Vertreter der älteren Generation wie Huxley[25] auf einem Gebiet und Renan[26] auf einem anderen waren Männer von beachtlicher Größe. Sie hatten nicht nur ausgezeichnete Ausdrucksformen, sondern auch ein sehr tiefes Wissen in ihren Fächern. Derart gerüstet, kamen sie zum unwandelbaren Schluss, dass das Universum auf eine bestimmte Art beschaffen sein müsse: unvereinbar mit der Lehre der Kirche. Heute sind die Überbleibsel ihrer Art, oftmals hochgebildete Männer von großer Wortgewalt, ihrer selbst jedoch nicht mehr so sicher. Sie fühlten, was ihre Vorläufer nie gefühlt hatten – die Kraft unseres Feuers.

In England haben wir noch viele Vertreter dieses älteren Typus. Sie sind bei uns besonders stark, da die Opposition gegen solche falschen Behauptungen keine gute Grundlage hatte. Sie wissen kaum etwas über die katholische Antwort und dennoch sieht man bei ihnen alle Anzeichen des Niedergangs.

Sie sind mindestens so rechthaberisch, wie es ihre Vorgänger waren, aber jeder von ihnen weist die aus Kontroversen stammenden Wunden auf, die ihre Altvorderen niemals kannten. Sie stellen ihre Behauptungen mit dem gleichen Eifer auf, der in den glücklicheren Zeiten ihrer Schule verbreitet war. Es ist jedoch ein Eifer, der in der Defensive ist. Der eine wird selbstsicher beteuern, es sei bewiesen, dass das vierte Evangelium nicht das Werk eines Augenzeugen sei. Der andere wird den alten Lehrsatz mit Überzeugung wiederholen, laut dem es in der belebten Natur keine Formgebung gebe, dass alle teleologischen Vorstellungen falsch seien und kein Schöpfer erforderlich sei. Aber in jedem dieser Fälle spürt man, dass die

25 Anm. d. Übers.: Thomas Henry Huxley (1825–1895) war ein britischer Biologe und vergleichender Anatom, Bildungsorganisator und Hauptvertreter des Agnostizismus.

26 Anm. d. Übers.: Ernest Renan (1823–1892) war ein französischer Schriftsteller, Historiker, Archäologe, Religionswissenschaftler und Orientalist.

Attitüde nicht länger die der 1870er Jahre ist. Es handelt sich nicht länger um den alten triumphalen Sturmangriff, der jeden Widerstand, den er sich zu verachten leisten konnte, beiseitefegt. Es ist die Haltung eines Mannes, der auf der Hut ist und immer heftigere Gegenschläge erwartet. Es ist eine Defensive, die schwankt und manchmal aufschreit. Sie muss sich oftmals schützen, indem sie sich weigert, Beweise zu erwägen, indem sie unzutreffend zitiert – oder sogar schweigt.

Von alters her erwartete derjenige, der – in der protestantischen Kultur – den schöpferischen Gott durch eine mechanistische Entwicklung ersetzt hat, allerhöchstens bestimmte Argumente für das Gegenteil, die sich durch weitere Nachforschungen erledigen würden. Er hatte für eine solche sinnlose Verteidigungshaltung nur wirkliche Verachtung übrig. Wenn ihm gesagt worden wäre, dass seine Beweise nur fragmentarisch und folglich nicht eindeutig seien, hätte er vertrauensvoll auf eine Unmasse neuen Wissens warten können, der man Jahr für Jahr entgegensah. Gewöhnlich begegnete man ihm entweder durch Obskurantismus, d. h. durch eine Weigerung, die Beweise zur Kenntnis nehmen, oder durch bloße emotionale Appelle (zum Beispiel: »Können wir wirklich glauben, dass die erstaunliche Struktur des menschlichen Auges …« usw. usf.) oder durch völlig schlechte Logik wie der Verwechslung zwischen den Fakten der Evolution im Allgemeinen und einer bestimmten falschen Theorie bezüglich ihres Ursprungs im Speziellen (als etwa jemand sagte: »Ich glaube nicht an die natürliche Auslese, denn dann würde ich von einem Affen abstammen«) oder mittels eines Zirkelschlusses wie dem Verweis auf die Autorität der Heiligen Schrift, die die Wissenschaftler nicht anerkennen.

Heute sieht die Sache ganz anders aus. Derjenige, der den altmodischen Lehrsatz von der mechanistischen natürlichen Auslese zur Widerlegung von Schöpfer und Schöpfung tapfer verkündet, ist sich schmerzlich dessen bewusst, was ihm begegnen wird. Und diese Begegnung fordert von ihm eine große Überwindung. Jetzt ist er es, der anstelle seines Gegners auf zweifelhafte Argumente zurückgreifen muss, auf Wortklauberei oder bloßes Tischeklopfen. Er ist es, der sich nun zu solch hohlen Phrasen wie »alle Autoritäten sind sich einig darin« oder »kein renommierter Biologe wird leugnen« und dergleichen genötigt sieht.

So argumentierte jüngst einer unserer distinguiertesten Gegner gegen einen Schöpfer, indem er als Beispiel für die natürliche Auslese die Vernichtung von hellen Motten auf einem dunklen Hintergrund und von dunklen Motten auf einem hellen Hintergrund anführte. Ob das nun Dummheit oder Wortklauberei war, spielt keine Rolle, es war nämlich offensichtlich Unsinn. Es geht nicht darum, ob Tiere in einer feindseligen Umwelt getötet werden – natürlich ist das der Fall –, sondern ob die tote und blinde Umwelt *mechanisch und blind* eine neue Tierart hervorbringt und sie mit neuen Qualitäten ausstattet. Es steht nicht zur Debatte, ob ein langer Frost Bienen tötet oder nicht, sondern wie eine Biene dazu kommt, stets ihre gleichbleibenden Wabenwinkel zu formen.

Die alten Angriffe der Textkritik endeten genauso. Wenn es in meiner Jugend jemand als selbstverständlich empfunden hatte, dass das Johannesevangelium viel zu spät verfasst wurde, um als Zeugnis angeführt zu werden, konnte er sich auf die Unterstützung beinahe aller jener verlassen, die in Europa etwas galten. Der Gegenangriff war noch nicht ins Rollen gekommen. Heute muss er – von seinen eigenen Helden – die endgültige Schlussfolgerung hören, dass es »womöglich noch in die Lebenszeit der Apostel gefallen« sein könne und »zweifellos ein großes Maß an johanneischem Material« enthalte. So ist es in der Tat!

Ähnlich ist es auf der ganzen Linie und selbst der stärkste unter den alten Feinden ist nur noch ein Überbleibsel alter Tage. Hätte er doch nur keine Nachkommenschaft hinterlassen!

KAPITEL III

Die Hauptopposition

Zwischen diesen Formen des Angriffs auf bzw. des Widerstands gegen den Glauben, die sich erschöpft zurückziehen – den alten Feinden – und den neuen Formen, die sich noch nicht entwickelt haben und gerade erst auf den Plan treten – den neuen Feinden – steht, zu jedem geschichtlichen Zeitpunkt, die zu gewärtigende Hauptopposition.

Diese Hauptopposition hatte sich, wie ich weiter oben aufzeigte, von einer Epoche zur nächsten in ihrem Charakter auffallend verändert. Sogar so sehr, dass uns die Vorstellung schwerfällt, wie es gewesen sein mag, als der furchtverbreitende Eroberer christlicher Völker der Mohammedaner war, oder als einige Jahrhunderte später enthusiastische Begeisterung für die Idee der Verdammung der Mehrheit der Menschen zur Höllenstrafe und einen Moloch-Gott zu einer so heftigen Offensive gegen die katholische Kirche führte, weil sie Schönheit und Frohsinn verteidigte. All diese Hauptgegner der Vergangenheit entstanden zunächst als Neuankömmlinge und alle wurden schließlich zu Überbleibseln, die irgendwann in Vergessenheit gerieten. Zu ihrer Zeit waren sie jedoch von größter Bedeutung.

Die Hauptopposition zeichnet sich vor allem durch ihr Selbstvertrauen aus. Sie zweifelt nicht an ihrem Sieg, denn sie ist von ihrer Richtigkeit und ihrer Stärke überzeugt. Die alten Feinde wissen um ihre Niederlage, die neuen Feinde sind noch immer furchtsam, aber die Hauptopposition greift mutig an. Sie meint, ihr eigener Erfolg läge in der Natur der Sache, und setzt der Sicherheit des Katholiken (die der Glaube ist) eine entsprechende Gewissheit entgegen, die so starr und gewohnheitsmäßig ist, dass sie sich ihres bedingten Charakters kaum bewusst ist.

Als der Bibelchrist noch ein Hauptgegner war, trug er seine Lehren und seine Schlussfolgerungen aus fester Überzeugung vor: »Euer Beichtstuhl ist ein absurder und erniedrigender Missbrauch. Er ist ein Betrug, denn in meiner Familienbibel steht nichts über solche Beichtstühle geschrieben. Eure Lehre über die Ohrenbeichte und einen zuwendbaren Schatz von Verdiensten ist Unfug. Davon steht nichts in meiner Familienbibel. Um so etwas zu begründen, müsst ihr die Makkabäer einbeziehen, die auch nicht in meiner wahren Bibel enthalten sind, sondern nur einen Teil meiner Apokryphen bilden.« Es nützte nichts, ihm zu sagen, dass wir seine Voraussetzung nicht akzeptieren, nämlich die Autorität eines wörtlich ausgelegten Textes, den er selbst ausgewählt hatte. Er glaubte uns nicht. Es war für ihn ein Ding der Unmöglichkeit, dass seine Bibel, wie er sie selbst las, nicht die endgültige Berufungsinstanz sein sollte. Heute wirkt diese Haltung ulkig. Zu ihrer Zeit war sie jedoch nicht ulkiger als die Macht des heutigen Nationalismus.

In der Stunde ihrer größten Stärke sahen wir das Gleiche im Fall der wissenschaftlichen Negation. Es war über jeden Zweifel erhaben, dass allein die gemessene Wahrheit wahr sei. Das gleiche galt seinerzeit für den alten, öden Deismus und für die ältere protestantische Lehre, das auf göttlicher Einsetzung beruhende Königtum. Dasselbe galt für die Mode, alles an einer imaginären Urkirche zu messen.

Diese Siegesgewissheit ist den großen Kräften eigen, welche in unserer heutigen Zeit die Hauptopposition gegen die Kirche bilden. Es sind ihrer drei: der Nationalismus, der Antiklerikalismus und das, was ich den »modernen Geist« nennen werde (denn so nennt er sich selbst). Es sind diese drei, die heute einzeln und gemeinsam die Kräfte des Katholizismus in seinem Kampf um Bestand und Sieg beschäftigen.

Es sei angemerkt, dass keiner von diesen dreien ein doktrinärer Gegner ist – nein, nicht einmal der Antiklerikalismus. Keiner von ihnen stellt in klaren Worten eine These auf – wie früher der Materialist, der wissenschaftliche Monist und der antikatholische Historiker –, die den Thesen der katholischen Kirche widerspricht. Keiner von ihnen beschäftigt sich direkt mit ihren Dogmen. Das Kennzeichen der heutigen Hauptopposition, in welchem sie sich von beinahe allen Bedrohungen unserer christlichen Vergangenheit unterscheidet, ist, dass sie keine explizite Häresie vorbringt. Ihr Konflikt mit der Kirche ist ein Konflikt der Geisteshaltung, die von einer bestimmten Mentalität geprägt ist, nicht irgendeiner Reihe von Lehrsätzen. Im Falle der älteren Häresien begann stets alles mit einer bestimmten Reihe von Thesen, worauf ein Konflikt der Mentalitäten folgte. Eine antikatholische Geisteshaltung wurde hervorgebracht und mit ihr alle damit einhergehenden Konsequenzen in Form einer Myriade von Gesellschaftssitten und in der gesamten gesellschaftlichen Atmosphäre. Aber dem lagen absolut klare Postulate zugrunde, die im Abstrakten diskutiert und akzeptiert oder abgelehnt werden konnten, ohne ihre möglichen Nebeneffekte zu beachten.

Wir alle wissen, was der Calvinismus im Konkreten ist oder was mit der puritanischen Tradition in einer jedweden Gesellschaft gemeint ist, und wir weisen beides sofort angeekelt zurück, so wie wir eine unangenehme Geruchs- oder Geschmackswahrnehmung geflissentlich vermeiden würden. Die Lehren des Calvinismus waren jedoch keine vagen Ideen, die aus einer solchen Gesellschaft über Jahre hinweg herausgebildet worden wären. Sie wurden formuliert, *bevor* der konkrete Puritaner entstand, und waren seine *Ursache.* Sie wurden schwarz auf weiß niedergeschrieben – die Leugnung des freien Willens, die daraus folgende Wertlosigkeit der Werke, die Einsetzung der Kirchenleitung durch allgemeine Wahlen, die Leugnung der priesterlichen Vollmachten, die Verachtung der heiligen Armut und die Wertschätzung des Strebens nach Reichtum usw.

In jedem Teilbereich der heutigen Hauptopposition ist es umgekehrt. Durch langwierige Analyse könnte man aus den Mentalitäten womöglich letzte Prinzipien herausdestillieren – aber die Mentalitäten sind nicht das Produkt solcher

Prinzipien. Diejenigen, die solchen Mentalitäten verfallen sind, sind sich keiner Prinzipien bewusst. Wenn sie mit ihnen konfrontiert werden, werden sie oft und ehrlich in Abrede stellen, solchen Prinzipien zu folgen.

Die Hauptopposition gegen den Katholizismus ist uns also nicht artverwandt. Sie begegnet uns eher als Hindernis denn als feindliches Geschütz. Sie ist keine bewaffnete Gruppierung, die durch ihre Uniformen erkennbar ist und unsere Vernichtung zum direkten Ziel hat. Sie ähnelt eher schwierigem Terrain. Sie ist eine Anzahl von Geisteszuständen, Affekten, Richtlinien und Wissensmängeln, von denen der Katholizismus in seinem Handeln in der menschlichen Gesellschaft indirekt bedroht, erstickt, abgewehrt oder geschwächt wird.

Selbst der Antiklerikalismus ist kein doktrinärer Angriff. Es handelt sich um eine politische Affäre, die sich an sich gegen kein einziges Dogma wendet. Er gibt vor – und das gegenüber seinen ehrlichen Anhängern auch offen –, nichts anderes zu tun, als die Grenze abzustecken, jenseits derer die katholische Hierarchie ihre Aufgaben überschreitet und sich auf einen zivilen Bereich begibt, in dem ihr kein Handlungsrecht zukommt.

Genauso verhält es sich mit dem Nationalismus. Der glühende Patriot bestreitet weder irgendeine Kirchenlehre noch wendet er sich, *als Patriot*, gegen sie. Im Gegenteil, wenn der Glaube die Landesreligion ist – insbesondere die eines unterdrückten Volkes –, dann wird sie umso eifriger unterstützt und sogar manchmal als Prüfstein staatsbürgerlicher Treue betrachtet. Was den gehaltlosen »modernen Geist« angeht, so ist dieser zwar im Wesentlichen antikatholisch, hat jedoch nicht die intellektuelle Kapazität, um auch nur die einfachste Positionsbestimmung vorzunehmen. Er schlängelt sich lediglich herum, oftmals ohne die geringsten Kenntnisse über die Position der Kirche. Und wenn er mit uns kollidiert, empfindet er es einerseits als Verletzung, dass wir mit uns zusammengestoßen sind, andererseits will er sich dafür entschuldigen, dass er uns in die Quere geraten ist.

Der Einzelne, der einer oder mehrerer dieser Geisteshaltungen anhängt, handle es sich um Nationalismus, Antiklerikalismus oder den »modernen Geist«, ist oftmals von einem direkten und persönlichen Hass auf die katholische Kirche erfüllt, weil diese Organisation mit dem Gegenstand seiner Verehrung in Konflikt geriet. Dies führt nicht selten zu einer besonderen Vertiefung des Hasses, der an die Stelle seiner ursprünglichen Loyalität tritt. Er beschäftigt sich dann mehr mit der Zerstörung des Katholizismus als mit der Erhaltung seines Landes oder der Verteidigung der Laienrechte oder der trägen Denkverweigerung, die den besonderen Reiz des »modernen Geists« ausmacht und Schwächlingen sehr willkommen ist. Aber die drei Einstellungen sind nicht spezifisch und bewusst antikatholisch. Sie sind es weder *per definitionem* noch nach deren eigenem Verständnis. Sie kommen nur indirekt zustande und sind gewöhnlich eine Reaktion auf katholische Initiativen oder Erfolge. Zuletzt sei angemerkt, dass diese Hauptopposition heutzutage die Katholiken selbst stark beeinflusst. Da ihre Mentalität unsere Zeit prägt, färbt sie notwendigerweise auch auf Katholiken ab.

So ist es schon immer gewesen. Im 16. oder 17. Jahrhundert, als die Lehre von der devoten Ergebenheit gegenüber dem Landesfürsten (eine jetzt in Vergessenheit geratene Lehre) zur Hauptopposition gehörte, forderte man den Katholiken heraus, indem man sagte: »Ja oder Nein: Verleugnest du die Autorität deines Souveräns, weil sie in diesem oder jenem Punkt mit der Kirche im Streit liegt?« Ein solcherart Befragter würde, wäre er auch ein frommer oder sogar begeisterter Gläubiger, verlegen nach Ausflüchten suchen. Oftmals fehlten ihm die Worte zu einer Antwort. Er würde alles in seiner Macht Stehende tun, um die einander entgegenstehenden Mächte der Krone und der Kirche miteinander zu versöhnen. So bewundernswerte Prälaten wie Gardiner, Bischof von Winchester, so vortreffliche Soldaten wie Bayard[27], der edelste katholische Ritter seiner

---

27 Anm. d. Übers.: Pierre du Terrail, Chevalier de Bayard (1476–1524) war ein französischer Feldherr.

Zeit, hatten auf das falsche Pferd gesetzt.[28] Ähnlich verhielt es sich mit dem Jansenismus, der zwar innerhalb der Kirche wirkte, aber ein Teil der Flutwelle war, die das dunkle Genie Kalvins hervorgebracht hatte.

Diese Beeinflussung der heutigen Katholiken durch den Geist des Nationalismus und auch des Antiklerikalismus, ja, und sogar auch (zu ihrer Schande!) durch etwas, das derart unter ihrem Niveau ist wie der »moderne Geist«, werde ich im entsprechenden Abschnitt weiter ausführen. Sie ist, auf der ganzen Welt, eine Hauptursache unserer Schwäche.

(i) Der Nationalismus

Ich beginne mit dem ersten der drei Elemente unserer heutigen Hauptopposition: dem Nationalismus.

Ich beginne damit, weil er den katholischen und protestantischen Kulturkreisen gemeinsam, überall klar erkennbar und allgemein verständlich ist. Außerdem behandle ich ihn als Erstes, da er von den dreien – bis zum jetzigen Zeitpunkt – am wenigstem in einem offenen Widerspruch zum Glauben steht. Und schließlich widme ich mich ihm zuerst, da er wahrscheinlich letzten Endes der erste Hauptgegner sein wird, der fällt. Der Antiklerikalismus wird in den kommenden Schlachten erbittert kämpfen. Er ist ein notwendiges Nebenprodukt der katholischen Gesellschaft, sodass er umso bedrohlicher wird, je stärker der Glaube wächst. Dem »modernen Geist« hingegen kann nur die Auflösung beikommen. Er gleicht einem riesigen Haufen Schlamm, dessen man sich nur dadurch entledigen kann, dass er langsam weggespült wird. Er wird der Letzte dieser drei sein, der übrig bleibt.

Der Nationalismus – in der hier gebrauchten Bedeutung des Wortes, nämlich der exzessive Nationalismus unserer

---

28 In seinen Schreiben an die kontinentalen Reformatoren unterstütze Bayard das Supremat Heinrichs VIII. über die englische Kirche und Bayard sagte einmal, als Katholik käme man auch sehr gut ohne das Papsttum aus.

Tage – hat zwar noch etwas Raum für Wachstum, kann aber seine gegenwärtigen Kräfte höchstens für die Spanne weniger Generationen aufrechterhalten, wahrscheinlich sogar für kürzere Zeit.

Dieser Nationalismus ist eine übertriebene und extreme Mentalität, an der die weiße Welt heute leidet.

Er trägt alle Kennzeichen einer Religion. Nicht die einer vollständigen Religion im Sinne eines von einem Ritual und einer ausgestalteten Morallehre begleiteten Bekenntnisses, sondern einer Religion im ästhetischen Sinne. In dem Sinne, in dem die Religion die Gefühle belebt, zum Opfer ermutigt und eine enthusiastische Unterstützung hervorruft. Er ist eine Religion im Sinne der Verehrung eines Gegenstandes der Anbetung – einer derart leidenschaftlichen Anbetung, dass sie so weit geht, dass die Menschen unhinterfragt alles hinopfern, was sie haben, was sie lieben, sogar das Leben selbst – alles für den Gegenstand ihrer Anbetung.

Dadurch besteht überall und ständig der *potentielle* Konflikt zwischen dem Nationalismus und der katholischen Kirche. Es ist dadurch bereits ein Konflikt entstanden, der in der Zukunft womöglich noch sehr viel stärker zu Tage treten wird.

In der menschlichen Seele ist kein Platz für zwei Religionen. Von zwei verschiedenen Loyalitäten muss immer eine die Vorrangstellung einnehmen. Und eine Religion, d. h. die Anerkennung einer höchsten Wirklichkeit, für deren Verehrung alles geopfert werden muss, ist eine Geisteshaltung oder Liebe, die keinen ebenbürtigen Rivalen erträgt.

Es kann kein Zweifel darüber bestehen, dass der Nationalismus heute die Stärke einer *Religion* angenommen *hat*. Und zwar einer Religion, die es nach Meinung beinahe aller Menschen mit der katholischen aufnehmen kann und die sie vermutlich nach Meinung der meisten Menschen in den Schatten stellt.

Bevor wir jedoch fortfahren, ist es wichtig genau zu definieren, in welchem Sinne wir von »Nationalismus« sprechen, was daran so anders ist als alles, was der Christenheit in der

Vergangenheit begegnet ist, und warum es ein Teil der Hauptopposition ist, die so sehr gegen unserer Religion arbeitet.

Es besteht hier eine gewisse Zweideutigkeit, die Anlass zu Missverständnissen bilden kann und derer man gewärtig sein muss. Patriotismus hat es schon immer gegeben und es wird ihn auch immer geben, solange Menschen in Gemeinschaften zusammenleben. Jemand mag diese Anhänglichkeit für einen Stamm oder eine Stadt, einen winzigen Landstrich, eine Feudalgruppe und einen Landesherrn, eine große Nation und eine ganze gewaltige Kultur empfinden – aber sie ist immer präsent und muss immer präsent sein. Denn wäre dies nicht der Fall, gäbe es keinen gesellschaftlichen Zusammenhalt. Nun muss der Mensch in Gesellschaft leben und folglich muss nach allen Regeln der menschlichen Natur (die der Selbsterhaltung, die des zwecks Deckung der Lebensbedürfnisse entstehenden Gemeinwesens usw.) eine Ergebenheit an dasjenige vorhanden sein, was die Griechen »die Polis« nennen.

Man könnte noch viel weiter gehen und sagen, dass der Patriotismus nach normalen moralischen Maßstäben in jeder Gesellschaft nicht nur präsent, sondern auch stark sein sollte, denn sein Fehlen wäre unmenschlich und unnatürlich. Selbst seine Schwäche würdigt den Einzelnen herab: Hier läge eine Vernachlässigung einer Pflicht vor, an die er um seiner selbst und seiner ganzen Herkunft willen gebunden ist – denn jeder Mensch wird von einem bestimmten Land hervorgebracht.

Das Wesen des Nationalismus in seiner gegenwärtigen Form als Bedrohung der Religion aber liegt im Folgenden: *Die Nation wird zum Selbstzweck erhoben.* Wenn *diese* Haltung auftritt, haben wir es im strengsten Sinne des Wortes mit einer Häresie zu tun, einer falschen Lehre, mit allen Gefahren der weiten und allseitigen Ausbreitung von Übeln, die aus falschen Lehren gleichwie aus einer Pestsaat entstehen.

Nun ist diese Verselbstzweckung der Nation eine Häresie, die in unserer gesamten europäischen Kultur und in ihren Überseekolonien in der Neuen Welt grassiert. Dem Nationalismus eignet der ganze glühende Enthusiasmus, der das Frühstadium solcher Verwerfungen kennzeichnet. Er ist so voller Leben, wie es der Islam bei seinem ersten Sturmangriff oder die Raserei der frühen Reformation war. Die Leute sind allerdings so an ihn gewöhnt, dass sie seine ungeheure Tragweite gar nicht wahrnehmen.

Anhand einiger Stichproben können wir die Sache richtig beurteilen.

Zum Beispiel folgende: Die modernen Menschen rühmen sich, Meinungen nicht zu verfolgen. Das heißt, sie sichten keine bloßen Meinungsäußerungen und bestrafen sie nicht, wenn sie mit der offiziellen Position nicht übereinstimmen. Insbesondere halten sie sich das bezüglich der verschiedenen religiösen Lehren zugute. Aber ihr Selbstlob ist nichtig – denn sie bestrafen keine Meinungen, die die Zerstörung oder Verfälschung unserer überkommenen Religion zum Ziel haben. Sie gelangen so zur widervernünftigen und unhaltbaren Vorstellung von einer universalen Toleranz und versichern, keine Äußerungen von Gedanken zu bestrafen und noch viel weniger, sie zum Schweigen zu bringen. Das ist gleichbedeutend damit, dass ihnen nichts heilig ist.

Sie verleugnen sich selbst. Die Menschen haben immer noch eine Vorstellung von Heiligkeit, nur ist sie deplatziert. Und hier ist der Beweis:

Man gehe an zwei aufeinanderfolgenden Sonntagen in einen öffentlichen Park. Man stelle sich beim ersten Mal auf einen Stuhl und ereifere sich ausgiebig gegen die Religion. Man mache die Lehre von der Dreifaltigkeit und der Inkarnation sowie das Recht einer christlichen Gesellschaft, der christlichen Glaubenspraxis Geltung zu verschaffen, lächerlich. Es wird einem nichts geschehen.

Am zweiten Sonntag stelle man sich auf einen Stuhl und ereifere sich genauso lange und lebhaft gegen das Vaterland und dessen Verhalten im letzten Kriege. Man lobe enthusiastisch einige besonders unpopuläre Ausländer – möglichst Feinde – und ziehe die militärischen Helden ins Lächerliche, nenne sie Feiglinge und prangere heftig den Gehorsam an, den sie ihren Offizieren, Soldaten und Kapitänen geleistet haben. Dann wird einem einiges geschehen. Selbst nachdem man von der Polizei aus den Händen des wütenden Pöbels befreit sein wird, wird der Staat mit einem in einer Art und Weise verfahren, die einen endgültig über die Grenzen der Toleranz aufklären wird.

Und wenn sich die Nation in konkreter Gefahr befindet, wie etwa in der Zeit eines großen Krieges, werden diejenigen, die die nationale Widerstandskraft schwächen, indem sie sich öffentlich gegen den Krieg stellen, schwer bestraft – ganz gleich, wie vernünftig sie sich auch geäußert haben mögen. Das ist alles gut und recht. Aber wenn irgendwelche Zweifel darüber aufkommen, welche Religion die richtige ist, haben wir lediglich die vollkommene Immunität derjenigen zur Kenntnis zu nehmen, die die christliche Sache zugleich als Übel anprangern und deren Feinde unterstützen.

Dieser Unterschied macht sich auch in vielerlei anderer Hinsicht bemerkbar. Wenn etwa Menschen den Glauben verloren haben, werden sie nie müde, die Betrügereien anzukreiden, die aus religiösem Eifer entstehen können. Sie bestehen insbesondere bei jeder Gelegenheit auf der Unerlässlichkeit klarer und unabänderlicher Wahrhaftigkeit. Sie werden niemals müde, die Kasuisten anzuklagen, die untersucht haben, in welchen seltenen Fällen es möglich sein könnte, die Wahrheit zu verschleiern, ohne dabei zu sündigen.[29] Sobald sich aber eine moderne Nation im Krieg befindet, lässt sich selbst der ehrbarste Mann unverzüglich dazu herab, die schamlosesten Lügen der sogenannten »Propaganda« zu verbreiten. Unter den Auswirkungen des Nationalismus erzählt ein ritterlicher

29 Anm. d. Übers: Gemeint ist die Lehre von der Mentalreservation bzw. -restriktion (der innerliche Vorbehalt), die sich wie folgt definieren lässt: »Ihr Wesen besteht darin, daß der Redende seinen Worten einen Sinn unterlegt oder sie auf einen Sinn einschränkt, der von dem Sinn verschieden ist, den die Worte an sich genommen im gewöhlichen Verkehr haben.« (Heribert Jone, *Katholische Moraltheologie*, Paderborn 1949, S. 297) Die Mentalreseravtion ist nach der Lehre der katholischen Moraltheologie unter bestimmten Umständen erlaubt, ja manchmal sogar Pflicht.

und feinsinniger Mann jede erdenkliche Lüge oder verstellt sich nach Belieben. Er betätigt sich als Spion und lockt Feinde in ihren Tod. Er verbreitet die ungeheuerlichsten Fabeln über die Handlungen des Feindes – und all das, ohne ein schlechtes Gewissen zu haben.

Diese neue Religion des Nationalismus, d. h. die Geisteshaltung, die Nation zum Selbstzweck zu machen, hatte neben anderen bedauerlichen Auswirkungen auch die Zersplitterung unseres gemeinsamen kulturellen Erbes und unserer gemeinsamen europäischen Eigenart in viele isolierte Fragmente zur Folge, die ihrerseits diese Zersplitterung nicht etwa bedauern, sondern sie als etwas verherrlichen, das soweit wie irgend möglich noch verstärkt werden sollte.

Diese Situation ist für jeden mit einem Gespür für Geschichte oder bloßer Kenntnis der Vergangenheit grotesk. Es ist eine Tragödie – eine Art Mord an der Christenheit. Die Vielheit unserer Sprachen wird nicht länger durch den gemeinsamen Gebrauch des Lateins überbrückt. Diese Trennung ist nicht einfach eine Gegebenheit. Sie wird mit allen Mitteln aktiv gefördert. Die Landessprache wird Minderheiten mit Gewalt aufgezwungen. Im gleichen Geiste wird der Güter- und Personenverkehr allenthalben durch Grenzpfähle behindert. Eine ganze Armee von Menschen wird dafür verschwendet, zwischen den Staaten, die einst die Christenheit waren, Grenzen zu kontrollieren und Zölle einzutreiben. Und (womöglich die schlimmste aller Auswirkungen) die bloße Vorstellung einer Christenheit – von der das Überleben unserer Zivilisation abhängt – wird ausgelöscht. Wenn der gewöhnliche Politiker in den Begrifflichkeiten der Nationen spricht, dann betrachtet er Japan genau so, wie er Italien auffassen würde – eine starre Einheit innerhalb eines mechanischen Gewirrs getrennter, eigenständiger Völker.

Wie aber (so könnte man fragen) steht all dies mit dem Katholizismus im Gegensatz? Dass es der gemeinsamen Kultur abträglich ist, die Europa von der katholischen Kirche ererbte, ist offensichtlich. Das ist allerdings eine Wirkung, die sich auf den Glauben nur indirekt negativ auswirkt. Wo treffen wir auf eine direkte Feindschaft?

Es gibt zwei primäre Formen, in denen sich ein solcher Konflikt entwickelt, oder (wenn man die zweite Form differenziert) möglicherweise drei.

Zuallererst steht der Nationalismus im Widerspruch zur Universalität des Katholizismus.

Zweitens vereinnahmt er Aufgaben, die essentiell religiös sind, für nationale Zwecke: etwa die Unterweisung in der Sittenlehre, die Darstellung der wahren Geschichte und Landeskunde (ein Teil des Moralunterrichts), die Auswahl der Literatur und vor allem die allgemeine Jugendbildung. In diesem letzten Bereich, der *allgemeinen Erziehung und Bildung der Jugend*, ist der Konflikt derart ernst, dass man daraus ein drittes Beispiel für den Konflikt zwischen Nationalismus und Kirche machen könnte.

Im ersten Punkt, in dem es um die Beeinträchtigung der katholischen Universalität durch den Nationalismus geht, ist die Problematik auf den ersten Blick nicht deutlich erkennbar.

Die Staaten haben größtenteils gezögert, ihre Differenzen in die Kirche hineinzutragen.

Es stimmt, dass jedem Land nationaler Klerus und Hierarchie zueigen sind – ein nicht allzu katholisches Prinzip – und dass die Länder jeweils einen gewissen Druck bei Ernennungen zu geistlichen Ämtern ausüben, insbesondere im Fall der Bischofsernennungen. Dieser Druck ist in Ländern des katholischen Kulturkreises größer als in den protestantischen. Es ist ebenfalls wahr, dass die Beziehungen des jeweiligen Landes zu ausländischen Orden auf dem eigenen Territorium von wechselseitiger Kompromissbereitschaft geprägt sind. Sogar während des Krieges wurden der Kirche ihres universalen oder (wie man sagte) »internationalen« Charakters wegen gewisse Ausnahmen gewährt. Es stimmt außerdem, dass der Nationalismus bislang kein handfestes Schisma hervorgebracht oder kein übersteigertes Nationalgefühl die disziplinäre Einheit des Leibes der Kirche zerrissen hat. Es mag sogar gerechterweise angenommen werden, dass der Nationalismus – in unserer Zeit – nie stark genug sein wird, um eine derart verhängnisvolle Situation zu schaffen. Uns standen nämlich für so lange Zeit Beispiele dafür vor Augen, was aus einem Verlust der Einheit folgt, dass auch der überzeugteste katholische Nationalist davor zurückschreckt, neue unabhängige Nationalkirchen zu etablieren. Und dennoch bleibt es wahr, dass der Nationalismus gegenwärtig die Kirche in scharf voneinander getrennte Regionen geschieden hat. Man kann zum Beispiel auf Gebiete verweisen, die im letzten Krieg den Besitzer gewechselt haben – infolgedessen wurde die örtliche Hierarchie umgehend ausgetauscht, als wäre sie ein Teil des staatlichen Staatsapparats. Dennoch, so betone ich nochmals, ist das Übel eines exzessiven Nationalismus als negativer Einfluss auf die Universalität der Kirche noch nicht offen zu Tage getreten. Seine Auswirkungen waren – bislang – gering.

Im zweiten Bereich, dem der Literatur und der offiziellen Haltung gegenüber der aktuellen und vergangenen Geschichte und Geographie sowie insbesondere der Schulbildung, liegt die Sache noch einmal ganz anders. Hier zeigt sich die Auswirkung des Nationalismus tatsächlich sehr stark und es gibt Gegenden, in denen bereits eine Kollision mit dem, was aufgrund des Glaubens als schiere Minimalforderung gelten muss, eingetreten ist.

Der Nationalismus hat, außer anderen Übeln, eine mächtige Bürokratie hervorgebracht: eine starre Zentralisation und einen elenden Uniformismus innerhalb jeder Grenze, der exakt dem beiderseitigen Kontrast entspricht.

Der Vergötzung der Nation führt dazu, dass unter ihrer Autorität das toleriert wird, was unter der Fürstenherrschaft niemals toleriert worden wäre: die Unterwerfung unter eine Herrschaft, die durch gesetzliche Regelung des Aufwands an Lebensmitteln, durch den Wehrdienst, durch ein staatlich kontrolliertes, allgemeinverbindliches Zwangsschulsystem und durch staatliche Kontrolle des Zuganges zu jedwedem Beruf sowohl die Möglichkeit des Bürgers, sich gegen das aufzulehnen, was ihn unterdrückt, als auch die Unterschiedlichkeit, die das Kennzeichen des Lebens ist, zerstört hat.

Auf dem Gebiet der Pflichtschule gerät der Nationalismus ganz besonders mit dem Katholizismus in Konflikt.

Dieses Phänomen kann in einem katholischen Land einfacherer beobachtet werden als in einem nichtkatholischen. So durchdrang der Protestantismus in England, wo er mehr als zweihundert Jahre lang die homogene Kultur des Landes bildete, Nationalliteratur, Geschichte und Haltung gegenüber allen politischen Problemen in einem solchen Maße, dass er schwerlich von der Nationalität zu unterscheiden ist. Ich habe Geschichtslehrbücher gesehen, die kaum mehr als antikatholische Propaganda sind – zum Beispiel die von den Herren Bright[30] oder Trevelyan[31] verfassten – und jetzt in katholischen Schulen verwendet werden. Die protestantische Nationallegende besitzt hier Allgemeinverbindlichkeit. In Italien und Frankreich ist das nicht der Fall. Dort gibt es eine sehr klare Scheidelinie zwischen der Tendenz, das gesamte Bildungswesen einem nationalen Ideal unterzuordnen, und der, die das religiöse Ideal an erste Stelle setzt. Hier geht es nicht nur um eine Unterscheidung – hier geht es um einen Kampf.

Die Religion des Nationalismus wird durch den Charakter der modernen Staaten begünstigt und wir sehen, dass die Regierungen ganz Europas (seien sie parlamentarisch und folglich oligarchisch und plutokratisch wie in Frankreich oder England oder monarchisch[32] und folglich beliebt wie in Polen, Spanien und Italien) entweder – im schlimmsten Falle – antikatholisch

30 Anm. d. Übers.: William Bright (1824–1901) war ein anglikanischer Geistlicher und Historiker.

31 Anm. d. Übers.: George Macaulay Trevelyan (1876–1962) war ein englischer Historiker.

32 Anm. d. Übers.: Belloc stellt den plutokratisch regierten Ländern, auch wenn es sich formal um Monarchien handelt, diejenigen Länder entgegen, in denen eine einzige Person eine große Machtfülle besitzt und die folglich nach monarchischem Prinzip regiert werden.

sind oder, wenn sie Sympathien für die Kirche haben, dennoch außerhalb der Kirche stehen und ständig zur Feindschaft übergehen können.

Nun halten diese Regierungen – oder diejenigen im Hintergrund, die durch sie sprechen – die staatliche Gewalt in ihren Händen: die Polizei und die Gerichte.

Aus diesem Grund ist bei jeder Betrachtung der politischen Umstände, mit denen sich die Kirche konfrontiert sieht, eine Erwägung des Standpunktes der jeweiligen Staaten ihr gegenüber von entscheidender Wichtigkeit.

Seit dem Kriegsende nehmen wir alle die Wirkungen wahr, die die Befreiung bestimmter katholischer Völker, vor allem der Polen und Iren, sowie durch den Machtzuwachs anderer Länder, vor allem Italiens, gezeitigt haben. Nach dieser Seite hin wurde die Kirche erheblich gestärkt. Staaten sind jedoch nicht das Gleiche wie Völker. In Diktaturen sind Regierungen ein Mittel für das Nationalempfinden, und sogar in parlamentarisch verfassten Ländern sind sie, wiewohl tatsächlich die Handlanger der Reichen, nominell die Wortführer der Bevölkerung, wie schwach begründet ihr Anspruch auf ein solches Vertretungsrecht auch sein mag. Aber in keinem der beiden Fälle sind sie das Volk. Und so katholisch ein Volk auch sein mag: Es wird unter den heutigen Umständen kaum jemals eine katholische Regierung haben.

Zudem ist die Stärke der Regierungen immer noch beachtlich. Sie ist nicht mehr so groß wie die der Finanz und in manchen Ländern wirkmächtiger als in anderen. So ist in Italien die Regierung wesentlich stärker und wirkt sich nachdrücklicher auf das Los des Landes aus als in Frankreich, denn die Italiener bewundern und unterstützen ihre sehr personenbezogene Form der Regierung und gehorchen ihr. Die Franzosen verachten ihre Parlamentarier und gehorchen ihnen so wenig wie möglich. Aber überall hat die Regierung große Wichtigkeit und die Stellung der Regierung zur katholischen Kirche ist von entscheidender politischer Bedeutung.

Sehr viele betrachten die Vorstellung, eine moderne Regierung könne »für« oder »gegen« die katholische Kirche sein, als unsinnig. Moderne Regierungsformen verbergen ihren wahren Charakter, und gegenwärtig ist es Mode, hinsichtlich der Religion Neutralität zur Schau zu tragen. Zudem entspricht es durchaus der Wahrheit – bis sich die Mode ändert –, dass weder offene Kirchenverfolgung herrscht, noch eine offene Unterstützung der Kirche stattfindet. So förderte die freimaurerische Regierung in Prag in ihrer antikatholischsten Phase schismatische Bestrebungen in Böhmen, jedoch wagte sie in dem Versuch, ihrer eigenen »liberalen« Politik zu entsprechen, keinen direkten Angriff auf die Kirche als solche. Sie konnte weder ihre Gottesdienste noch die Praxis der Gläubigen unterbinden. Die einzige Regierung, die dies getan hatte, war die mexikanische. Und selbst dort wurden gewisse politische Vorwände angeführt, keine religiösen. Auf der anderen Seite stand Polen kurz davor, den Katholizismus zur Staatsreligion zu erklären, spürte jedoch den Einfluss unserer gegenwärtigen irreligiösen Konventionen und umging die Problematik, indem sie diese Erklärung unterließ.

Wenn es aber auch keine offene Erklärung der Feindseligkeiten gibt, können die Staatsführungen der Welt dennoch insgesamt als Gegner einer Einflussnahme der katholischen Kirche eingeschätzt werden. Dies zeigt sich mehr indirekt als auf irgendeine andere Art. Die Feindseligkeit besteht nie, abgesehen von solch extremen Fällen wie in Mexiko, in einer aktiven Unterdrückung des Glaubens. Sie zeigt sich in der Missbilligung katholischer Immigration, in der Art, in der Bildungsgesetze umgesetzt werden, und sogar im diplomatischen Verkehr mit anderen Nationen. Daher besteht kein Zweifel über die Sympathien Englands und Amerikas mit Preußen, die Rettung der unnatürlichen Herrschaft Preußens über den katholischen Westen Deutschlands durch englische und amerikanische Delegierte, die Zerstückelung Österreichs, der den Ungarn verweigerte rechtmäßige König – all dies war die Wirkung religiöser Sympathie oder Antipathie. Der Aufschrei gegen die Ruhrbesetzung und gegen die Etablierung eines rheinischen Staates war ein weiteres Beispiel.

Der Ort auf der Welt, an dem sich diese Angelegenheit jedoch im hellsten Licht zeigt, ist Paris. Es ist die Haltung einer französischen Regierung gegenüber der katholischen Kirche, die sich auf politischem Gebiet gegenwärtig am stärksten auf das Schicksal der Kirche auswirkt. Das liegt daran, dass das französische Volk selbst in Klerikale und Antiklerikale gespalten ist und das Nationalgefühl der Franzosen, trotz ihrer Differenzen, womöglich intensiver ist als bei jedem anderen Volk.

Zwei Faktoren der Haltung der französischen Regierung gegenüber der Kirche sind heute besonders wichtig. Der erste Faktor ist der Einfluss, den Frankreich durch eine Mischung von Luzidität und Energie im Denken, in Wort und Tat auf die ganze Welt hat. Der zweite ist die Zentralstellung Frankreichs. Dies ist zwar lediglich ein geographischer und folglich ein materieller Faktor, aber er hat Gewicht. Wenn man sich in einer guten französischen Zeitung über die Angelegenheiten Europas informiert, hat man das Gefühl, als stünde man auf einer Bergkuppe und betrachtete die Ebene um sich herum. Paris ist an London, Berlin, Rom, Prag, Warschau, Wien, Madrid und New York gleichermaßen interessiert. Die Linien, die von diesem zentralen Punkt zu den anderen ausstrahlen, sind Linien einer Wertekommunikation, deren Muster das Symbol jener Zentralstellung mit all ihrem Einfluss bilden.

Die französische Regierung ist dem Katholizismus seit fünfzig Jahren feindlich gesinnt. Es gab Augenblicke, in denen diese Opposition heftiger, und andere, in denen sie schwächer war. Aber seit dem Fall Mac-Mahons[33] im Jahre 1877 gab es keine Regierung mehr, die katholischem Einfluss gänzlich positiv gegenüberstand. Eine hochorganisierte, größtenteils freimau-

33 Anm. d. Übers.: Patrice de Mac-Mahon (1808–1893) war ein französischer Militär und Staatsmann, Marschall von Frankreich und zweiter Präsident der Dritten Republik.

rerische Seilschaft bemächtigte sich des Wahlsystems und hält es seitdem fest in der Hand.

Es wurde oftmals durchaus zu Recht gesagt, dass dieser Zustand nicht die Haltung des französischen Volkes widerspiegelt. Keine andere Regierung entspricht der Stimmung des Volkes weniger als die französische Regierung. Das System, kraft dessen die allgemein verachteten Berufspolitiker abwechselnd die Vergünstigungen ihres Standes genießen, erregt den Ekel des ganzen Landes. Aber es handelt sich um ein derart anpassungsfähiges System, dass beinahe unmöglich ist, es zu beseitigen. In den späten 80er Jahren des letzten Jahrhunderts gelang dies beinahe. Wäre der Große Krieg kurz und erfolgreich gewesen, wäre es sogleich vernichtet worden. 1926 stand es tatsächlich kurz vor seinem Ende, als eine Volksmenge sich zu sammeln begann, um die Berufspolitiker aus dem Parlament hinauszuwerfen. Doch die Sache scheiterte und vorderhand bleibt der Klüngel, der die Macht hat, in Einstellung und Ausrichtung antikatholisch. Dies ist ein Extrembeispiel.

In Belgien, Italien und Spanien herrscht eine andere Tendenz. Dennoch trifft es zu, dass die Regierungen sogar im katholischen Kulturgebiet (und selbstverständlich im protestantischen) als Unterstützer des Nationalismus nicht mit dem Geist der Kirche konform gehen. Die materielle Stärke der Staatsführungen, vereint mit dem viel wichtigeren Effekt des Nationalismus als geistige Macht, den sie fördern, bildet überall ein Hemmnis für die Fülle des katholischen Lebens.

Es bleibt noch zu erörtern, ob die derzeit außergewöhnliche Stärke des Nationalismus, der dem Staat geradezu kultische Verehrung – wobei alles andere, das verehrt werden könnte, entweder ausgeschlossen oder mindestens stark zurückgedrängt wird – sich noch lange wird halten können.

Können wir sagen, dass bereits Kräfte zu erkennen sind, die auf seinen Niedergang abzielen? Können wir berechtigterweise einen Niedergang des Nationalismus für die nahe Zukunft prognostizieren? Natürlich müssen langfristig solche Kräfte auftreten, da alle menschlichen Stimmungslagen vergänglich sind, der Nationalismus genauso wie jede andere. Aber tritt diese Tendenz heute so zum Vorschein, dass wir sie beobachten können? Und liegen heute, von diesen abgesehen, bestimmte Gegebenheiten vor, die auf eine künftige Ablehnung des Nationalismus hindeuten?

Ich denke, dies ist der Fall. Abgesehen von der katholischen Kirche gibt es zumindest zwei große internationale Kräfte (wenn nicht mehr), die bereits deutlich erkennbar sind. Die eine ist die der Finanzmacht, die andere die des proletarischen Protestes gegen den Kapitalismus – ein Protest, der in seiner deutlichsten und logischsten Form Kommunismus genannt wird. Beide bewirken die Auflösung jener Religion des Nationalismus, die vor dem Großen Kriege allumfassend war.

Diese zwei Kräfte, die internationale Hochfinanz und der internationale Sozialismus, handeln auf oftmals unerwartete und drastische Weise. Zum Beispiel rühren die großen Zeitungen (und beinahe die ganze Presse mit hoher Auflage ist rein kapitalistisch und ein Propagandainstrument des Kapitalismus) die Trommeln des Nationalismus, so kräftig sei können – bis zur Betäubung und zum Überdruss. Aber deren übertriebener Nationalismus verliert durch eine offenkundige Unehrlichkeit, bedingt durch die nicht zu verhehlende ängstliche Bedachtheit auf das *Big Business*, zunehmend seine Wirkung. Sie müssen den Nationalismus hinausplärren, so laut so können, weil es erfolgreicher Zeitungsumsatz erfordert. Sie sind jedoch im Interesse ihrer millionenschweren Besitzer dazu gezwungen, Wohlwollen für weltweit verzahnte kapitalistische Unternehmen zu predigen. Sie mögen zum Beispiel eine besondere britische Ölpolitik fordern, aber keineswegs den Interessen des amerikanischen oder holländischen Öls entgegenarbeiten. Sie mögen nach Reparationen schreien, aber gegen die letztendliche Überführung der Reparationen an die internationalen Anleihegläubiger werden sie nicht ihre Stimme erheben.

Was die Banken anbelangt, so sind sie heute beinahe in aller Offenheit international. Man kann nicht mehr sagen, dass irgendein Land eine eigene Finanzpolitik hätte. Manche sind partikularistischer als andere – vor allem Frankreich und Italien – aber alle unterliegen der Zugkraft. Hier, in England, ist das Bankensystem nichts anderes als eine Zweigstelle der New Yorker Banken, von denen es freiwillig, aber auch notwendigerweise abhängig ist.

Die Welle des Nationalismus wird allerdings vor ihrem Abebben noch einmal höher schlagen, denn es gibt ein Element, das den Nationalismus erhält: die Noblesse des uns präsentierten Ideals.

Wir stehen hier einer Sachlage gegenüber, die sich von der unserer anderen Feinde durchaus unterscheidet. Der Antiklerikalismus und das Übrige begeistern nicht. Dies alles stellt auf niedrige Beweggründe des Menschen ab und erspart dem Beschränkten und Unwissenden geistige Veredelung. In den Adern des Nationalismus hingegen pulsiert glühende Hingabe. Darin liegt seine Ehre, aber auch seine Gefahr.

Die Wirkung des Sozialismus (und folglich auch des Kommunismus) als Auflösungsmittel des Nationalismus ist wesentlich schwächer. Zum einen, weil es sich hier um ein unmenschliches Ideal handelt, das nicht in die Praxis umzusetzen ist (wie es im Grunde genommen jeder weiß, sogar die, die seine Ideale am lautesten verkünden) und vor allem, weil es zeitbedingt und lokal beschränkt ist. Der Sozialismus kann nur dort gedeihen, wo es ein Industrieproletariat gibt. Und selbst dort kann er nicht Massen bekehren und selbst wenn dies gelänge, so sind die Industrieproletariate jeweils voneinander getrennt. Würde man auf einer Landkarte die Industriegebiete der Welt markieren, sähe man einen unzusammenhängenden Fleckenteppich, dem jede Homogenität abgeht. Von den einzelnen Ländern ist England, das dem Kommunismus seinem Naturell nach am wenigsten gewogen ist, das industrialisierteste von allen. Der Kommunismus wird wachsen. Er wird in ungeheuerlichem

Maße wachsen. Er wird sich im Hinblick auf die einzelnen Nationalismen als weniger wirkmächtig erweisen als das Finanzwesen. Aber die gemeinsame Wirkung von Proletariat und Bankiers wird beträchtlich sein.

(ii) Der Antiklerikalismus

Ich komme in diesem Abschnitt zu einem Teil der Hauptopposition, dem ein ganz spezieller Charakter zu eigen ist, der ihn von allen anderen unterscheidet: dem Antiklerikalismus.

Es ist von besonderer Wichtigkeit, ihn für die englischen und amerikanischen Leser besonders hervorzuheben, zu definieren und zu erklären, da sie mit ihm im Alltag nicht in Berührung kommen. Sie haben ihn nie direkt erlebt. Es ist wichtig, ihn hervorzuheben, damit ein wesentlicher Teil des heutigen Kampfes gegen die Kirche nicht übersehen wird. Es ist wichtig, ihn zu definieren, weil er ständig mit dem Antikatholizismus im Allgemeinen verwechselt wird, mit dem pauschalen Hass auf die Religion und dem Geist offener Verfolgung. Es ist wichtig, ihn zu erklären, da wir ansonsten nicht den Prozess nachvollziehen können, in dem sich seine Parteigänger mit allen antikirchlichen Strömungen verbündet haben und in diese inzwischen beinahe aufgegangen sind, und so ihr ursprüngliches Profil verloren haben. Der Antiklerikalismus könnte in naher Zukunft die Lage der Katholiken selbst dort indirekt beeinflussen, wo sie in einer protestantischen Umgebung eine Minderheit darstellen. Man tut gut daran, das Phänomen zu verstehen, bevor es eintritt.

Das Thema muss also aufgrund seiner Fremdheit außerhalb der Nationen, die eine katholische Tradition besitzen, besonders herausgestellt werden. Die alte katholische Kultur wirkt ganz anders auf die Kirche ein und die Kirche ganz anders auf sie, als wir es im protestantischen Bereich sehen.

Nichts ist für den durchschnittlichen Katholiken, der sein ganzes Leben als Bürger eines in der Mehrheit seiner Bevölkerung protestantischen Staates und in der Atmosphäre einer protestantischen Kultur verbrachte, verwunderlicher oder gar unverständlicher als dieses Hauptphänomen in den Ländern des katholischen Kulturgebiets.

Es ist keine Übertreibung, zu sagen, dass dem Katholiken aus dem protestantischen Kulturkreis diese Form des Konflikts zwischen Kirche und Welt, d. h. der Antiklerikalismus, befremdlicher erscheint als gleich welche Wirkung irgendeines anderen gesellschaftlichen Geistes, der ihm fremd ist. Gewöhnlich weiß er nicht, was es damit auf sich hat. Er erscheint ihm entweder als schierer, blinder Hass, den ihm keine Erklärung verständlich machen kann, oder aber er verwechselt ihn mit einer allgemeinen Feindseligkeit gegenüber dem Katholizismus in seiner eigenen Welt, derer sich alle in gewissem Grade bewusst sind und die insbesondere Konvertiten oftmals sehr deutlich zu spüren bekamen.

Wenn das also der Grund dafür ist, den Antiklerikalismus als einen modernen Einfluss herauszustellen, so müssen wir ihn definieren.

Der Antiklerikalismus kann als der Geist bezeichnet werden, der durch das Eingreifen des Klerus in den zivilen Bereich ins Leben gerufen wird.

Das ist die Minimaldefinition, die Definition des Antiklerikalismus seinem Ursprung nach, bevor er ein Bündnis mit den Feinden des Glaubens einging. Der hl. Ludwig könnte als Antiklerikaler angeführt werden, weil er den französischen Bischöfen das Recht verweigerte, die Güter von Exkommunizierten zu konfiszieren. Die irischen Staatsführer könnten als Antiklerikale angeführt werden, weil sie sich weigerten, in ihrer Landespolitik und anderen politischen Programmen durch gewisse Angehörige der Hierarchie und sogar vom Rat des Papstes beeinträchtigt zu werden. Das pittoreske Motto »Wir holen uns unsere Religion aus Rom, aber unsere Politik aus der Hölle« ist antiklerikal.

In diesem Mindestmaß ist der Antiklerikalismus in der Masse einer katholischen Bevölkerung potentiell stets vorhanden und könnte jederzeit – unabhängig von der Lehre oder der allgemeinen gänzlichen Akzeptanz katholischer Ideen und Verhaltensweisen – zur Wirksamkeit gebracht werden.

Die berechtigten Klagen, die der Reformation vorausgingen, waren im Wesentlichen antiklerikal – und ein gutes Beispiel für die Gefahr, die mit diesem Geiste einhergeht. Die Verärgerung, die in England durch exzessive Zehnterhebungen verursacht wurde, und die Erbitterung des vorreformatorischen London, besonders wegen der Bestattungskosten und der dadurch verursachten jeweils unvorhersehbaren Belastung, sind Beispiele für praktischen Antiklerikalismus. Der große Aufruhr, der in Deutschland folgte, begann im Grunde als ein antiklerikales Anliegen, das dem darauffolgenden doktrinellen Chaos voranging und es provozierte.

Der Antiklerikalismus kann also zu jedem Zeitpunkt und an jedem Ort auftreten, wo die Kirche großen Anteil an der Gesellschaft hat, und wahrscheinlich ist er ebenso sehr ein Phänomen der Zukunft wie der Vergangenheit.

Der heutige Antiklerikalismus ist jedoch etwas, das über diese Mindestdefinition weit hinausgeht. Er ist zu einer treibenden Kraft des Antikatholizismus aufgestiegen. Um diese Kraft soll es daher an dieser Stelle gehen.

Diese Kraft ist in den Gesellschaften, die den Glauben nach dem großen Sturm des 16. Jahrhunderts bewahrt oder zurückerlangt haben, allgegenwärtig. Sie ist je nach Ort und Zeit unterschiedlich ausgeprägt. Zuweilen wird sie von Staaten unterstützt, zuweilen wenden sie sich gegen sie. Dennoch ist sie allgegenwärtig: in Belgien, Spanien, Frankreich, in Portugal und Italien. Sie kann jederzeit in jedem dieser Länder erneut an Macht gewinnen, selbst in Polen oder sogar in Irland.

Der Antiklerikalismus war lange Zeit der bestimmende Faktor der katholischen Kultur Frankreichs. Dort ist er besonders mächtig und hält die Hebel der Staatsmaschinerie seit fast einem Menschenalter fest in der Hand und ist von tiefgreifendsten Wirkungen, deren letzte Frucht sich erst jetzt allmählich zu zeigen beginnt. Er war bis vor Kurzem in Italien allmächtig und dominierte Belgien bis vor einer halben Generation und könnte dort bei Wahlen jederzeit eine Mehrheit zurückerlangen. In Spanien hatte er Eruptionen umwälzender Gewalt zur Folge und provozierte kurz vor dem Krieg so etwas wie eine Revolution in Katalonien, die mit Mühe niedergeworfen wurde.[34]

Wie konkretisiert sich diese zeitgenössische feindliche Kraft gegenwärtig? Wer ist dieser gesellschaftliche und politische Akteur, der jetzt »Antiklerikalismus« genannt wird und den Ländern der protestantischen Kultur in einem solchen Maße fremd ist, dass sie sein Wesen nicht erfassen können? Den Ländern der alten katholischen Kultur ist er so vertraut, dass sie ihn als selbstverständlich erachten. Seine Gegner, die ihn bis zum Tode bekämpfen, verstehen ihn so gut wie ihre eigene Position – und verspüren womöglich auch in ihrem eigenen Inneren die Leidenschaften, aus denen er hervorging. Wir müssen ihn erklären, um ihn zu begreifen.

Der heutige Antiklerikalismus entstammt nicht mehr einem Protest gegen extravagante Übergriffe des Klerus, sondern dem Konflikt zwischen zwei inkompatiblen Staatstheorien – der katholischen und der neutralen, laizistischen. In diesem Streit geht es im Wesentlichen um eine Auswirkung der Universalität der Kirche und ihrer anerkannten Befugnisse in einem katholischen Staat, verbunden mit der Anerkennung der Wahrheit (an der die meisten heutigen Menschen so wenig Geschmack finden, besonders innerhalb der protestantischen Kultur), dass die katholische Kirche entweder über die Gesellschaft herrscht oder ihrem gehässigen Regelwerk unterworfen wird.

Das Aufkommen des gegenwärtigen Antiklerikalismus liegt nicht etwa darin begründet, dass die katholische Geschlossenheit so stark ist, und auch nicht daran, dass sich das

34 Anm. d. Übers.: Gemeint ist die »Tragische Woche«, eine Serie blutiger Konfrontationen zwischen der von Anarchisten und Radikalrepublikanern unterstützten Arbeiterklasse Barcelonas sowie anderer katalanischer Städte und der spanischen Armee zwischen dem 25. Juli und dem 2. August 1909.

katholische System über so viele Jahrhunderte zu einem so hochorganisiertem entwickelt hat. Diese Elemente der Stärke innerhalb der katholischen Position sind den Gegnern des Glaubens natürlich ein Ärgernis. Hierin liegen aber nicht die hauptsächlichen Wurzeln dieses Antiklerikalismus. Um mich zu wiederholen: Ein solcher Antiklerikalismus geht aus der Einsicht sowohl der Katholiken als auch seiner Gegner hervor, dass das katholische Leben einer Gesellschaft wesensfremd ist, sofern diese nicht gänzlich von katholischen Sitten und Lehren durchdrungen ist. Solange die aus der Glaubenslehre hervorgehende Sittenlehre nicht vollständig in den Gesetzen der Gesellschaft zum Ausdruck kommt, solange sie nicht die gefestigte und bestimmende Religion der Gesellschaft ist, ist die Kirche nicht zufrieden.

Mit anderen Worten und so einfach wie möglich ausgedrückt: Die katholische Kirche ist keine Sekte und wird sich selbst niemals als Sekte betrachten oder das akzeptieren können, was für sie irreale Fiktion, in den nicht-katholischen Ländern jedoch ein Gemeinplatz ist: nämlich dass sie eine Sekte wäre.

Der Fiktion, dass die katholische Kirche eine Sekte wäre wie irgendeine der anderen Gemeinschaften im protestantischen Kulturkreis, eine Sekte wie die der Mormonen oder Baptisten oder Quäker, wird durch eine Reihe von Konventionen Vorschub geleistet. So zum Beispiel durch die falsche Redeweise von »den Kirchen«; durch die verächtlich gemeinte Bezeichnung »römisch«, als wäre der Glaube nur einer von hundert Katholizismen oder als wäre der Katholizismus in zahlreiche Faktionen zerteilt, z. B. in die Roms, Canterburys, Bostons und Timbuktus! Und dennoch ist diese Lüge hier so fest verankert und derart etabliert, dass sie jüngst begann, auch Katholiken zu beeinflussen. Diese Position wird von ihnen halbwegs akzeptiert, auch wenn sie in ihren Herzen wissen, dass es sich um eine Lüge handelt. Denn die Trennlinie liegt nicht zwischen den verschiedenen Gruppen, seien es die Katholiken, Agnostiker, Evangelischen oder wer auch immer, sondern zwischen der katholischen Kirche und allen anderen. Sie ist einzigartig und steht im Widerstreit mit der Welt.

Sie will in den Seelen der Menschen einen noch größeren Platz einnehmen als der, den der Patriotismus einnimmt, sie will die Gesellschaft in ihrer Gesamtheit beeinflussen, nicht lediglich einen Teil von ihr, und das noch gründlicher als eine gemeinsame Sprache. Wird sie mit irgendeiner Instanz konfrontiert, die ihrem Anspruch feindlich gesinnt ist, kommt sie nicht umhin, ihr entgegenzutreten, selbst wenn jene Instanz nicht direkt feindselig agiert. Sie verurteilt Gesetze wie jene, die katholischen Kindern die allgemeine Schulpflicht zwangsweise auferlegen und eindeutig katholischen Unterricht verbieten, Gesetze, die die Scheidung erlauben, Gesetze, die schändliche Kunstwerke zulassen, sowie Gesetze, die die Kontrazeption oder die Verstümmelung der Geistesschwachen begünstigen. Sie schenkt der These keine Anerkennung, der zufolge die Legislative und die Exekutive, wenn sie in ihren Augen unmoralisch vorgehen, sie nichts angingen, und dass sie in der Christenheit, die sie erschaffen hat, dasjenige, was verurteilt werden muss, durch Stillschweigen und Duldung zu akzeptieren habe.

Daher der gewaltige Streit! Daher die Tatsache – denn es ist eine Tatsache –, dass ihr innerhalb der gesamten protestantischen Kultur misstraut wird und dass innerhalb der katholischen Länder die Anfänge eines Kulturkampfes schwelen.

Man bemerke die unweigerliche Wirkung, die der Autoritätsanspruch der Kirche (durch den Besitz der absoluten Wahrheit) auf zwei Arten von Menschen in einer solchen Gesellschaft des katholischen Kulturkreises hat: erstens auf diejenigen, die in ihrem Privatleben katholisch sind, jedoch die Vorstellung von der Staatsneutralität liebgewonnen haben. Zweitens auf diejenigen, die dem Katholizismus an sich nicht feindlich gesonnen sind, jedoch weder der Überzeugung noch der Lebenspraxis nach katholisch sind.

Der erste Typus lässt die kirchlichen Ansprüche in einer homogenen katholischen Gesellschaft gelten. Wenn alle Katholiken wären, hätte sie nichts gegen die Etablierung der Kirche, ihre Kontrolle über die Bildung usw. Eine derartige Gesellschaft ist ihr Ideal. Aber da dies nicht zu erreichen ist, weil auch innerhalb der staatlichen Gemeinwesen katholischer Prägung größere Bevölkerungsanteile dem Katholizismus feindlich gesinnt sind, sehen sie sich veranlasst, der »Neutralitätslösung« zuzustimmen. Sie betrachten z. B. die Bestrebungen der Kirche, einen staatlichen katholischen Unterricht für die katholischen Kinder einzurichten, als einen Übergriff auf die Rechte des Staates. Sie wurden Antiklerikale.

In katholischen Ländern kannte ich viele solide Personen, insbesondere aus den wohlhabenderen Schichten, die die liberale Luft des 19. Jahrhunderts in den Universitäten und aus der Presse geatmet haben.

Beim zweiten Typus, also denjenigen, die im Privatleben nicht katholisch sind, ist die Wirkung noch wesentlich stärker.

Man stelle sich die Wirkung der kirchlichen Ansprüche auf eine Gruppe von Bürgern vor, die diese Ansprüche nicht anerkennen und zahlreich oder mächtig genug sind, um ihnen zu widerstehen.

Dabei ist zunächst weder eine besondere Böswilligkeit noch irgendein bewusster Hass auf den Glauben ihrerseits erforderlich, um sie zum sofortigen Handeln gegen Forderungen zu bewegen, die ihnen als völlig übertrieben erscheinen.

»Denkt, was ihr wollt«, sagen sie, »und handelt innerhalb eines bestimmten Rahmens, wie ihr wollt. Aber gewährt Andersdenkenden, die nicht von eurer Art sind, dieselbe Freiheit. Gebt euch mit einem gemeinsamen Moralsystem zufrieden, das im gemeinsamen Recht angewandt wird. Und was den Rest anbelangt, so behandelt eure Sonderlehren als Privatangelegenheit der individuellen Einzelmitglieder eurer Gruppe. Strebt nicht danach, euch mit dem Staat zu identifizieren oder von Rechts wegen die Unterstützung des Staates nicht nur zu eurem Schutze, sondern auch gegen die Bemühungen eurer Gegner zu fordern.«

Was könnte für Menschen, die von der Überzeugung durchdrungen sind, dass Religion eine Ansichtssache und die Menschheit auf diesem Gebiet nun so hoffnungslos gespalten ist, vernünftiger, natürlicher oder offensichtlicher sein, als die Vorstellung, dass eine Einheit weder möglich noch wünschenswert sei?

Dem entgegnet die Kirche:

Der Irrtum in eurer Behauptung, deren logischer Fehler, besteht in eurer Annahme eines gemeinsamen Moralsystems, das in gemeinsamen Gesetzen zur Anwendung komme. Aber ein solches gibt es nicht. Es gibt kein gemeinsames Moralsystem. Es gibt ein System A, B, C und unbegrenzt so weiter. Das katholische Moralsystem ist das einzige, durch das die Menschheit leben kann, wie sie leben soll. Es ist das einzige, in dem die Menschen normal und, insofern das Wort auf das gefallene Menschengeschlecht angewendet werden kann, einigermaßen glücklich sind. Es ist das System, durch das eure Gesellschaft geschaffen wurde und dem sie treu bleiben muss. Eure Gesetze fußen auf eurer Moral, und wenn diese Moral nicht katholisch ist, dann ist sie antikatholisch. So ist es zwangsläufig.

Ihr sagt, ein Teil eurer »gemeinsamen Moral« sei die Monogamie. Die habt ihr von mir. Ihr könnt nicht vorgeben, dass sie Gemeinbesitz der Menschheit sei. Und denkt daran, dass dies bei euch, sobald ihr mich verlasst, in Fluss geraten wird. Je mehr ihr von meinem eigenen Maßstab abweicht, umso mehr brecht ihr mit der Tradition, nach der wir alle bislang gelebt haben.

Gleiches gilt für die Lehre vom Eigentum. Gleiches gilt für die Lehre von der künftigen Belohnung und Bestrafung für die guten und schlechten Taten während des irdischen Lebens. Gleiches gilt für die Institution der Familie mit der Autorität der Eltern über ihre Kinder und der älteren über die jüngere Generation. Wo meine Stimme nicht höchste Instanz ist, liegt ihr im Streit mit mir – mit mir, die ich die Christenheit geschaffen habe.

So lautet die Entgegnung der Kirche. Und dem Antikatholiken ist sie ein Gräuel.

Von diesem ursprünglichen Gegensatz aus spitzte sich der Widerstreit zwischen den beiden Positionen sehr schnell zu.

Die Antiklerikalen sagen:

Da ihr nicht mit euren Nächsten in Frieden leben wollt, müssen wir über euch herrschen. Ihr habt unsere Schulen zu akzeptieren. Wir garantieren, dass sie eure speziellen Glaubenssätze keineswegs herabsetzen werden. Andererseits aber werden wir sie auch nicht gutheißen und sie nicht einmal erwähnen. Den Kindern wird weder beigebracht werden, dass die sakramentale Realpräsenz ein Märchen ist, noch werden sie über den Liebreiz der Scheidung belehrt, noch werden sie vor den Bosheiten eurer eigenen Intoleranz gewarnt. Aber wir werden sie trotzdem keinesfalls im Sinne eurer Lehren unterweisen. Wir werden sie in Lesen, Schreiben und Rechnen unterrichten, in Geschichte mit Blick auf Menschheit und Patriotismus – Lehren, über die wir uns alle einig sind. Im Privaten könnt ihr nach eurem Gutdünken hinzufügen, was ihr wollt. Dies jedoch ist alles, was wir tun werden. Wir werden euch unser System der Staatsmoral samt den geltenden Gesetzen aufzwingen. Je mehr sie euch zuwider sind, desto schlimmer wird es euch ergehen. Wenn wir sie mehr und mehr in eine Richtung verändern, die eurem Standpunkt widerspricht, dann ist das unsere Sache und ihr habt euch dem zu unterwerfen.

Wieder antwortet die katholische Kirche:

Jeder Schritt, den ihr tut, zeigt noch eindeutiger eure Feindseligkeit. Im Namen der Neutralität unterbleibt sogar die Erwähnung Gottes in eurem Bildungssystem. Die Ehe zerstört ihr bereits, morgen werdet ihr wahrscheinlich damit beginnen, das Privateigentum zu vernichten – nicht zum Wohle der vielen, wie die Toren meinen, sondern zum Wohle der wenigen Reichen und zur Versklavung der Übrigen. Indem ihr so handelt, zerstört ihr die Gesellschaft selbst. Ich habe die Absicht, euch mit all unserer Kraft unbeirrbar zu widerstehen und bei erster Gelegenheit zum Gegenschlag auszuholen und euren langsamen Mord an der Christenheit rückgängig zu machen.

Hier liegt uns eine Situation vor, die ausschließlich in einer Gesellschaft entstehen konnte, in der eine große Mehrheit noch immer die katholische Tradition bewahrt, und in der der Anspruch der katholischen Kirche, ihren Einfluss durchzusetzen, noch realpolitische Bedeutung hatte, sodass der Widerstand gegen einen solchen Anspruch als Verteidigung gegen eine aktive Bedrohung erschien. Hier wird uns der Konflikt zwischen dem Antiklerikalismus, wie wir ihn heute kennen, und der Kirche deutlich.

Ich werde die sich daraus ergebenden Konsequenzen untersuchen, die den Antiklerikalismus heute zu einem derart gefährlichen Feind gemacht haben.

Die Schlacht geschieht zwischen zwei unvereinbaren Grundsätzen. Der eine setzt ein universales katholisches System voraus, während der andere einen neutralen oder laizistischen Staat voraussetzt, in dem die katholische Kirche als eine private Körperschaft zurückgestuft ist. Hieraus ergeben sich bestimmte Konsequenzen, die die ursprünglichen Urheber des Antiklerikalismus nie beabsichtigt hatten.

Deren erste betrifft die Institution des Mönchtums.

Theoretisch müsste der Antiklerikale die Männer- und Frauenorden unbehelligt lassen. Ich sage nicht, dass es der Antikatholik auf theoretischer Ebene genauso halten müsste. Er sieht ganz prinzipiell zur Zerstörung einer Institution veranlasst, die eine so entscheidende Stütze des Katholizismus darstellt. Wird der Antiklerikale sehr schnell zum Antikatholiken? Ganz ohne Zweifel. Das ist eine Entwicklung, die ich später beschreiben werde. Für den Augenblick weise ich jedoch darauf hin, dass der Antiklerikale theoretisch und nach eigenem Bekunden Mönche und Ordensschwestern in Ruhe lassen müsste, weil er sich schließlich leidenschaftlich zum Liberalismus und zum neutralen Staat bekennt. Wenn er Mönche und Nonnen schätzt, dann wird es ihm eine angenehme

Pflicht sein, es so zu halten. Wenn er eine Abneigung gegen sie empfindet, ist es für ihn eine schmerzliche Pflicht – in jedem Fall aber seine Pflicht. Die Ordensleute sind Mitglieder einer privaten Körperschaft, die privat nach ihrem eigenen Gutdünken handeln, und solange sie niemandem zum Eintritt zwingen oder ihre Mitglieder gewaltsam festhalten, hat der Staat nichts weiter mit ihnen zu schaffen.

Die *Lehrorden* beeinflussen allerdings einen großen Teil der heranwachsenden Generation und formen deren Geist ganz anders, als der Staat es mit seinem Schulzwang tun will. Ihr Eifer erweitert das Gebiet ihres pädagogischen Handelns. Ihr Gemeinschaftsbesitz und ihre Hingabe, ihre Selbstaufopferung und Unabhängigkeit von finanziellem Gewinn erzeugt eine erfolgreiche Konkurrenz gegen die neutralen Staatsschulen. Sollte dieser Prozess weiter voranschreiten, wird der Staat paralysiert und sein Bestreben zur Unterwerfung der Kirche konterkariert. Also werden die *Lehrorden* aufgehoben.

Wenn man aber die Ordensgemeinschaften aufhebt, erhält man die Gelegenheit, ihren Besitz zu plündern. Im oligarchischen parlamentarischen System (das merkwürdigerweise als »Demokratie« bezeichnet wird!) wandert das Raubgut in die Taschen der Politiker, Anwälte und deren Hintermänner. Hat man erst einmal Geschmack am Plündern gefunden, dann wird die Gier immer größer. Orden, die lediglich kontemplativ waren und nichts mit Lehrbetrieb zu tun hatten, werden aus ihren Klöstern vertrieben wie die Kartäuser aus ihrer Heimstatt in den Bergen. Hunderttausende weitere Pfund fließen in die Taschen der Parlamentarier und ihrer Anverwandten, Geschäftsfreunde und Mitläufer. Zuletzt gelangt man zum bewährten Prinzip, dass Klöster und Konvente unterschiedslos zu plündern seien. Sie seien zu enteignen, ihre Mitglieder seien zu zerstreuen oder, sollten sie sich nicht zerstreuen, zu exilieren. Mönchen und Nonnen werden die bürgerlichen Rechte entzogen. Ihr Besitz unterliegt nicht demselben Schutz wie der ihrer Landsleute. Sie dürfen sich nicht zusammenschließen.

Und so endet das Ganze: mit einer massiven Verletzung der fundamentalsten Prinzipien, von denen der »Liberalismus« – anfänglich – ausgegangen war.

Noch mehr: Die Tendenz, bekennenden Katholiken die Anstellung im öffentlichen Dienst zu verweigern, nimmt zu. Es fängt mit einer Beschwerde gegen diese oder jene Person an. Es wird das Prinzip angeführt, dass öffentliche Gelder nicht an diejenigen gehen sollten, die das Staatssystem ablehnen. Unter dem Deckmantel der Neutralität beginnt die individuelle Verfolgung und nimmt stetig zu. Aber es erfolgt dann noch sehr viel mehr. Innerhalb des Staates befinden sich nicht nur die ursprünglichen Urheber des Protestes gegen katholische Autoritätsansprüche, die ehrlichen Theoretiker, die ohne Böswilligkeit oder Hass, in Übereinstimmung mit dem ihnen zufolge evident gerechten und einfachen Bürgerrechtsbegriff vorgegangen sind. Es gibt auch solche, die seit jeher dem Glauben gegenüber ausdrücklich feindlich gesinnt sind, und zwar auch in Gewaltbereitschaft, und die danach trachten, ihn zu vernichten.

Darunter sind auch jene, die den Katholizismus mit der Opposition gegen ein bestimmtes, von ihnen geschätztes Ideal wie das des Republikanismus oder der Nation in Zusammenhang bringen. Die französischen Republikaner erinnern sich an ihre Querelen mit dem Klerus während der royalistischen Invasion vor einem Jahrhundert, die italienischen Patrioten an die Sympathien der Geistlichkeit mit Österreich.

Hierher gehören auch innerhalb einer Nation diejenigen, die eine große Minderheit von Dissidenten sind und in der Vergangenheit, in der die Kirche von der Staatsgewalt unterstützt wurde, Benachteiligungen erduldet haben. Es sind solche, die über großen Reichtum verfügen, und bereit sind, das zu zerstören, was sie immer so viel als möglich bekämpft haben. Die französischen Hugenotten zählen zu dieser Gattung. Sie zählen kaum ein Zwanzigstel der Bevölkerung, kontrollieren aber vielleicht ein Drittel des verfügbaren liquiden Kapitals.

Des Weiteren sehen wir eine Organisation – etwa die der Freimaurer –, die sich nach Art einer Armee gegen die Kirche in Aufstellung gebracht hat.

Hier erlaube ich mir, vom Thema abzuschweifen, um darauf hinzuweisen, dass die Freimaurerei auf der ganzen Welt ein Feind der katholischen Kirche ist und aktiv auf ihre Vernichtung abzielt. Es gibt darüber hinaus in den einzelnen Ländern keinen Unterschied in ihren Aktivitäten, abgesehen davon, dass sie natürlich in den Nationen mit einem kräftigeren Katholizismus eher erkennbar ist als in denen, wo er schwach ist. Es ist nicht von Belang, wenn geltend gemacht wird, dass sie keinen Bezug, ob feindlich oder nicht, zum Glauben hätte; dass ihr kompliziertes jüdisches Ritual nirgendwo der katholischen Lehre widerspräche oder dass das Bestehen auf kameradschaftlicher Verbundenheit und ihre vielen wohltätigen Taten, ihre Vorkehrungen für gegenseitige Unterstützung unter ihren Mitgliedern tatsächlich mit dem katholischen Gedanken der Nächstenliebe in Einklang stünden. All das hat nichts mit der offensichtlichen Tatsache zu tun, die weltweit erkennbar ist, nämlich, dass die Freimaurerei als ein Feind des Katholizismus agiert. Wo der Katholizismus schwach ist, etwa in England, ist diese Feindseligkeit von minderer Bedeutung. Aber genau dieselben Logen sind in Irland alles andere als bedeutungslos und in den Vereinigten Staaten tritt die Feindschaft geradezu in genauer Entsprechung zur lokalen Stärke der Kirche hervor. Wo sie stark ist, ist die Feindschaft ungehemmt. Wo die Kirche schwach ist, ist sie weniger spürbar. Wo die Katholiken zahlenmäßig unbedeutend sind, verschwindet sie. In den katholischen Ländern – Frankreich, Italien, Belgien und Spanien – ist die Feindseligkeit der Freimaurerei eine Binsenwahrheit und die Programme zur Zerstörung der Kirche, die in den Logen entworfen wurden, können von jedermann gelesen werden. Ich hörte die Behauptung, der Ursprung des Streits sei nicht bei der Freimaurerei, sondern bei der Kirche selbst zu suchen, die sich durch die prinzipielle Verurteilung aller Geheimgesellschaften aus eigenem Antrieb die mächtige Gesellschaft der Freimaurerei von sich aus zum Feind gemacht habe und folglich die Konsequenzen tragen müsse. Darüber ließe sich streiten. Die Tatsache der restlosen Feindseligkeit kann jedoch nicht bezweifelt werden. So weit dieser Exkurs zu einem äußerst wichtigen Nebenproblem. Fahren wir mit unserer Betrachtung des Antiklerikalismus fort.

Die Antiklerikalen stehen notwendigerweise mit allen Formen des Widerstandes gegen die katholische Kirche im Bunde: mit sich gegenseitig bekämpfenden Religionen und Vereinigungen, mit all jenen, für die der Glaube ein Ärgernis ist.

Vom Ausgangspunkt einer theoretischen Neutralitätshaltung, die in ihren ursprünglichen Vertretern durchaus ehrlich war, wurde in ihnen und ihren Nachfahren durch den immer schärferen Konflikt eine definitiv feindselige Haltung gegenüber dem Katholizismus erzeugt, die sie den erklärten Feinden der Kirche annähert.

So sehen wir also zwei Kampftruppen, die (zumindest in ihren führenden Schichten) einander entgegengesetzt sind: Die erste ist erklärtermaßen und eindeutig katholisch. Ihr haben sich manche aus Neigung für die Tradition angeschlossen, die den Glauben politisch unterstützen, auch wenn sie ihn innerlich nicht annehmen. Die zweite besteht aus Männern, die mit allen ihnen zur Verfügung stehenden Kräften entschlossen sind – abgesehen von einigen Resten von Anhänglichkeit an ihre alte Neutralitätslehre –, die katholische Kirche mit Stumpf und Stiel auszurotten. Wenn dieser Zustand erst einmal erreicht ist, geht es um Sieg oder Untergang. Es ist ein eindeutiger Kampf zwischen der Kirche und ihren Feinden: Und das ist die heutige Situation. Der heutige Antiklerikalismus ist die Frucht des alten Antiklerikalismus: sein Reifestadium. Und daher geht um einen Kampf auf Leben und Tod zwischen der Kirche und dieser schlechten Frucht.

Eine unvorhergesehene Konsequenz dieses endgültigen Schwarz-Weiß-Kontrastes ist das Verschwinden der einst großen Gruppe, die die Versöhnung des Liberalismus, der zu ihren Tagen in Mode war, mit den Ansprüchen der Kirche, der sie so aufrichtig verbunden sind, versuchten.

Diese Männer hatten jahrelang gesagt, dass die Volksschule (zum Beispiel), wenn sie auch neutral sei und den Schöpfer der Welt nicht einmal erwähne, deswegen nicht eindeutig feindselig sei und durchaus akzeptiert werden könne.

Sie behaupteten außerdem – ihnen schien dies vollkommen vernünftig –, dass, auch wenn die Prälaten der katholischen Kirche nicht zu offiziellen Anlässen zugelassen wurden, dies doch nur gesellschaftliche Formen beträfe und es eigentlich um die Bekehrung der Gesellschaft zu einem allgemein katholischen Geist ginge und nicht um ein Detail der Etikette.

Aber die Fakten waren stärker als sie. Mittlerweile tobt eine Schlacht und jeder muss sich für die eine oder die andere Seite entscheiden. Und wenn die Bewegung des Antiklerikalismus sich schlussendlich zu einer solchen entwickelt, die explizit die Zerstörung des Glaubens betreibt, ist die Stunde der Entscheidung gekommen. Die einen werden sich um das Banner der Wirklichkeit scharen, die leeren Phrasen politischer Theorie vergessen und sich nur noch für den Glauben einsetzen. Die Übrigen werden dem Glauben als Ganzem genau so feindlich gegenüberstehen wie jeder seiner erklärten Gegner.

So verläuft, in möglichster Kürze zusammengefasst, die Entwicklung des Antiklerikalismus. Wir dürfen niemals vergessen, dass er präsent ist und noch für lange Zeit dort präsent bleiben wird, wo die katholische Kirche mit Vormachtstellung in einem Volk nach der großen Katastrophe der Reformation erhalten geblieben ist.

Dieser Konflikt hatte eine umfassende Wirkung auf das Leben in Europa und auf der ganzen Welt.

Vor zwanzig Jahren stellte er die Welt mit der Dreyfus-Affäre auf den Kopf, zerstörte den Nachrichtendienst der französischen Armee (der in die Polizei überführt wurde)[35] und lieferte uns als Endergebnis den Großen Krieg und in Folge die gefährliche wirtschaftliche Situation, die wir heute in England erleben.

Nach dem Weltkrieg war er bestimmend für die Aufteilung der Welt.

Es gab einen Moment, in dem bei der Frage, ob Bayern zur Bildung eines Donaustaates an Österreich angeschlossen werden sollte, alles am seidenen Faden hing. Aber Clemenceau kreischte: »Was, noch ein katholischer Staat in Europa? Nein, danke! Polen ist mehr als genug!« Und die Beute ging an Preußen.

Mit absoluter Sicherheit ist der Antiklerikalismus etwas, das uns alle betrifft. Er betrifft selbst diejenigen, die in den behüteten katholischen Minderheiten unter dem Schutz protestantischer Regierungen leben und die während der wütenden Schlacht zwischen Kirche und Welt gleichsam wie Boote im sicheren Hafen ruhen. Denn derweil tobt draußen die wilde See.

Die Schlacht aber wurde bislang noch von keiner Seite gewonnen. Die Geschichte ist noch nicht an ihrem Ende angelangt. Woran wir bei all unseren Nachforschungen bezüglich der Lage der Kirche heute denken müssen, ist, dass die Kirche in den Ländern katholischer Kultur durch Risiken bedroht ist, die sich von ihren Bedrohungen in Ländern nichtkatholischer Kultur stark unterscheiden. Es handelt sich dabei um einen Bürgerkrieg. In den Ländern des katholischen Kulturkreises wird die Kirche niemals eine unterlegene Position oder die Mär akzeptieren, dass sie lediglich ein toleriertes Fragment wäre. Sollte sie untergehen, dann im Kampf für eine katholische Gesellschaft und katholische Gesetze.

Bislang hat dieser Prozess zu sehr gemischten Ergebnissen geführt. In Frankreich behauptet der Antiklerikalismus triumphierend und dennoch unsicher das Feld. Dies erreicht er durch die Verhinderung des Frauenwahlrechts und natürlich

35 Anm. d. Übers.: Die Verantwortung für die Spionageabwehr wurde 1899 vom militärischen Nachrichtendienst Deuxième Bureau (deutsch *Zweites Büro*) auf die Nationalpolizei übertragen, die dem Innenministerium unterstellt war.

durch die Ablehnung des Familienwahlrechts, durch die antiklerikale Umklammerung des Staatsapparates, die Verwaltung in den Händen antikatholischer Beamter, das Aufoktroyieren des antikatholischen Geistes durch staatsnahe Lehrer in einem Schulpflichtsystem, das Besetzen von Posten im höheren Bildungswesen mit Antikatholiken und die Sicherstellung einer antikatholischen Geschichtswissenschaft, durch die gleiche Lehre, die alle offiziellen Pflichtexamen beherrscht und durch die Verhinderung des Aufstiegs von Katholiken in so vielen Berufsgebieten, wie es staatlichem Einfluss auf direktem oder indirektem Wege möglich ist.

Die auf diese Weise handelnden politischen Cliquen stehen jedoch nur für eine Minderheit der Nation und für keine besonders abgesicherte Minderheit. Ihre Hauptbeschäftigung, die Kirche zu attackieren, trug noch mehr zu ihrer Schwächung bei. Sie verursachten absichtlich das elsässische Problem. Sie standen kurz davor, die Währung zu ruinieren. Die Grundlage, auf die sie sich und ihre französische Parlamentsfraktion stützen, wird täglich schwächer. Sie führt einen wirren Streit mit den einfachen Leuten. Insofern könnte die ganze Struktur jeden Moment zusammenbrechen. Ihre Anführer verlassen sich jedoch auf die langsame, aber stetige Wirkung der antikatholischen Erziehung in den Volksschulen und auf eine Politik der wirtschaftlichen Aushungerung der Kirche mittels fehlender Dotationen. Hinzu kommt die mit Argusaugen betriebene Unterdrückung der Hauptverantwortlichen für die Glaubensverbreitung, nämlich die der kirchlichen Lehrorden.

Etwas ist zu bedenken: Es besteht Anlass zur Befürchtung, dass sich – und zwar bald – ihre Annahme, den Sieg errungen zu haben, bewahrheiten wird, und der Glaube in Frankreich nur noch bei einer Splittergruppe erhalten bleiben wird, die unfähig ist, den Ton anzugeben.

Nach so vielen Jahren der Maßnahmen im Bereich der Bildung und politischer Begünstigung macht sich die antikatholische Wirkung allmählich landesweit bemerkbar. Sie ist für die intellektuellen Eliten in ihren mittelbaren Auswirkungen auf die Kunst, Literatur und Architektur erkennbar, in allen äußeren Anzeichen einer Zivilisation in Bedrängnis. Sie ist im landesspezifischen Temperament und in den Gewohnheiten wahrnehmbar. Sie ist auch in einer noch offensichtlicheren Weise spürbar, nämlich im Aufgeben der religiösen Praxis. Ich habe Gebiete in Frankreich gesehen, die man wohl als »entkatholisiert« bezeichnen könnte. In jedem Fall gab es Landstriche, in denen die normale Religionsausübung so weit zurückging, dass sie nur noch Besitz einer sehr kleinen Minderheit war. Dieses Bild lässt eine künftige Generation erwarten, die vielerorts die Überlieferung völlig verloren haben wird, auf der ihre gesamte Zivilisation begründet war.

Hierin liegt sowohl die Bedeutung als auch die Gefahr der Situation. Eine parlamentarische Regierung wird von den Franzosen stets verachtet werden, da der Franzose keine Oligarchie ertragen kann, nicht einmal in einer aristokratischen Form, erst recht nicht in einer Form, die nicht gesellschaftlich sanktioniert ist und die jetzt – offen heraus gesagt – ebenso lächerlich wie verhasst ist. Die Parlamente in Frankreich könnten allerdings durchaus weiter bestehen, und wenn sie das tun, werden die Führungskräfte an Einfluss zunehmen, die dem Überleben des Glaubens entgegenwirken, weil die Amtsmaschinerie es so will.

Die Apologetik für die Religion wird, so meine ich, in Frankreich besser gepflegt als in jedem anderen modernen Land. So gibt es z. B. eine aktive Opposition gegen die offizielle antikatholische Geschichtsschreibung, wie man sie sonst nirgends findet. Außerdem gibt es eine immer zahlreichere Menge wirkmächtiger Literatur, die mit den katholischen Traditionen des Landes sympathisiert und sie zur Basis hat. All das bedeutet, dass die Intelligenz des Landes einer Rückkehr zum Katholizismus zugeneigt ist. Aber inwieweit hat das Einfluss auf die Masse der Menschen? Zweifellos beeinflusst es die Städte mehr als das Land. Inwieweit hat es aber auch auf die Städte Einfluss? Das ist die entscheidende Frage, und sie ist nicht leicht zu beantworten. Wir werden sie nach weiteren zwanzig Jahren besser beantworten können. Noch ist die Lage unklar, aber sie ist bedrohlich und beunruhigend. Wenn sich nach diesem kritischen Zwischenschritt und dem Gleichgewicht zwischen dem politischen Antikatholizismus in Frankreich und dem festgefügten Kult der Nation das Gewicht langsam zur katholischen Seite neigt, wird die Wirkung auf die politischen Geschicke des Katholizismus auf der ganzen Welt beträchtlich sein. Wenn es auf die andere Seite fällt und die Religion in Frankreich einsinkt, und nur noch Besitz einer Volksminderheit ist, dann wird sich auch diese Wirkung nicht auf Frankreich beschränken. Sie wird auf der ganzen Welt spürbar sein.

Es ist nämlich eine unabänderliche Regel der Menschheitsgeschichte, dass die geistige Ausrichtung der Gallier ein Richtwert für allgemeine Bewegungen außerhalb ihrer Landesgrenzen darstellt. Sie entschieden den Triumph der Trinitarier. Sie vergrößerten die Macht des Papsttums. Sie gaben der Welt den Calvinismus und mit ihm den Kern der Zwietracht. Im reformatorischen Kampf standen sie für einen Augenblick dem Verlust der Überlieferung näher als Großbritannien. Ihr Wiedererlangen des Glaubens bedingte – menschlich gesprochen – das Überleben der Religion. Ihre Begeisterung für die Revolution bedeutet eine Umwälzung für ganz Europa. Ihre Wirkung auf das Denken und Handeln ist von bleibender Bedeutung. Auch wenn sie negativ und ein Beispiel des Niedergangs ist, so wird sich dieser Niedergang weltweit auswirken. Darin liegt die besondere, die gefährliche Bedeutung des französischen Szenarios. Frankreich entscheidet oder beeinflusst zumindest entscheidend – und noch befindet sich Frankreich in der Schwebe.

Aber eine Bestandsaufnahme der katholischen Kultur als Ganzer belegt eindeutig die Richtigkeit des in den letzten Jahren oft wiederholten Diktums, wonach sich »das Blatt in Europa gewendet« habe.

In Spanien und Italien wurde der antiklerikale Vormarsch mit großen Mühen aufgehalten und inzwischen zurückgeworfen. Dies geschah in Spanien zum ersten Mal vor langer Zeit und war damals noch unmittelbarer religiös motiviert. Wenn die glückliche Vernichtung der parlamentarischen Oligarchie in jenem Land eine gute Tendenz verstärkt hat, können wir ziemlich sicher sein, dass gleich welche militärischen Konflikte ein monarchisches System heraufführt, Spanien nicht mehr von Politikern gequält werden wird. Denn ohne sie verkümmert der Antiklerikalismus, braucht dieser doch notwendig eine parlamentarische Clique als ausführendes Organ.

Wie jedermann weiß, wurde diese Angelegenheit in Italien noch gründlicher erledigt. Sie ist dort eher Sache allgemeiner bürgerlicher Politik als eines besonderen Einsatzes für die Religion, indes genießt eine Gegenbewegung zugunsten der Religion starke und uneingeschränkte Sympathie. Es ist besonders bemerkenswert, dass die Freimaurerei zum ersten Mal in der Geschichte von einem allgemeinen Gesetz gegen Geheimgesellschaften betroffen ist und daran gehindert wird, als solche zu handeln. Infolgedessen ist der Antiklerikalismus, *das* Charakteristikum aller amtlichen Maßnahmen zwischen der Errichtung des modernen Italien und dem Großen Krieg, jetzt erlahmt.

Daraus folgt nicht, dass dem Glauben dort nicht neue und schwierige Gefahren entstehen können. Aber sie werden kaum aus dem alten Antiklerikalismus hervorgehen. Er scheint endgültig und absolut besiegt zu sein.

Spanien und Italien gehen in unseren Tagen emanzipiert aus einem großen Übel ihrer Vergangenheit hervor. In beiden Ländern ist die Reaktion gegen den Antiklerikalismus erfolgreich und etabliert.

In Polen ist der Antiklerikalismus nicht in Gang gesetzt geworden, für den Reisenden ist er kaum zu bemerken, auch wenn er potentiell präsent ist. Einige wenige mächtige Personen hegen zweifellos Sympathien für ihn. Die Geschichte des Landes, seine Kreuzigung in den Händen Preußens und Russlands (in beiden Fällen mit dem Hass auf die katholische Kirche als Hauptmotiv) hat, bis jetzt, die Religion mit dem

Land ineinsgesetzt, und diese Wirkung hält an. Das gleiche gilt womöglich für den Antiklerikalismus in Irland. Allerdings gibt es dort selbstverständlich eine wesentlich größere antikatholische Gruppe als in Polen. Der Antiklerikalismus im eigentlichen Sinne hat sich dort anscheinend bislang noch nicht organisiert. Wie in Polen waren die Kräfte des Nationalismus und die Auswirkungen der jüngeren Geschichte für den Glauben eine nachhaltige Stütze. Die Bürger dieser beiden kürzlich unabhängig gewordenen Länder würden im Allgemeinen, so glaube ich, die Möglichkeit eines starken Antiklerikalismus bei ihnen für die absehbare Zeit für unmöglich halten – eine bessere Einschätzung ist dem Ausländer nicht möglich.

(iii) Der moderne Geist

Der dritte und eindrucksvollste Gegner aus den Reihen der Hauptopposition gegen den Glauben ist das, was ich mit seinem selbstgewählten und vollkommen irreführenden Etikett bezeichnen werde: »Der moderne Geist«. Wie irreführend und falsch diese Bezeichnung ist, werde ich sogleich erörtern. Ich möchte hier vorausschicken, dass ich diese Bezeichnung nur übernehme, weil eine Debatte Begriffe voraussetzt und dieser Begriff allgemein akzeptiert und bekannt ist. Würde ich einen neuen erfinden, würde das meine Darlegungen erschweren, weil er ungewohnt wäre.

Wir sehen, dass er ausschließlich negativ vorgeht. Es handelt sich nicht um einen Angriff, sondern einen Widerstand. Er bemüht sich weder, wie der Antiklerikalismus, einen aktiven Kampf gegen die Religion zu führen, noch ersetzt er sie mit einer starken gegenläufigen Emotion mit einer Tendenz, die Religion zu beseitigen. Vielmehr macht der moderne Geist die Religion unverständlich. Seine Wirkung auf die Religion ist der Wirkung eines Opiats auf die Verstandeskraft vergleichbar. Er stumpft die Wahrnehmungsfähigkeit ab und blockiert den Glaubenszugang. Daher seine Macht.

Wir bemerken außerdem, dass er in der protestantischen Kultur weitaus wirksamer ist als in der katholischen, obwohl er in beiden vorkommt. In ersterer findet er sich in intellektuellen und sozial höhergestellten Kreisen eher, als dies bei letzterer der Fall ist, und ist dort sehr verbreitet. In letzterer tritt er nur in begrenztem Rahmen auf und findet bei Gebildeten wenig Anklang.

Er zeigt jedoch überall den gleichen Charakter und so weit sein Einfluss reicht, erfüllt er diejenigen, die sich mit seinem erschreckenden Unvermögen auseinanderzusetzen versuchen, mit Verzweiflung ... Und bevor sie sich mit all dem beschäftigen können, sehen sie sich mit dem Fehlen einer Sprache konfrontiert, durch die sie ihr Ziel erreichen können.

Denn tatsächlich begegnet uns von vornherein bei diesem vielleicht wichtigsten Teil unserer Untersuchung eine Schwierigkeit, die keiner anderen Zeit als der unsrigen bekannt war: Diese dem Glauben entgegenwirkende Befindlichkeit, die wir zu analysieren haben, verfügt über keinen angemessenen Namen. Es fehlen sicherer Begriff oder Definition für diesen entscheidenden Faktor in unseren gegenwärtigen Schwierigkeiten, dessen Geist überall ein Hauptfeind der katholischen Kirche ist, insbesondere für unsere Generation. Viele Benennungsversuche wurden unternommen, aber keiner wurde für hinreichend befunden. Es gibt legitime Bedenken gegen all die Begriffe, die in unbestimmter Form auf den in Frage stehenden Gegenstand angewandt wurden.

Diese Stimmung, die die plebejischen Massen unserer modernen Welt erfüllt, die daher in Europa und Amerika von großem Einfluss ist und sich rapide unter den Vielgereisten und Verwestlichten der mohammedanischen und heidnischen Kulturen verbreitet, kann kaum sinnvoll benannt werden.

Der Name, den seine eigenen Opfer verwenden (und den ich hier übernehme), der »moderne Geist« (oder »der moderne Gedanke«) ist ein Unwort, denn er setzt unverfroren Allgemeingültigkeit voraus. Er geht davon aus, dass diejenigen, die unter der Krankheit leiden, die große Mehrheit unserer Zeitgenossen darstellten und die Gesunden eine vernachlässigbare Minderheit wären.

Natürlich ist dem nicht so. Die meisten modernen Menschen spüren nichts von diesem Geist. Kein Katholik spürt ihn – zumindest keiner, der rechtgläubig bleiben will. Der größere Teil der wirklich kultivierten Menschen außerhalb der katholischen Kirche verachtet ihn und alles an Traditionellem und Soliden in unserer Zivilisation, vor allem die Landbevölkerung der Agrarstaaten, ignoriert ihn ganz.

Nichtsdestoweniger ist es das Wort, das seine eigenen Anhänger gebrauchen. Darum werde auch ich ihn hier so bezeichnen – jedoch in Anführungszeichen. Ich werde von ihm also als dem »modernen Geist« sprechen, ohne aber dessen müde zu werden, die Falschheit des Begriffes auf diese Weise zu betonen.

Wenn wir die Sache Realismus nennen, wie es manche tun, kommen wir durch die Verwendung des Begriffs mit seiner präzisen und profunden Bedeutung in der echten Philosophie durcheinander (wo er nämlich im Gegensatz zum Nominalismus die Wirklichkeit der Ideen bezeichnet). Wir werden außerdem mit der bedenklichen Tatsache konfrontiert, dass der Begriff hier, ganz anders als im alltäglichen Sprachgebrauch, genau das Gegenteil einer Anerkennung der realen Welt bedeutet. Hier liegt eine Mentalität vor, die nur aus Schall und Rauch besteht, die alles in vorgefertigte Phrasen verpackt, die zur Gänze und völlig unhinterfragt von Hirnen verinnerlicht wurden, die unfähig zur Kritik sind.

Würden wir ihn »Modernismus« nennen, kämen wir der Wahrheit näher. Bedauerlicherweise dient das Wort bereits der Bezeichnung eines bestimmten theologischen Irrtums, während die Mentalität, von der ich spreche, etwas wesentlich Ausgedehnteres, Undeutlicheres und tatsächlich Wirksameres ist. Der Modernismus im strengen Wortsinn ist weitgehend tot. Aber der Geist, von dem ich spreche, ist mehr als lebendig.

Wir alle kennen ihn. Es ist jener Geist, der uns beim Hören einer Erklärung oder Hypothese, die nicht innerhalb unserer beschränkten Erfahrung liegt, sagt, dass diese Erklärung oder Hypothese falsch sein *muss*. Es ist jener Geist, der besonders anfällig dafür ist, eine ungeläufige Idee a priori als unrichtig zu betrachten, wenn diese Idee bekanntermaßen einmal geläufig war. Es ist jener Geist, der den Fortschritt in der Komplexität mit der Zunahme des Guten und den Zeitablauf mit einem Prozess des Besserwerdens verwechselt. Es ist jener Geist, der sich immer auf dasjenige als letzte Autorität beruft, was zuletzt von irgendjemandem in einer Sache behauptet wurde: »der neueste Stand der Forschung.« Es ist jener Geist, der keine Logik mehr kennt und zu schwach für vernunftgemäßes Denken ist. Es ist jener Geist, der von schlechter Wissenschaft und noch schlechterer Geschichtsschreibung aus dritter Hand lebt. Es ist nicht der Geist des einfachen Volkes oder der Gelehrten, sondern jener der Halbgebildeten.

Was die Ursache dieser so abstoßenden philosophischen Krankheit ist, der jetzt so viele anheimfallen, werde ich später erwägen. Hier versuche ich zunächst, ihren Charakter zu analysieren.

Wenn wir den »modernen Geist« sezieren, dann entdecken wir drei Hauptbestandteile, die durch die Kraft eines einzigen Prinzips zusammengehalten werden. Diese drei Hauptbestandteile sind Stolz, Ignoranz und intellektuelle Trägheit. Ihr einendes Band ist die blinde Akzeptanz einer Autorität, die nicht vernunftgemäß begründet ist.

Stolz führt dazu, dass die, die an dieser Krankheit leiden, all das, was sie gelernt und rezipiert zu haben vermeinen, unabhängig davon, wie abstrus ihre Quellen sein mögen, für absolut sicher und ausreichend halten.

Ignoranz hindert sie daran, sich gründliches Wissen darüber anzueignen, was bereits in der Vergangenheit, und mit welcher Sicherheit, von anderen erkannt wurde. Intellektuelle Trägheit erlaubt es ihnen nicht, ein Argument zu prüfen oder auch nur die Implikationen ihrer eigenen Behauptungen zu ermessen.

Bei den meisten Betroffenen liegt weniger eine Mischung dieser Defekte als bloße Angleichung an eine Mode vor, die genannten Defekte liegen jedoch dem fraglichen Denkprozess zugrunde.

Was das Prinzip der blinden Akzeptanz einer Autorität anbelangt, die nicht vernunftbegründet ist, so durchzieht und verdichtet dies das ganze Elend: Mode, Presse und die blinde Wiedergabe sind die Führer, denen unterwürfig gehorcht und vertraut wird.

Unterziehen wir den »modernen Geist« einer Belastungsprobe, indem wir seine Haltung gegenüber dem Übernatürlichen – dem Sakralen, dem einwohnenden Geist und insbesondere seine Haltung gegenüber dem Wunder – untersuchen.

Über das Wunderhafte, etwas, das außerhalb des gewöhnlichen Erfahrungsbereiches liegt, liegen äußerst zahlreiche Zeugnisse vor. Der Geist, von dem ich spreche, leugnet das tatsächliche Begebnis dieses oder jenes Wunders nicht aufgrund solider intellektueller Gründe (z. B. wegen unzureichender Evidenz oder aus welchem Grunde auch immer), sondern die bloße Möglichkeit des Wunders selbst. Und er begründet diese Leugnung mit bestimmten Mutmaßungen über die physische Welt, Mutmaßungen, die er aus ähnlich vernünftigen Gründen akzeptiert wie ein Fetischverehrer seinen afrikanischen Götzen. Er wird einem erzählen, dass ein Hokuspokus, den er »Wissenschaft« nennt, im Wissen um die Realität – oder was auch immer sich hinter den stofflichen Phänomenen verbirgt – eine letztgültige Erkenntnis gewonnen habe, die die physische Wissenschaft tatsächlich niemals gewonnen hat und niemals zu gewinnen in der Lage ist. Denn eine solche Erkenntnis kann nicht nur durch menschliches Messen und Beobachten der Phänomene gewonnen werden. Man nehme ferner zur Kenntnis, dass diese Mentalität unendlich weit dem alten und größeren, jetzt dahinschwindenden Gedanken der echten »wissenschaftlichen Negation« entfernt ist. *Jener* ging von Männern aus, die ihr Wissen missbrauchten, die jedoch Wissen hatten und eine philosophische Methode besaßen. *Diese* aktuelle Geisteshaltung geht jedoch von reinen Behauptungen aus, die sich auf etwas gründen, das flüchtig gelesen oder gehört worden ist.

Um es noch einmal zu sagen, diese Haltung, dieser »moderne Geist« spricht von allen transzendentalen Annahmen in Form von Begriffen, die die Unterlegenheit der Vergangenheit gegenüber der Zukunft unterstellt – d. h. die Unterlegenheit der Epoche vergangener Generationen gegenüber der eigenen Epoche des eingebildeten Menschen. Er nennt einen solchen Glauben »reaktionär« oder »mittelalterlich« oder »widerlegt« und sagt, der Glaube gehöre in ein »unkritisches Zeitalter«. Damit stellt er seine eigene Ignoranz bezüglich der Unmasse intellektueller Leistungen zur Schau, die in der Vergangenheit Europas allenthalben gegenwärtig war, und auch hinsichtlich der beinahe ebenso großen Menge hochmoderner Arbeiten zur Verteidigung der Übernatur.

Das Grundmerkmal des ganzen »modernen Geistes« ist im Wesentlichen die Dummheit: Er *denkt* nicht – eine äußerst seltsame Schwäche für etwas, das sich selbst einen »Geist« nennt!

Wäre er ein aktiver Feind, so wäre sein fehlender Verstand eine Schwäche. Da er aber leider nicht aktiv, sondern ein passives Hindernis nach Art eines Sumpfes ist, schwächt ihn seine Irrationalität keineswegs.

Ich sagte, dass sein einendes Prinzip die Annahme von falschen Autoritäten ist: ein blinder, vernunftunabhängiger Glaube. Der »moderne Geist« setzt ohne Prüfung eine Reihe von ersten Prinzipien voraus, z. B., dass im Verlauf der Jahrhunderte ein notwendiger Prozess vom Schlechteren zum Besseren gegeben sei oder dass parlamentarische Oligarchien demokratisch wären oder die Demokratie offensichtlich die beste Regierungsform oder das Ziel allen menschlichen Strebens Geld oder das Wort »Erfolg« die Anhäufung von Reichtum bedeute. Nach der stillschweigenden und ungeprüften Voraussetzung dieser Sätze unterliegt er unbeschwert der Illusion, dass seine Gegner die gleichen Vorstellungen teilten. Mehr noch, er tut seine bemerkenswerte Fähigkeit kund, nicht an die Zuverlässigkeit der eigenen Sinneserkenntnis zu glauben, was das Kennzeichen eines stumpfsinnigen Fanatismus ist. Er betrachtet die scheußlichste aller menschengemachten Anblicke, die Industriestadt, und vergleicht sie wohlwollend mit einer mittelalterlichen Stadt – Huddersfield[36] mit Siena. Er nennt eine Gesellschaft wohlhabend, wenn ein großer Teil ihrer Glieder halb verhungert ist, er glaubt an jede neue Hypothese der Naturwissenschaften als gesichertes Faktum, obwohl er die Vernichtung eines halben Dutzends ähnlicher Hypothesen in den letzten fünfzig Jahren selbst erlebt hat.

Ich sagte bereits, dass die merkwürdige Vorliebe für aus den Zeitungen aufgeklaubte lange Wörter anstelle der Evidenz der eigenen Sinneserkenntnis im Wesentlichen *Fanatismus* ist. Tatsächlich lässt sich das Charakteristische dieser Haltung in dem einzigartigen Phänomen beobachten, dass die Überzeugungen des »modernen Geistes« in umgekehrter Proportion zu den direkt verfügbaren, sinnlich erfassbaren Beweisen stehen.

Seine Opfer sind sich etwa der Existenz eines Vitamins wesentlich sicherer als der eines unangenehmen Geschmacks im Chemiebier. Sie sind von Elektronen überzeugter als von frischen Eiern, und wenn die Theorie vom Elektron oder Vitamin einmal zerplatzt, sei es morgen oder übermorgen, und durch ein unbestimmtes Etwas ersetzt wird, dann werden sie dieses unbestimmte Etwas mit derselben Naivität und demselben Eifer akzeptieren. Warum ist diese Geisteshaltung für die katholische Kirche so gefährlich? Dass es so ist, sehen wir. Es hindert die Menschen daran, auch nur zu verstehen, was der Glaube sein könnte, und versperrt der Wirkung echter Autorität durch die unhinterfragte Annahme einer falschen den Weg. Wir können das jeden Tag mit unseren eigenen Augen beobachten.

---

36 Anm. d. Übers.: Industriestadt in West Yorkshire, England.

Inwiefern aber, so könnten wir fragen, stellt sie eine Bedrohung dar? Sie stellt eine Bedrohung dar, da der wahre Glaube auf die Vernunft gegründet ist. Was auch immer die Vernunft leugnet oder umgeht, bedroht den Katholizismus. Es gibt nichts, was dem Glauben entgegengesetzter ist als die Aufgabe des Denkens, diese Abhängigkeit von einer großen Menge fixer Postulate, welche nicht geprüft, sondern nur wegen einer gedruckten Behauptung und plumper Wiederholung akzeptiert wurde.

Der »moderne Geist« stellt sich also katholischer Einwirkung deswegen seinem Wesen nach quer, weil er unvernünftig ist. Warum aber ist er so mächtig? Warum hat dieser Geist, wie sehr er Weise auch empören oder das schlichte Volk verärgern mag, ein so großes Gewicht bei den seichteren Gemütern unserer Zeit?

Ich denke, die Erklärung liegt in der Tatsache, dass die hinters Licht Geführten dieser Mode glauben, sie fuße auf klaren Beweisen, die auch der Unfähigste selbst prüfen könnte, wenn er es denn wollte.

An dieser Stelle muss ich die letzte Erwägung anstellen, die unser Verständnis dieser unerquicklichen Dinge vervollständigt: Ich meine damit eine Erwägung ihrer Ursprünge.

Der »moderne Geist« ist der Bodensatz einer viel edleren Kraft in der Geschichte, wie sich deren so manche noch als Überbleibsel dahinschleppt, während andere schon tot sind. Es handelt sich um das ordinäre Erzeugnis besserer Ahnen.

Auf der einen Seite stammt er als heruntergekommener Schwachkopf von jener höheren wissenschaftlichen Negation ab, die nun dahinstirbt: ein Überbleibsel, das wir bereits weiter oben untersuchten. Auf der anderen Seite entstammt er abstruserweise den klar denkenden skeptischen Rationalisten. Auf einer weiteren Linie entstammt er den bedeutenden Republikanern des 18. Jahrhunderts. In seiner infantilen Philosophie zeigt er nichts anderes als sein falsches Verständnis der stark wissenschaftlich geprägten Agnostiker der Vergangenheit.

Der »moderne Geist« wird durch die fixe Idee in seiner Verrücktheit bestätigt, dass irgendwer irgendwo seine Irrtümer als Wahrheiten »bewiesen« habe und dieser Beweis endgültig und offensichtlich gewesen sei.

Ursächlich für die Ausrichtung des »modernen Geistes« sind die großen Fortschritte auf denjenigen wissenschaftlichen Gebieten, die sich, wie wir im Falle der alten »wissenschaftlichen Negation« sahen, auf genaue Messungen stützen: in den Naturwissenschaften und in genauer Prüfung alter Schriftstücke.

Solche Messungen werden heute zu Tausenden durchgeführt, während unsere Väter vor nicht einmal hundert Jahren nur sehr wenige vornahmen. Diese Methode verschaffte uns eine neuartige und erstaunliche Anhäufung von Macht über das physische Universum sowie nicht wenige (wenngleich weitaus zweifelhaftere) Entdeckungen bezüglich des Wesens und der Herkunft klassischer und mittelalterlicher Texte. Doch wird diese Wissenschaft missbraucht, so kann sie zweifellos die Vernunft paralysieren, und der »moderne Geist« ist das klägliche Ergebnis dieses Missbrauchs oder vielmehr der wirre Überrest eines Missbrauchs, der von größeren Männern begangen wurde, die diesem Geist weitaus überlegen waren. Wenn daher der »moderne Geist« irgendetwas unternimmt – was nicht gerade häufig vorkommt – dann beschränkt er sich auf die Naturwissenschaften.

Jedermann kann immer wieder akkurate Messungen vornehmen, jeder Punkte in einem Dokument katalogisieren oder eine Reihe von Experimenten durchführen. Dazu ist kein Geistesaufwand notwendig. Wenn also die Ergebnisse geerntet werden, kann man sehr leicht dem Irrtum verfallen, dass die Vernunft zu verschmähen sei, da so viel ohne ihren Gebrauch erreicht werden könne. Gleichzeitig tötet die Gewohnheit, mittels minutiöser und exakter Messungen Beweise zu führen, den Sinn für andere Beweismethoden. Und sie lähmt, wie wir leider feststellen müssen, wenn wir auf unsere Umgebung schauen, den Sinn für die Schönheit.

An sich sind die Regeln, die zum Fortschritt in den Naturwissenschaften führen, bewundernswert. Sie sind nämlich Werkzeuge in der großartigen Suche nach Wahrheit und der Offenlegung der Realität, die das hauptsächliche Betätigungsfeld der Menschheit sind. Wenn sie aber isoliert werden und ihrerseits eine ihnen nicht zukommende Stelle bei Verdrängung der höheren Seelenkräfte einnehmen, dann können sie tödliche Wunden schlagen.

Eine solche Verwundung wurde der gesellschaftlichen Gruppe zugefügt, von der ich spreche. Eine Personenschicht, die weder dem Volk noch den humanistisch Gebildeten angehört, sondern irgendwo dazwischen steht, gelangte insbesondere in unseren chaotischen Industriestädten zu dem Glauben, dass das wiederholte und sichere Experiment, das auf dem Gebiet der Materie ständig neue Beweise produziert, nicht nur (wie es tatsächlich der Fall ist) auf die Naturwissenschaft, sondern auf alles andere anwendbar sei. Sie sind die Erben des hochgradigen wissenschaftlichen Pessimismus früherer Zeiten, allerdings unwürdige und ungebildete Erben. Sie haben keine Vorbehalte, sie hinterfragen kein Koordinatensystem - sie glauben einfach an es.

Zudem kamen sie zu der vagen, aber festen Schlussfolgerung, dass gewisse Personen, deren Namen sie oft hörten, unfehlbare Autoritäten seien, da man über sie sagte, sie hätten dies oder jenes »entdeckt«. Aus diesem Grund ist es heute so, dass einem, gleichviel, ob man über die Authentizität eines Evangeliums oder eines griechischen Gedichtes, die Qualität eines Gemäldes oder die Größe einer Nation diskutiert, von solchen Leuten bestenfalls gewöhnlich irrelevante Statistiken oder schlimmstenfalls der bloße Name irgendeines Mannes präsentiert wird, der in seiner eigenen Sphäre kompetent, im diskutierten Bereich aber durchaus inkompetent ist.

All dem fügte dieser »moderne Geist« auch noch eine Ethik bei, von deren Ursprung er nie gehört hatte, deren Urheber jedoch Comte ist. Es handelt sich um die Anbetung der Menschheit, und zwar der sterblichen Menschheit. Gut sei das, was die

Menschen hier glücklicher mache – oder was sie glücklicher zu machen scheint. Glücklicher nicht in der Hauptsache durch die Erfüllung der Erfordernisse der Gerechtigkeit oder durch die Suche nach Schönheit, sondern im Bemühen um Dinge, die greifbarer und vergänglicher sind – körperliche Dinge zumeist. Und diese Selbstanbetung, die die Stelle der Anbetung Gottes einnimmt, erfährt einerseits durch den Nationalismus, andererseits durch die kommunistische Forderung nach materiell-ökonomischer Gleichheit eine kräftige Förderung.

Es gibt noch vieles mehr, das zur Entstehung des »modernen Geistes« beigetragen hat. Er ist der Bodensatz des allzu einfältigen Glaubenssystems, das von den französischen Philosophen der Enzyklopädie[37] ins Leben gerufen oder untermauert wurde. Er ist der Bodensatz des deutschen Monismus und desjenigen deutschen Pantheismus, der das 19. Jahrhundert so sehr beeinflusst hat. Er ist der Bodensatz der Erschlaffung einer überkomplexen Zivilisation, und er wird nach Art eines organisierten Mythos, vor allem mit Hinblick auf die »unbekannte Herkunft des Menschen«, verbreitet. Jedoch ist die hauptsächliche Quelle dieser modernen Krankheit die falsche Anwendung von mechanischen Methoden, die für anspruchsvollere Gedankenarbeit unanwendbar sind – was den »modernen Geist« mit der Ethik des Positivismus verbindet.

So stellen sich die *Quellen* dar. Der »moderne Geist« steht indes seinen Quellen fern und hat sich zu etwas viel Niedrigerem herabgelassen als zu den toten oder sterbenden Ideologien, von den denen er seine eigenen Gedanken bezogen hat. Er ist wesentlich minderwertiger als die Philosophien, auf denen seine fehlende Philosophie basiert.

Man hat mit Blick auf den »modernen Geist« festgestellt, dass dieser unfähig ist, seine eigene Position zum Ausdruck zu bringen.

37 Anm. d. Übers.: Als die Enzyklopädisten werden die 144 Beiträger der *Encyclopédie ou Dictionnaire raisonné des sciences, des arts et des métiers* bezeichnet, die zwischen 1751 und 1765 in Paris erschienen ist.

Der herkömmliche Agnostiker legte ein bestimmtes System vor, und zwar ein hörenswertes. Er sagte: »Womöglich existiert etwas. Im Ganzen gesehen meine ich, dass etwas existiert, aber wir können nicht wissen, was es ist. Die Sinnesorgane, durch die allein wir zu Erkenntnissen kommen, sagen uns nichts über dieses Etwas. Lasst uns also als ehrliche Männer unsere Unkenntnis bezüglich dieses Etwas kundtun.«

Der reine Skeptiker vertrat eine etwas andere und insgesamt bessere Position. Er sagte: »Wie können wir irgendetwas wissen? Wir können uns nicht einmal unseres eigenen Ichs sicher sein, denn die Persönlichkeit befindet sich in steter Veränderung: in Zeit und Wandel, in Geheimnissen, die kein Mensch ergründen kann. Lasst uns nicht vorgeben, überhaupt irgendetwas zu wissen.«

Die Zeit solch ehrlicher Männer ist vorbei oder sie sind zu einer kleinen Gruppe geschrumpft. Diejenigen, die heute dem Glauben als Anhänger des »modernen Geistes« entgegenarbeiten, können uns nicht sagen, was sie selbst glauben. Nachdem wir dem natürlichen Bestreben Rechnung getragen haben, den Folgen des Unglaubens aus dem Weg zu gehen oder unser Einkommen nicht zu verlieren, stellen wir verwundert fest, dass sie uns nicht sagen können, woran sie glauben.

Und dies gilt nicht nur allein für sie, sondern auch für die klügeren Köpfe, die sich dazu hinablassen, ihnen zu schmeicheln. Man lese Folgendes:

Die wirkliche Tendenz auf religiösem Gebiet bewegt sich bei jüngeren Leuten weg von einem dogmatischen und institutionalisierten Christentum, und hin zu einem individuellen und persönlichen Glauben, der nicht auf Autorität, sondern auf Erfahrung beruht. [...] Der neue Protestantismus ist in Bezug auf die Glaubensgegenstände nicht relativistisch. Er glaubt, dass die Wahrheit absolut und Gott unwandelbar ist. Er begreift die Notwendigkeit eines Wachstums und eines Wandels unserer Überzeugungen. [...] Wir müssen die Tradition hinter uns lassen und aufgeschlossen sein. Unser Anker ist das, was das Zeugnis des Heiligen Geistes genannt wurde, der uns der Wirklichkeit des Primats jener ewigen Werte versichert, die Christus zu offenbaren gekommen war. Dies ist das wahre Christentum und wir brauchen uns seiner Siegesgewissheit wegen, für die institutionelle Statistiken oder organisatorische Erfolge belanglos sind, nicht zu beunruhigen.

Wo las man je einen so inhaltslosen Wortsalat? Der Text hat weder Sinn noch Verstand. Er enthält keinen einzigen klar umgrenzten Lehrpunkt, abgesehen von dem, dass Gott unwandelbar sei – mit der anschließenden Wendung, unsere Überzeugungen hätten sich zu wandeln. Also auch die Überzeugung, dass Gott unwandelbar ist. – Absurdes Geschwätz!

Worin bestehen denn die »ewigen Werte, die Christus zu offenbaren gekommen war«? Keine Antwort! Was bedeutet es, die »Tradition hinter uns zu lassen«? Welche Traditionen genau – und in welchem Ausmaß – sind gemeint? Keine Antwort! Worin besteht die »Erfahrung«, die, obgleich eine »Erfahrung«, keine Autorität besitzt? Keine Antwort! Was hat er gegen die persönliche Erfahrung des Wertes von Autorität einzuwenden? Keine Antwort! Was ist »Christentum«? Keine Antwort! Wie soll es ohne Institutionen fortbestehen? Keine Antwort!

Dieser Text stammt jedoch tatsächlich aus des Feder Dekan Inges[38], eines Mannes, dessen ganzes öffentliches Wirken darin besteht, die religiöse Lehre vom überlegenen Standpunkt der heutigen wissenschaftlichen Entwicklung zu kritisieren. Wenn derselbe Mann aber über andere Themen als die Religion schreibt, drückt er sich genau so präzise und klar aus, wie jeder andere.

Ich würde einen klugen Mann wie ihn nicht beschuldigen, am Kollaps des »modernen Geistes« zu leiden, aber er biedert sich ihm an. Er schielt auf die Leser seiner Publizistik.

38 Anm. d. Übers.: William Ralph Inge (1860–1954) war ein einflussreicher anglikanischer Priester, Autor, Theologieprofessor in Cambridge und Domdekan in St. Paul's, London.

⁂

Hier also steht der »moderne Geist«: ein Sumpf.

Die große Schwierigkeit für Gebildete – seien es Katholiken, seien es Skeptiker –, die sich mit dieser Sache beschäftigen, besteht darin, dass er nicht greifbar ist. Es ist so, als kämpfe man gegen Qualm an. Oder wie es das Sprichwort sagt: Gegen Dummheit kämpfen Götter selbst vergebens.

Wie geht man mit jemandem um, dessen Argumentation sich ständig im Zirkel bewegt? Jemand, der einem sagt, dass ein gewisses politisches Arrangement gut wäre, weil es »demokratisch« sei, und wenn man ihn fragt,

(a) ob es tatsächlich demokratisch ist und

(b) warum Demokratie offensichtlich gut sein soll, entgegnet er, dass man sich an der Demokratie und ihrem heiligen Namen versündigt habe.

Wie geht man mit jemandem um, der seine eigenen ersten Prinzipien nicht erkennt? Jemand, der einem sagt, dass er an eine gewisse Sache aufgrund der Autorität eines Namens oder eines kurzen Artikels glaubt, und der, wenn man ihn fragt, weshalb er darein Vertrauen setzt, antwortet, indem er einen weiteren Namen und einen weiteren kleinen Artikel nennt?

Wie geht man mit jemandem um, der das gleiche Wort in derselben Diskussion in unterschiedlichen Bedeutungen verwendet? Wenn er zum Beispiel sagt, er glaube »an die Evolution«, was Wachstum bedeutet (an das jeder glaubt) – bedeutet es für ihn im gleichen Satz:

(a) den tierischen Ursprung des menschlichen Körpers, was durchaus wahrscheinlich ist, und

(b) Darwins Theorie der mechanischen natürlichen Auslese, die mausetot ist.

Wie geht man mit jemandem um, der als Grundlage einer Diskussion vorausschickt, dass die menschliche Vernunft keine Richtschnur sei und dann über hunderte von Seiten auf dieser Basis seine Schlüsse zieht?

Und doch besteht in all dem, zusammen mit hunderten weiteren Derivaten, das furchtbare Chaos des »modernen Geistes«.

Nun, wir müssen hoffen, dass die Intelligenz schlussendlich auch solchen Dingen gegenüber wieder in ihre Rechte eintritt, aber die Aussichten sind nicht günstig. Immerhin hat das monströse Phänomen des »modernen Geistes« auch etwas Gutes bewirkt: Es hat den, wenngleich späten, Zusammenschluss der Vernünftigen bewerkstelligt. Wir Gläubigen und die kultivierten Heiden haben einen gemeinsamen Feind. Ein gemeiner Esel, der den Wagen behindert und von der Straße weg in den Graben befördert werden muss, sorgt für Kameradschaftsgefühl zwischen dem Katholiken und dem klar denkenden Skeptiker. Beiden ist der »moderne Geist« ganz besonders zuwider. Wir haben also schließlich Verbündete.

Der »moderne Geist« muss ernährt werden. Er muss gefüttert werden, ansonsten könnte es nicht leben. Alle Geisteshaltungen müssen folglich regelmäßig versorgt werden oder zugrunde gehen. Was ist die Speise, die den »modernen Geist« nährt? Er nimmt zwei Arten von Nahrung auf – eine von der aufgezwungenen Volksschule, die andere aus der Boulevardpresse. Sie beide sichern die Kontinuität und Beständigkeit des »modernen Geistes«. Diese beiden Instrumente waren in der Vergangenheit unbekannt, in der Gegenwart haben sie jedoch eine starke Wirkung. Sie sind im ganzen modernen Europa und der amerikanischen Welt wirksam und ihr Einfluss wächst. Ich werde sie der Reihenfolge nach behandeln.

Zunächst muss über die allgemeine Schulpflicht in ihrer gegenwärtigen Form gesagt werden, dass sie notwendigerweise dem katholischen Gesellschaftskonzept widerspricht, da sie von einem ersten Prinzip ausgeht, welches das katholische Gesellschaftskonzept ablehnt. Dies ist kein Urteil, das dem heutigen Geschmack entspricht, aber es ist wahr. Bevor wir also näher die Art und Weise erörtern, in der diese Institution den »modernen Geist« stützt, müssen wir zunächst begreifen, wie und warum sie notwendigerweise mit dem Glauben in Konflikt steht, für den nun der »moderne Geist« das Haupthindernis darstellt.

Das erste Prinzip, auf dem die allgemeine Schulpflicht basiert, ist die Vorstellung, dass ein bestimmtes Minimum an Unterricht in einem bestimmten Fächerkanon die *erste* Hauptvoraussetzung für ein richtiges Leben sei. Dem könne noch Weiteres hinzugefügt werden – aber das Wissen um diese Dinge sei für Mensch und Gesellschaft unabdingbar und müsse folglich mit Gewalt durchgesetzt werden. Unter diese Kategorie fallen Lesen und Schreiben, die Grundrechenarten, die für die gewöhnlichen bürgerlichen Berufe notwendig sind, ein sehr allgemeines Wissen über die Vergangenheit und die zeitgenössischen Länder, deren Geographie und Charakter, das ganze durchtränkt mit der (heute) unvermeidlichen Religion des Nationalismus und einer vagen, allgemeinen Ethik, die humanitaristisch und folglich (sei es auch unbewusst) positivistisch ist.

Hierzu sind bei uns alle Kinder zwangsverpflichtet, gleichgültig, ob die Eltern dies wollen oder nicht. Deren Haltung, z. B. in Bezug auf die Religion, scheint im übrigen als Nebensache betrachtet zu werden. Ob sie sich in religiöser Hinsicht betätigen oder nicht, ist für die Gesellschaft und folglich für den Staat ohne Belang.

Die katholische Auffassung von der Natur des Menschen widerspricht einer solchen Position nachdrücklich. Nach ihr ist das Erste und Allernotwendigste die Unterrichtung der Kinder in der göttlichen Wahrheit, die nicht nur für das Leben des Einzelnen, sondern für die Gesellschaft als Ganze unentbehrlich ist: die Glaubensartikel und die exakte Sittenlehre.

Verglichen mit der Wissensvermittlung über dieses eine Notwendige ist alles andere bedeutungslos. Es ist gut, zum Lesen, Schreiben und Durchführen einfacher mathematischer Aufgaben fähig zu sein. Es ist noch besser, etwas über die Vergangenheit des eigenen Volkes zu wissen, und richtige Vorstellungen über die Welt, in der wir leben, zu besitzen. Dies alles ist jedoch nichts im Vergleich zum Glauben.

Schon hierin liegt der Gegensatz zwischen der Kirche und ihren Feinden mit Blick auf das Machtinstrument des Unterrichts, das jetzt allmählich seine ungeheuerliche Wirkung auf unsere insgesamt gefährdete Kultur zu entfalten beginnt, begründet. Des Weiteren sei angemerkt, dass es noch ein weiteres Problem zu berücksichtigen gilt – vielleicht ist dieses noch größer –, nämlich der Gegensatz zwischen Familie und Staat einerseits und der Gegensatz zwischen dem vollumfänglichen Leben freier Willensbetätigung und uniformistischer, todesähnlicher Starre, die in mechanistischer Art zwangsweise auferlegt wird, andererseits.

Die katholische Lehre über die Beziehung zwischen Familie und Staat steht fest. Die Familie ist die Einheit. Die Eltern sind die natürliche Autorität (*auctoritas auctoris*). Der Staat ist der Familie nachgeordnet, *insbesondere* bei der Formung des Charakters der Kinder durch Erziehung. Nun widerspricht heute der Staat rundweg der katholischen Lehre. Er sagt zu den Eltern: »Was ihr für euer Kind wollt, hat vor dem zurückzustehen, was ich will. Wenn unsere Absichten übereinstimmen, dann schön und gut. Wenn nicht, dann habt ihr dies zu ertragen. Herr und Meister bin ich.« So spricht der Staat zumindest zu weniger begüterten Eltern, den Reicheren gegenüber ist er höflicher.

Viele Katholiken fürchten sich, es auszusprechen, aber so etwas ist nach katholischen Begriffen ein ganz ekelhaftes Verhaltensmuster: das Verhaltensmuster der Tyrannei.

Der Gegensätzlichkeit zwischen freiem Willen und Zwang ist nicht ganz so direkt gegeben. Aber sie ist sehr real. Es ist nicht ohne Bedeutung, dass der Anspruch, sich mit Gewalt nicht auf dem besonders wichtigen Gebiet der frühen Erziehung, sondern auch in viele andere häusliche Dinge einzumischen, weltweit mit der Ausbreitung des Fatalismus und dem unmenschlichen Konzept unveränderlicher mechanistischer Gesetze einhergeht. Es ist nicht ohne Bedeutung, dass die Kirche an den wenigen Orten und zu den wenigen Zeiten, wo sie dazu in der Lage gewesen wäre, keinen bildungsmäßigen

Zwang ausübte: Die ganze Bildung während der Zeit des reichen Geisteslebens des 13. Jahrhunderts geschah auf freiwilliger Basis. Sie war *dotiert,* sodass auch die Ärmsten die höchsten Studienziele erreichen konnten – aber dem Willen des Einzelnen oder der Familie frei anheimgestellt.

Die allgemeine Schulpflicht steht also mit jedem Grundsatz der katholischen Soziallehre im Widerspruch – zwar auch in ihrer Zwangsverpflichtung, zwar auch in ihrer Allgemeinheit, aber ganz besonders hinsichtlich dessen, was sie als das Wesentliche bezeichnet.

Obwohl es sich so verhält, bringt der »moderne Geist« eine Verteidigung vor, die nur beweist, wie verwirrt er sein muss, wenn er meint, sie sei begründet. Sie lautet wie folgt: »Ich sage nicht, dass die Dinge, die den jungen Seelen mit Gewalt aufgezwungen werden, von allerhöchster Wichtigkeit sind. Ich sage lediglich, dass sie – worüber es keine Meinungsverschiedenheiten gibt und dem alle beipflichten – das für ein gesellschaftliches Leben Unerlässliche sind. Was andere, womöglich wichtigere, aber kontroversere Dinge anbelangt, verhalte ich mich neutral.« Es sollte jedoch klar sein, dass die Art und Weise, *wie* etwas unterrichtet wird, auch wenn es keinen direkten Bezug auf Religion hat, den entscheidenden Unterschied bezüglich der pädagogischen Wirkung ausmacht. Der Unterricht kann in seiner Gesamtheit nur katholisch oder nichtkatholisch sein. Eine Schule, die weder das eine noch das andere ist, ist genauso ein Ding der Unmöglichkeit wie eine private Häuslichkeit, die weder das eine noch das andere ist.

Es ist einer der sichersten Beweise des Stumpfsinns derer, die diesen Gegenstand erörtern, wenn sie den Einwand vorbringen, Religion sei im Arithmetikunterricht belanglos, denn dieselben Leute würden sich nachdrücklich dagegen verwahren, ihre Kinder von jemand unterrichten zu lassen, dessen Lebensführung und Weltanschauung sie ablehnen.

Aber nicht nur die Arithmetik ist Gegenstand des Unterrichts. Auch Moralvorstellungen müssen vermittelt werden.

Und hier erhebt sich ein gewaltiger Gegensatz: Es ist ein Gegensatz der *Prioritäten*, denn die *Prioritäten*, nach denen eine Moral gelehrt wird, sind von ausschlaggebender Bedeutung.

Bringt man den Kindern bei, dass der übermäßige Alkoholkonsum das größte Menschheitsübel ist? Bringt man den Kindern bei, dass die Rücksichtnahme auf andere die höchste Menschenpflicht ist? Bringt man ihnen bei, dass Wohlverhalten gegenüber Tieren eine der höchsten Tugenden ist?

Niemand leugnet, dass Trunkenheit oder Grausamkeit gegenüber Tieren etwas Schlechtes oder der Dienst am Nächsten etwas Gutes ist. Die Frage ist jedoch die: Mit welcher *Priorität* vermittelt man dies, welche *relative* Wichtigkeit legt man ihm bei? Davon hängt alles ab. Mit einer Art des Unterrichts hebt man diese Gegenstände besonders hervor, mit einer anderen jene. Aus der einen Gewichtung ergibt sich eine katholische Moral, aus einer anderen eine heidnische.

Die Wahrheit liegt im richtigen Maß. Durch das richtige Maß unterscheidet sich eine Liebkosung von einem Schlag, ein Hohngrinsen von einem Lächeln. Es ist die Reihenfolge und relative Gewichtung einer Lehre, nicht deren bloßes Vorlegen, die den Unterschied zwischen dem ausmacht, was den Menschen zur Hölle oder zum Himmel führt. Man hebe bei der Unterrichtung eines Kindes jeden Werktag und für den größten Teil des übrigen Jahres einen bestimmten Gegenstand besonders hervor: Das auf diese Weise Eingeprägte wird für das Kind ein ganzes Leben lang das Wichtigste.

Abgesehen von dieser Überlegung, die sich auf *alle* Fächer anwenden lässt, gibt es viele Fächer, in denen der Inhalt des Unterrichts nach Maßgabe der religiösen Gesamtatmosphäre jeweils zur Wahrheit oder zum Irrtum führt. Man nehme nur ein Beispiel aus der einfachen Länderkunde: die Niederlande. Zum Ursprung der religiösen Standpunkte dieses Landes wurde bereits weiter oben in diesem Werk einiges angemerkt.

Vor Kurzem haben die niederländischen Autoritäten gegen ein Lehrbuch protestiert, das in unseren englischen (protestantischen) Volksschulen benutzt wird und die Niederlande als ein gänzlich protestantisches Land beschreibt – angereichert mit Bemerkungen über die Tugenden, die ein solches Land angeblich hervorbringt. Die Feststellung, dass die Niederlande ein vollkommen protestantisches Land und das Entscheidende an Holland sein Protestantismus sei, würde neun von zehn zeitgenössischen Engländern als so evident richtig erscheinen, dass sie sich über jeglichen Protest dagegen wohl nur wundern könnten. Aber diese Aussage ist selbstverständlich völlig falsch und ihre Falschheit ist höchst aufschlussreich dafür, wie eine religiöse Atmosphäre den Unterricht beeinflusst.

Die Niederlande sind ein Land, das vor allem in zwei Religionen gespalten ist. Etwas mehr als die Hälfte ist protestantisch, etwas weniger als die Hälfte katholisch. Die Bedeutung des Beispiels der Niederlande liegt für historisch Gebildete darin, dass der Staat anfänglich durch eine Revolte gegen Besteuerung künstlich geschaffen wurde, dann durch einen stark anti-katholischen Charakter konsolidiert und über mehrere Generationen hinweg durch den Ausschluss der Katholiken von politischen Ämtern am Leben gehalten wurde und nun zu so etwas wie einem Gleichgewicht zwischen den beiden Kulturen gefunden hat. Und doch ist es fast unvermeidlich, dass eine derartige Schulbuchaussage unseren Volksschulen aufgezwungen wird, die zu akzeptieren haben, was unsere offiziellen Historiker selbst – die mit Motley[39] ähnlichen Autoren groß geworden sind – in ihrer Einfalt glauben.

Soweit ein einfaches Beispiel aus der Länderkunde. Beim Geschichtsunterricht ist die Sache offenkundig. Wenn man die offizielle nationalistische Geschichtsschreibung unserer Tage unterrichtet, dann lehrt man antikatholische Geschichte – da gibt es kein Entrinnen. Das Ganze ist von A bis Z antikatholische Propaganda.

---

39 Anm. d. Übers.: John Lothrop Motley (1814-1877), amerikanischer Diplomat und Historiker. Die vier Bände seines antikatholischen *Der Abfall der Niederlande und die Entstehung des holländischen Freistaates* galten lange Zeit als Standardwerk.

Nun muss dieses Machtmittel der allgemeinen Schulpflicht offensichtlich von enormer Wirkung sein. Aber *wie* enorm ihre Wirkung sein mag, welche Veränderungen in der Gesellschaft durch deren Manipulation bewirkt werden können, wurde von den Menschen bislang kaum erkannt.

Ihr Ursprung liegt in der Französischen Revolution und der Erste, der ihren wesentlichen Bestandteilen seine Form gab, war Danton, als er sagte, dass das erste Bedürfnis des Volkes nach demjenigen nach Brot in jenem nach Bildung bestünde. Die Saat wurde ausgestreut. Für die Reformer des 18. Jahrhunderts war es ein Gemeinplatz, dass mit den Menschen schon alles in Ordnung käme, besäßen sie das »Licht«. Die Unwissenheit in irdischen Dingen betrachteten sie als den Ursprung allen Übels. Infolgedessen erschien ihnen eine grundlegende Bildung, die zumindest diesen Bereich *universell* abdeckt, als ein reiner Vorteil. Aber wie könnte man die Universalität einer Sache sicherstellen, ohne sie zwangsweise aufzuerlegen?

Dies war die Gesamtstrategie, die zum Schulzwang führte: Das enorme Resultat war nicht intendiert. Das ausschließliche Anliegen bestand darin, den Bürgern das zugänglich zu machen, was sich aus der beschränkten Perspektive ihrer Urheber als offensichtlicher Nutzen darstellte.

So wurde diese Idee im Laufe des 19. Jahrhunderts mehr oder weniger gründlich in die Tat umgesetzt. Je nach Struktur der verschiedenen Nationen und dem Grad ihrer Staatshörigkeit war die Pflicht leichter oder schwieriger aufzuerlegen – und je nach dem Maß, in dem die öffentliche Meinung die neue Lehre angenommen hatte, dass Elementarbildung von höchster Wichtigkeit sei.

In England, dessen Bevölkerung im Laufe der Zeit immer urbaner wurde und das mehr als jedes andere Land von einer sehr zahlreichen und hochorganisierten Polizei kontrolliert wurde, erreichte das System seine Perfektion. Seit einem Menschenalter entkam kaum eine Familie (unter einer gewissen Einkommensgrenze) dieser gewaltigen Maschinerie. Sie gab der gesamten Nation ihr Gepräge und veränderte sie zutiefst.

Obgleich aber diese neue Kraft am gründlichsten in England angewandt wurde, ist sie in anderen westlichen Ländern beinahe genauso effektiv und nun das stärkste politische Machtinstrument unserer Zeit.

Es ist erstaunlich, wie lange die Menschen brauchten, sich der Situation bewusst zu werden. Selbst jetzt haben die meisten noch nicht einmal damit begonnen, über eine mögliche Verwendung dieses Machtinstrumentes für bestimmte Propagandaziele nachzudenken. Aber der große religiöse Streit in Frankreich, die durch die Volksschulen verursachte Veränderung in Großbritannien und die wiederholten Agitationen in den Vereinigten Staaten gegen öffentliche Fördermittel für die Schulen einer religiösen Minderheit machten die latente Macht des Systems offenkundiger.

Die klügsten Beobachter sehen nun deutlich, dass zwangsweiser Elementarunterricht im Falle seiner Vereinnahmung für ein bestimmtes Ziel den Charakter einer Gesellschaft vollständig verändern könnte. Wenn wir daran denken, dass dieses System durch das ständig wachsende Netzwerk amtlicher Examina gestützt und bestätigt wird, die alle die gleiche Geschichtssicht, Länderkunde und Philosophie voraussetzen, dann sollte die ungeheuerliche Bedeutung dieses neuen Phänomens hinlänglich deutlich sein.

Daher führt der unvermeidliche Konflikt zwischen den katholischen und nichtkatholischen Vorstellungen über die menschliche Natur, das Leben und das Ziel des Menschen notwendig dazu, dass die Volksschulen zu einem Kriegsschauplatz werden.

Einige meinen, das Problem könnte durch den Kompromiss gelöst werden, dass neben den gewöhnlichen auch katholische Schulen geduldet werden – Schulen mit katholischen Lehrern und dem Recht, gelegentlich ein paar Stunden für den Katechismusunterricht zu verwenden.

Ein derartiger Kompromiss konnte sich in den Ländern der katholischen Kultur nie durchsetzen, im preußischen Reich jedoch funktioniert er schon seit vielen Jahren problemlos und genau so lange in Großbritannien.

Die einzige Gefahr (so wird behauptet) läge in mancherlei antikatholischen Falschbehauptungen in Geschichtslehrbüchern, bzw. im Fall der Morallehre in bestimmten Thesen, die dem katholischen Glauben entgegenstehen. Die Katholiken mögen gegen diese oder jene Einzelheiten in den Lehrbüchern Widerspruch erheben, und wenn sie getilgt sind, werde alles gut und recht sein.

Dem ist nicht so. Die solcherart geduldeten katholischen Schulen werden durch Staatsgelder als Staatsinstitutionen nur so lange unterstützt, wie sie den staatlichen Unterrichtsstandards *und folglich den Staatslehren in den verschiedenen Fächern entsprechen.* Auf einer solchen Grundlage kann keine Lösung gefunden werden.

Ein solcher Kompromiss setzt ein gemeinsames Lehrsystem in der Sittenlehre, einen gemeinsamen Standard in der Philosophie, eine gemeinsame Haltung gegenüber der Vergangenheit, der physikalischen Welt und der Menschennatur voraus. Er setzt diese gemeinsame Haltung als allerwichtigste Grundlage voraus, auf deren Grundlage es auch weniger wichtige Unterschiede in Glaube und Sitte gäbe.

Diese Annahme ist falsch. Es gibt keinen derartigen neutralen Urkern der Wahrheit mit jeweils einigen Beifügseln katholischen, protestantischen, jüdischen oder mohammedanischen Empfindens. Jedwede Sicht auf die Welt, die konsequent durchgehalten wird, durchdringt die gesamte Lehre und Praxis. Und wenn man es mit einem Einheitssystem an Lehrbüchern, der Aufsicht, der Regeln, der Prüfungen samt einem offiziellen Lehrplan zu tun hat, dann zieht sich durch all dies unvermeidlich eine bestimmte Weltanschauung. Die umfassende Maschinerie, die in den prägenden Jahren aufgezwungen wird, wird ihre eigene Weltsicht sowohl durch direkte als auch – und in noch höherem Maße – durch indirekte Beeinflussung einprägen. Falls Sie dies bezweifeln, dann schauen Sie sich einmal Ihre Umwelt an.

Eine solche Weltanschauung kann durchaus die der Mehrheit sein, aber nie diejenige *aller*. Jedwede Sicht auf die Welt, die nicht Teil der Maschinerie ist, muss leiden. Im Fall einer so markanten Organisation wie der katholischen Kirche – die sich vom Rest der Welt unterscheidet, sie versteht und durchdringt, aber von ihr getrennt ist – sollte der feindselige Charakter dieser Maschinerie ohne weiteres verständlich sein.

Ich schlage keine Lösung vor, ich mache keine Voraussage. Aber ich weise auf ein Problem hin, das niemand, der darüber nachdenkt, leugnen kann. Die vom laizistischen Staat kontrollierte Volksschule und ihre durch Zwang auferlegte Bildung stehen dem Glauben naturgemäß feindselig gegenüber, ganz gleich ob dies gewollt ist oder nicht.

Wie feindselig die staatlich verantwortete Bildung ist, sehen wir daran, dass sie den »modernen Geist« hervorgebracht hat und ihn weiter am Leben hält.

Wie aber kam es dazu? Warum ist dieses neuartige und gigantische Instrument der Politik verantwortlich für diese spezielle Krankheit? Um diese Frage zu beantworten, sind zu erwägen die beiderseitigen Affinitäten und die Art, wie sie miteinander agieren und reagieren – denn beide sind zugleich Ursache und Wirkung.

Die erste und hauptsächliche Wirkung eines allgemeinen und verpflichtenden Schulsystems ist die *Einheitlichkeit*. Es produziert ein Muster. Es füttert Millionen von Menschen eines Landes (während der Phase des Menschenlebens, in der der Geist seine Prägung erhält) mit einer bestimmten Zusammenstellung von Ideen unter Ausschluss aller anderen. Keine lediglich eingeschränkte Wahlfreiheit an Lehrbüchern und Lehrern kann diese Wirkung verhindern, denn das gesamte System unterliegt der staatlichen Regelung, Aufsicht, Kontrolle und Prüfung. Es kann tatsächlich sogar durch die Erfahrung bestätigt werden, dass es manchmal eine größere Verschiedenheit in den Ergebnissen eines zentralisierten Bildungssystems gibt als in einem, in dem lokale Autoritäten und unterschiedliche religiöse Körperschaften die Befugnis zur Auswahl der Bücher und Lehrer haben. So hört man in Frankreich häufig die Klage von Seiten derjenigen, die von Leidenschaft für die nationale Einheit beseelt sind, dass die Volksschule diese nicht zuwege bringe, während in England, wo das System theoretisch wesentlich weniger rigide ist, sich niemand über eine mangelnde Gleichförmigkeit seiner Ergebnisse beklagen kann oder sich tatsächlich beklagt, da nur geringe oder keine Unterschiede sichtbar sind. Es ist nicht die besondere Form des Systems, es ist sein *allgemeiner* Charakter, auf den diese Wirkung zurückzuführen ist. Bei genauerer Überlegung erkennen wir, dass es so sein muss. Ein Kader von nationalen Lehrern entsteht und wird durch einen gemeinsamen Geist geprägt. Sie werden alle auf die gleiche Fasson nach den gleichen festgelegten »Standards« und mit der gleichen Zweckmäßigkeit ausgebildet. Sie werden schließlich im Schatten einer enormen Bürokratie lehren und mit den Zielen, die ihnen eine Armee von Inspektoren, Prüfern und Abteilungsbeamten vorgibt.

Uns liegt hier also ein Hauptmerkmal des »modernen Geistes« vor: seine fehlende Vielfalt, seine mechanische Ödnis. Wenn dies erreicht ist, reagiert er wiederum auf die Volksschule, und beide, Handelnder und Handlungsobjekt, die Schule und der Gelehrte, verstärken jeweils die Sterilität des anderen. Die Uniformität, die von letzterer vermittelt wird, macht die Handlung der ersteren einfacher. Schließlich entsprechen beide einer gemeinsamen Erstarrung.

Indirekter, aber in noch stärkerem Maße, neigt die Einheitlichkeit zum Ausschluss von Ideen. Das, was dem Kind überhaupt nicht oder als etwas Untergeordnetes beigebracht wird, entgleitet seinem Bewusstsein oder ist dort nur von untergeordneter Bedeutung. Das, was nicht besonders hervorgehoben wird, wird für inexistent gehalten. Oftmals ist es so, dass das, was während der Erziehung im Kindesalter kaum vorkommt, dem erwachsenen Mann wegen mangelnder Vertrautheit unglaubwürdig erscheint.[40]

Gäbe es eine vielgestaltige, individuelle Vielfalt, wie es sie gab, als die Bildung noch auf Freiwilligkeit beruhte, so würden die Menschen im frühen Alter mit ihrer Gegenwart vertraut werden, auch wenn sie sie selbst nicht erfahren hätten. Aber dort, wo alles gleich ist, wird man nicht einmal die Möglichkeit von Unterschieden akzeptieren. Nun sind die Ideen, die in unserem System der allgemeinen staatlichen Schulpflicht ausgeschlossen werden, genau diejenigen, deren Fehlen den »modernen Geist« hervorbringt, genauso wie das Fehlen bestimmter Stoffe in der Nahrung die Skrofeln.

Zum Beispiel: die Haltung des »modernen Geistes« gegenüber dem Analphabetismus. Die Hauptfächer der Volksschulbildung sind Lesen und Schreiben. Folglich wird eine Schwäche oder Unfähigkeit in diesen zwei Bereichen zum Prüfstein der Minderwertigkeit. Ein Volk mag besser als ein anderes bauen, singen, malen oder kämpfen – ist aber ein größerer Anteil dieses Volkes des Lesens nicht kundig, wird es als das mindere der beiden gelten. Ein Spanier aus der Estremadura mag Bilder in Stein hauen, die so lebendig sind wie die des 13. Jahrhunderts. Kann er jedoch nicht lesen, dann stellt ihn der »moderne Geist« weit unter den Faulenzer, der nach Wett-Tipps in seiner Zeitung sucht. Ebenso wissen wir alle, dass die Tatsache, dass die Kunst des Schreibenkönnens früher einer verhältnismäßig kleinen Volksschicht vorbehalten war, als ein Beispiel des heutigen Fortschritts angeführt wird. Dass das Schreiben damals eine Kunst und die dafür notwendigen Materialien teuer waren, dass für das Verfassen eines Briefes im 11. Jahrhundert

40 Man beachte z. B. die Schwierigkeiten für jemanden, der im 19. Jahrhundert seine Schulbildung erhalten hat und mit der offiziellen Geschichtsschreibung seiner Zeit aufgewachsen ist, im Erwachsenenalter die Vorstellung akzeptieren zu können, dass unser exklusiver Patriotismus eine ganz moderne Angelegenheit ist! Man beachte, wie er ihn im Mannesalter in die mittelalterliche Geschichte seines Landes hineinliest!

etwa eine so spezielle Ausbildung mit entsprechenden Kosten notwendig waren, wie heute für das Gravieren einer Messingplatte – all das wird dabei übersehen. Der »moderne Geist« bemerkt, dass weniger geschrieben wurde, und stellt befriedigt fest, dies sei unentschuldbar.

Nebenbei können wir hier die praktischen Auswirkungen der allgemeinen Schulpflicht erkennen, die zunächst nicht logisch nachvollziehbar erscheinen, deren Ursache jedoch ergründet werden: nämlich die Kultivierung der Illusion von »Fortschritt«, der mit dem »modernen Geist« untrennbar verbunden ist. Die Volksschule sorgt in der Praxis dafür, dass die weniger Intelligenten glauben, dass sie besser als ihre Vorväter und auch bessergestellt seien, sowohl materiell als auch moralisch. Man könnte meinen, dass dieser Schwachsinn eingebildeter Größe rein zufällig in unsere Zeit fällt. Die dümmliche Wahrnehmung unserer Zeit ist ganz für den »Fortschritt« als ein unvermeidlicher Aufstieg vom Schlechteren zum Besseren eingenommen – Mittwoch ist besser als Dienstag und Dienstag besser als Montag. Diese Wahnvorstellung, die von Stolz und Ignoranz herangezüchtet wurde, kommt, wie man sagen darf, in unserem öffentlichen Unterricht zum Vorschein, da sie gerade in Mode ist. Sollte sich diese Stimmungslage ändern oder eine Folge von Katastrophen den Leuten die Augen für den Verfall öffnen – dann wird die landläufige Meinung der Illusion des Fortschritts den Rücken kehren. Sie wird die Vergangenheit zu Lasten der Gegenwart preisen und die neue Stimmung wird sich in allen Institutionen einschließlich des Bildungsministeriums widerspiegeln.

Das aber ist ein Irrtum. Die Parteigänger der allgemeinen Schulpflicht werden sich *immer* zur Fortschrittsillusion bekennen, da sie sich durch die Behauptung, es liege Fortschritt vor, selbst behaupten müssen. Sie würden sich selbst zur Bedeutungslosigkeit verurteilen, würden sie nicht sich selbst als ein Element des Fortschritts verstehen – als Fortschritt im Vergleich zu der Zeit, als dieser noch unbekannt war.

Die allgemeine Schul- oder Bildungspflicht enthält sowohl in ihrer *verpflichtenden* als auch in ihrer allgemeinen Eigenschaft eine Kraft, die auf die Erschaffung des »modernen Geistes« hinwirkt. Eine lange bestehende Pflicht führt zu Akzeptanz. Und die unhinterfragte Akzeptanz einer solchen Autorität, kraft derer sie, wie wir sagten, »blinden Glauben« findet, der »von der Vernunft getrennt« ist – was besonders für das Gebiet der Druckerzeugnisse gilt –, ist das Hauptkennzeichen des »modernen Geistes«.

Die Atmosphäre ist hier ganz von Zwang durchdrungen. Es ist nicht die in den Gesetzen verankerte Pflicht (auf der die Volksschulbildung heute basiert), die hier zählt. Es ist ihr täglicher Vollzug durch Millionen von Menschen – durch alle. Die Eltern entscheiden weder über den Lehrer ihres Kindes noch über seine Ausbildung, beides wird durch die bürgerliche Gewalt aufoktroyiert. Das Kind geht jeden Tag in dieser Einrichtung ein und aus, sein ganzes Leben ist davon geprägt und es weiß, dass seine Anwesenheit nicht auf einer Entscheidung seiner Eltern beruht, sondern auf einer staatlichen Vorschrift, der gegebenenfalls durch Intervention der Polizei Geltung verschafft wird.

Jeder Unterricht ist »dogmatisch«. Das Wort »Dogma« bedeutet tatsächlich nur »Lehrsatz«, und ein Unterricht, der nicht »dogmatisch« ist, wäre kein Unterricht mehr, sondern eine Diskussion oder eine Reflexion über Zweifel. Aber diese neue Art von erzwungenem Unterricht hat eine zusätzliche Wirkung, die über jeden anderen Unterricht hinausgeht. Er ist zugleich Unterricht und Gesetz, und diejenigen, die ihm unterworfen sind, werden ab dem Kindesalter mit einer Lähmung in der *Unterscheidungsfähigkeit,* d. h. der Klarheit des analytischen Denkens infiziert. Der Blick in unsere Umwelt zeigt uns deren Unfähigkeit, stringent zu argumentieren, ihren Unwillen gegenüber exakten Definitionen, ihre Aversion gegen sachbezogene Auseinandersetzungen (die Mutter aller Wahrheit) und die Unbeschwertheit, mit der bloße Behauptungen aufgestellt werden. Hier liegt die Wurzel des Übels.

***

Das zweite, große neue Instrument, das den »modernen Geist« nährt, ist die Boulevardpresse. Das Problem ist anderer Art als das der Schulpflicht.

Im Bereich der Schulpflicht ist das Problem ein absolutes und unvermeidliches. Ein allgemeines und einheitliches System der Schulpflicht, die der Familie vom Staat auferlegt wird, ist mit der katholischen Kirche unverträglich. Auch in eine einheitlich katholische Gesellschaft würde es sich nicht einfügen, denn der katholische Geist würde seinen Pflichtcharakter und seine mechanische Einheitlichkeit allgemeiner Geltung automatisch auflösen. Der katholische Geist stellt von selbst die geistige Vielfalt und Freiheit wieder her.

Im Fall der Presse aber liegt der Fall anders. Die Boulevardpresse wird oftmals als Auflösungsmittel der Religion im Allgemeinen und des Katholizismus im Besonderen betrachtet, was indes keineswegs in ihrem Wesen begründet liegt.

Sie entstand in einer Welt, in der die falsche Vorstellung von der Religion als Privatsache bereits Wurzeln geschlagen hatte. Daher verbreitet sie keine religiöse Atmosphäre, sie kümmert sich nicht um die Lebensordnung, die von der wahren Religion eingefordert wird. Sie präsentiert als Angelegenheiten von höchster Wichtigkeit solche Dinge, die nicht einmal auf dem Gebiet dessen, was man als Naturreligion[41] bezeichnet, von Bedeutung sind, geschweige denn in den Augen der Kirche.

Sie neigt zum Beispiel dazu, Bekanntheit mit Berühmtheit zu verwechseln, und gründet die Bekanntheit auf lächerliche Umstände wie Reichtum oder Abenteuerlust. Anders gesagt, sie stellt als Gegenstände der Bewunderung eine Reihe von ungereimten Dingen hin: einige davon von einem gewissen Be-

41 Anm. d. Übers.: Unter Naturreligion ist jene Form der Gottesverehrung zu verstehen, die, ohne die übernatürliche Offenbarung, aus der erschaffenen Geistnatur des Menschen erwächst. Die *bloße* Naturreligion findet sich empirisch nirgends. (vgl. Walter Brugger SJ, *Philosophisches Wörterbuch*, Freiburg 1947, Artikel *Religion*, S. 287 ff.)

lang, der größte Teil jedoch trivial. Vor allem aber macht sie grober Fälschungen schuldig.

Ihre Hauptkraft als Stütze des »modernen Geistes« liegt in ihrer Fähigkeit, jedwede im Volk grassierende Krankheit zu verstärken, vor allem unter den Menschenmassen unserer großen Städte. Dem »modernen Geist« ist das Denken zuwider: Die Boulevardpresse vergrößert diese Trägheit, indem sie sensationsheischende Surrogate liefert. Dem »modernen Geist« ist Nachdenken zuwider, also schätzt er auch keinen kritischen Sinn, und noch nicht einmal beständiges Arbeiten: Die Boulevardpresse vergrößert die Debilität durch eine Orgie von Bildern und Schlagzeilen. Der »moderne Geist« schreibt den ständigen Wiederholungen eine falsche Autorität zu: Die Boulevardpresse bedient ihn mit pausenlosen Wiederholungen. Der »moderne Geist« verinnerlichte eine Mythologie des Prähistorischen und liebt es, sowohl von wunderlichen Dingen im Zusammenhang mit Prähistorischem als auch von seiner eigenen Überlegenheit gegenüber seinen fernen Vorfahren zu vernehmen: Die Boulevardpresse mästet ihn mit den Speisen, die einem solchen Geschmack entsprechen. Sie erklärt, ein Knochenstück, dessen Alter niemand bestimmen kann, sei Millionen von Jahren alt. Auf Abruf sorgt sie für die furchterregendsten Ungeheuer zur Zeit unserer Vorfahren und stattet diese Monster mit einer ihnen eigenen moralischen Widerwärtigkeit aus, um dem Ganzen etwas Würze zu geben – obwohl Handlungen von Tieren keinerlei sittliche Zurechenbarkeit haben können.

So und auf vielerlei andere Arten stößt die Boulevardpresse, wie wir sie heute kennen, den »modernen Geist« noch tiefer hinab, als er sonst von selbst gefallen wäre. Sie bläht seine Beschränktheit auf und bestätigt ihn in seinem Unvermögen zur Zivilisation – und daher auch zur Annahme des Glaubens.

Aber die Boulevardpresse handelt auf diese Weise nicht aufgrund irgendeiner Verschwörung gegen die Wahrheit und Religion und unsere ererbte katholische Hochkultur. Sie handelt auf diese Weise, weil die Gesellschaft, in der sie und durch die sie lebt, noch nicht zu ihrer Religion zurückgefunden hat, sollte sie es denn jemals tun. In einer Gesellschaft, in der die Einheit der Religion und die Hingabe ihr gegenüber wiederhergestellt sind, würde sich die Boulevardpresse erholen und die allgemeine Stimmung widerspiegeln.

In der Formgebung einer Boulevardzeitung gibt es drei Kräfte: die Werbeeinkünfte, von denen sie lebt, die besonderen Anliegen ihres Besitzers und der Geschmack der Öffentlichkeit an diesem bestimmten Blatt. Von diesen Kräften ist die dritte die wichtigste. Die erste, die Einnahmen aus der Werbung, hängt hauptsächlich davon ab, wie hoch die Nachfrage nach der Zeitung ist. Die Macht des Inhabers liegt hauptsächlich in seinen Möglichkeiten privater Erpressung (in parlamentarischen Ländern ist dies vor allem die Erpressung von Politikern) und – wenn er in Absprache mit seinen Kollegen vorgeht – darin, eine Wahrheit von öffentlichem Interesse zu verschweigen. Der Besitzer einer weithin gelesenen Zeitung zwingt jedoch äußerst selten irgendwelche bestimmte Meinungen auf, selbst wenn er, aufgrund irgendeines Zufalls, ein Mann von Intelligenz ist.

Man könnte durchaus zu Recht sagen, dass die Boulevardpresse unserer Tage immer dazu neigen wird, demagogisch und folglich in ihrem Ton moralisch anstößig zu sein. In manchen Ländern, besonders auffallend in England, verdrängte sie die alte, kultivierte und gebildete Presse der letzten Generation. Sie hat somit üblicherweise einen lächerlichen Charakter, aber daraus folgt nicht, dass sie eine negative Kraft ist, die gegen den Einfluss der katholischen Kirche in der modernen Welt wirkt.

Trotz all ihrer Vulgarität könnte sie dem Glauben indirekt dienlich sein, denn die Behandlung der Religion findet heute großes Interesse, folglich ist die Boulevardpresse als Schauplatz für diese äußerst nützliche Debattenform von Nutzen.

Ich glaube, es wäre hoffnungslos anzunehmen, in diesem Augenblick in irgendeinem Land das Entstehen einer Zeitung mit Massenverbreitung zu erwarten, die, wenn auch nur indirekt, tatsächlich als Instrument der Glaubensverbreitung wirken würde. Ich bezweifle allerdings, ob das Urteil gefällt werden sollte, dass sich die Boulevardpresse in allen Ländern hauptsächlich zum Instrument *gegen* die Verbreitung des Glaubens entwickeln wird. Sie wird in dieser Sache wie in allen anderen im Allgemeinen stets die Hauptströmung der landläufigen Ansichten widerspiegeln.

Sie wird z. B. die moderne Religion des Nationalismus widerspiegeln, bis diese Religion ins Wanken gerät. Sie wird die Gelüste nach Spektakeln des Reichtums, der Gewalt und der Not widerspiegeln, die der Pöbel seit jeher gehegt hat. Sie wird die Beliebtheit dessen, was beliebt ist, und die Unbeliebtheit dessen, was unbeliebt ist, übertreiben.

Sie ist weder unser Feind, noch kann sie von uns für die Wahrheit eingesetzt werden, sieht man von ihrem Charakter als Ort der Diskussion einmal ab. Dort könnte sie sich in Zukunft – noch ist dies nicht der Fall – für uns zu einem Werkzeug von echtem Wert entwickeln.

Der Grund dafür, dass sie es noch nicht ist, liegt der bei ihr bis jetzt vorherrschenden Ahnungslosigkeit gegenüber den Grundsätzen theologischer Diskussionen, verbunden mit der Erschlaffung und dem Verfall der Intelligenz in einer Zeit, in der die Worte bedeutungslos oder widersprüchlich geworden (wie es etwa beim Wort »Abstinenz« der Fall ist) und als eine Art falscher Münze an die Stelle der Vernunft getreten sind.

Unterdessen hat die neue Macht der Boulevardpresse mit Blick auf die Lage der Kirche in den modernen Ländern eine merkwürdige Wirkung, die, wie ich meine, zu bedauern ist. Es handelt sich um Folgendes:

Die Spezialisierung des katholischen Journalismus in fast allen Ländern heute (Irland bildet hier größtenteils eine Ausnahme) schließt eine Presse aus, die in ihren Interessen säkular, aber in ihrem Ton katholisch ist. Die vielgelesene Zeitung trifft eine Aussage darüber, was sie für religiöse Neutralität hält (und zielt dabei auf die größtmögliche Auflage ab). Der katholische Autor kann seinen Standpunkt aber nur in Publikationen darlegen, die sich (a) auf bestimmte klerikale Aktivitäten beschränken oder die (b) nur von seinen Glaubensgenossen gelesen werden. Sie berichten viel über den Klerus, sie besprechen Wallfahren, Hundertjahrfeiern und neue kirchliche Stiftungen. Sie setzen sich mit Einzelpersonen oder Lehren auseinander, wenn sie angegriffen werden. Aber sie erreichen die nichtkatholischen Massen nicht.

Aber zu all dem werde ich noch am Schluss des Buches kommen, wenn wir unsere modernen Möglichkeiten zur Rückeroberung erwägen.

Damit beende ich meine Analyse der Hauptkräfte der Opposition, denen die Kirche aktuell entgegentreten muss. Nun wende ich mich den interessanten jungen Fremden zu, den Neuankömmlingen: Sie werden künftig unsere Hauptgegner sein.

KAPITEL IV

Neue Feinde

Während der Glaube sich mitten im Kampf mit den positiven Kräften des Nationalismus und Antiklerikalismus sowie der negativen Kraft des intellektuellen Verfalls befindet, harren unser, nachdem letztere sich verbraucht haben, schon die nächsten Gegner: Sie werden in naher Zukunft den Angriff führen.

Um die Metapher etwas abzuwandeln: Die neuen Feinde warten auf der Seitenbühne, während die Hauptopposition auf der Bühne steht und die Überlebenden sich zu den Ausgängen begeben.

Um nun die Wesensart von Neuzugängen in irgendeiner Epoche der Kirchengeschichte richtig einschätzen zu können, ist es wichtig, ihre Stellung innerhalb dieser Epoche zu verstehen. Das jedoch ist auch das Allerschwierigste. Es ist deswegen von wesentlicher Bedeutung, weil wir aufgrund der Art der neuen Feinde die Wirkung erkennen können, die die Kirche in einer bestimmten historischen Phase auf ihre Zeitgenossen hat. Und es ist schwierig, weil das, was zu analysieren ist, sich im Entwicklungsstadium befindet. Es ist noch schwach bzw. wie ein kleines Kind. Die Überbleibsel kennen wir durch und durch. Sie sind Bekannte aus Kindheitstagen, unsere alten Freunde. Jeder versteht sie und kennt sie durch und durch. Unseren Eltern waren sie wohlvertraut, und wir bedauern beinahe ihr Dahinscheiden. Die Neuankömmlinge aber sind Kuriositäten, die man entweder als lästig empfindet oder ignoriert. Vielen von uns ist kaum jemals eine von ihnen begegnet. Sie machen sich im Allgemeinen in unserem persönlichen Leben nicht bemerkbar, und tun sie es doch, so ärgert uns ihre Unausgegorenheit oder Unverständlichkeit, und so ist es bequemer, sich von ihnen abzuwenden und sie zu vergessen.

Der gute alte »historisch-kritische Methodiker« und der wohlbekannte »Agnostiker« mit seinen Reagenzgläsern und seinem Geologenhämmerchen gehörten gleichsam zum Haushalt: Inventar, das uns so vertraut ist wie die heimische Landschaft. Und Harnack[42], der noch unter uns weilt, Renan[43] und Huxley[44], die kürzlich von uns gegangen sind, die würdige Melancholie Arnolds[45] – sie alle stehen auf dem meistgenutzten Regal unserer Bibliothek. Gegenüber Männern hingegen, die ein gemütliches Schwätzchen mit den Toten halten, denen Misstöne in der Musik gefallen, die das Hässliche in der Malerei und Bildhauerei bevorzugen, die öffentlich der Verzweiflung erliegen, die ihre Frauen bereitwillig teilen, die das loben, was man bislang als sexuelle Perversion bezeichnete, die Ehre für etwas Altmodisches halten, die Diebstahl und Schwindel achten, fühlen wir uns nicht nur befremdet, sondern auch überlegen und angewidert, da solch ein barbarischer Unfug so nichtig ist, dass er schwerlich ernstgenommen werden kann. Allerdings sollten wir einer solchen Stimmung nicht nachgeben, andernfalls laufen wir Gefahr, unsere Feinde zu unterschätzen.

Wenn ich »wir« sage, meine ich meine eigene Generation, und ich, der ich diese Zeilen zu Papier bringe, bin beinahe sechzig Jahre alt. Es mag sein, dass Männer und Frauen in ihren Dreißigern anders schreiben und mehr Respekt für die neuen Feinde empfinden als ich.

Nun, wenn wir uns die Neuankünfte, die gerade mit Hochdruck hervortreten, lange genug anschauen, entdecken wir ein äußerst interessantes Kennzeichen, das alle von ihnen auf-

---

42 Anm. d. Übers.: Karl Gustav Adolf Harnack, ab 1914 von Harnack (1851–1930) war ein deutscher protestantischer Theologe und Kirchenhistoriker. Er gilt als der bedeutendste Vertreter des liberalen Protestantismus.

43 Anm. d. Übers.: Ernest Renan (1823–1892) war ein französischer Schriftsteller, Historiker, Archäologe, Religionswissenschaftler und Orientalist.

44 Anm. d. Übers.: Aldous Leonard Huxley (1894–1963) war ein britischer Schriftsteller und Universalgelehrter. Sein bekanntestes Werk ist der 1932 erschienene dystopische Roman *Schöne neue Welt.*

45 Anm. d. Übers.: Matthew Arnold (1822–1888) war ein englischer Dichter und Kulturkritiker.

weisen: Sie stehen mit der katholischen Kirche nicht im Hinblick auf die Lehre in Konflikt wie ihre Altvorderen, sondern in Bezug auf die *Moral*. Die Moral geht natürlich aus der Lehre hervor und so ist der Konflikt mittelbar doktrinärer Art – wie es alle menschlichen Konflikte sind. Das markante Kennzeichen der neuen Feinde besteht aber darin, dass sie keine neuen theologischen Thesen vorbringen, wie es die alten Häresiarchen taten, oder philosophische Ausgangsprinzipien, die den Ausgangsprinzipien des Glaubens widersprechen, wie es bei den Gegnern des 19. Jahrhunderts der Fall war, sondern darin, dass sie eine neue Ethik haben – oder womöglich gar keine.

Alle Überlebenden und sogar die Vertreter der gegenwärtigen Hauptopposition behielten und behalten im praktischen Leben (und mehr oder weniger auch in der Theorie) im Allgemeinen die katholischen Sitten bei, die sie aus der Vergangenheit ererbten. Sie waren und sind Teil der allgemeinen europäischen Zivilisation, die die Schöpfung der katholischen Kirche war. Die Neuankömmlinge aber stoßen in größerem oder geringerem Maße so viel von diesem Erbe ab, dass sie gänzlich neuer Art sind: Sie sprechen eine neue Sprache.

Hierin liegt sowohl die Gefahr als auch die akute Bedeutung unserer Gegenwart.

Wir nähern uns unbekannten Formen im Konflikt zwischen Kirche und Welt. Wir – oder unsere Kinder – stehen kurz davor, nicht den Ansturm von Rebellen zu erleben, von Männern unserer eigenen Sprache und Art, sondern einen Ansturm von Fremden. Bislang handelte es sich um einen Bürgerkrieg. Bald wird es eine Invasion sein.

Bislang wurden die Glaubensgeheimnisse, z. B. die Eucharistie oder die Inkarnation, als unvernünftig oder illusorisch abgetan. Die strenge Disziplin des Glaubens wurde als zu harsch oder zu pedantisch zurückgewiesen. Die Theologie wurde als eine Landkarte der *Terra Incognita* verhöhnt, als eine wunderliche Phantasie. Die offiziellen Kirchenstrukturen wurden als tyrannische und menschengemachte, denen jede echte Autorität abgehe, angegriffen: die Grundlehren – sogar bezüglich Gottes selbst – seien unbeweisbar und daher zu vernachlässigen. Bislang wurden mancherlei konkurrierende Gedankensysteme aufgestellt, die den Glauben verdrängen. Während dieser jahrhundertelangen Konflikte blieb die katholische Kultur jedoch erhalten. Diejenigen, die sich dem Glauben auf theoretischer Ebene am meisten widersetzten, folgten in der Praxis den Konventionen Europas. Auch wenn sie Eigentum und Ehe angriffen, taten sie dies im Namen der Gerechtigkeit. Sie bewahrten das Konzept der menschlichen Würde. In all ihrer Launenhaftigkeit empörten sie sich gegen Übel, die der Glaube selbst die Menschen zu hassen gelehrt hatte – beispielsweise gegen die Unterdrückung der Armen. *Jetzt* aber zeichnet sich etwas völlig anderes ab: ein bizarres Neuheidentum. Wir müssen uns damit befassen, seine Beschaffenheit zu erkennen, herausfinden, welche älteren Verbündete es finden wird und ob es nicht der Vorläufer einer neuen Religion sein könnte.

Welcher Art ist dieses Neuheidentum? Mit welchen Bundesgenossen, die älter sind als es selbst, wird es sich zusammentun? Deutet es auf die Entstehung einer eigentlichen neuen Religion hin, die in den letzten Tagen gegen die Kirche in Stellung gebracht werden soll?

Diesen drei Fragen will ich mich jetzt zuwenden.

Das Neuheidentum

Es ist die gemeinsame und sehr zutreffende Feststellung derjenigen, die die moderne Welt als ganze betrachten, und besonders derjenigen, die sie vom zentralen Standpunkt aus betrachten, d. h. dem der Kirche, und näherhin derjenigen, die sie von Frankreich aus betrachten, wo sich die eigentliche Diskussion abspielt, dass sich der Konflikt jetzt als ein solcher zwischen der katholischen Kirche und dem Heidentum darstellt.

Dies gilt allen, abgesehen von Provinzlern und Begriffsstutzigen, als Binsenwahrheit. Aber um *welches* Heidentum handelt es sich hier – das ist die Frage. Es ist sicherlich nicht das Heidentum der glänzenden griechisch-römischen Antike, dem wir unsere Herkunft verdanken. Unverdorbenheit wird nicht durch Verfall wiederhergestellt. Senilität mag ein zweites Kindsein genannt werden, aber hier begegnet uns nicht die Spannkraft und Vitalität der Jugend. Nachdem der Glaube der Massen in die primitive Fäulnis übergegangen war, die der »moderne Geist« genannt wird, ging ein Gewächs aus diesem Sumpf hervor. Dieses Gewächs ist sicherlich ein Heidentum. Aber welchen Charakter hat dieses Heidentum? Worin bestehen sein Geruch, sein Geschmack, seine einzelnen Bestandteile? All dies müssen wir wissen, wenn wir seine Folgen abschätzen wollen.

Zunächst einmal stellt sich die Frage, warum wir dieses Phänomen überhaupt Heidentum nennen.

Heidentum kann grob als Naturreligion definiert werden, die ihre Wirkungen auf Menschen entfaltet, denen das Korrektiv der Offenbarung fehlt.

Sollte der Begriff »Korrektiv« unpassend erscheinen – schließlich ist die Naturreligion, soweit es nur an ihr liegt, wahr, und die Wahrheit als solche bedarf keines Korrektivs – dann wähle ich statt des Begriffs »Korrektiv« den der »Ergänzung«. Das Heidentum ist das, was in der besonderen Sprache der heilige Paulus in seiner eigenen Terminologie den »alten Adam« nennt und was wir nach unserem heutigen Sprachgebrauch eher den »natürlichen Menschen« nennen würden.

Schauen wir uns also an, worin diese religiöse Haltung (denn es ist eine religiöse Haltung, wie es tatsächlich alle grundlegenden Geisteshaltungen sind) besteht.

Der Mensch hat ein Gewissen, er erkennt den Unterschied zwischen Richtig und Falsch. Er ist sich notwendigerweise auch bestimmter erheblicher Probleme hinsichtlich seines Wesens, seines Zweckes und seiner Bestimmung bewusst, die er vielleicht nicht lösen kann, deren Lösung jedoch, *sollte sie erreicht werden können,* für ihn wichtiger sein muss als alles andere. Wächst er lediglich heran, wird alt und stirbt, oder ist dieser Prozess Teil einer größeren Bestimmung? Haben seine Taten für ihn dauerhafte oder nur vergängliche Folgen? Sind unsichtbare überlegene Mächte, denen er Dank, Anbetung und Furcht entgegenbringt, seine Einbildungen oder Wirklichkeit? Existieren seine Toten noch? Ist er einem höchsten Richter Rechenschaft schuldig?

Er mag entscheiden, dass, weil es hier keine Beweise gebe, diese Frage offenbleiben müsse, und dass hier die Suche nach einer Antwort vergebliche Mühe sowie jede scheinbare Einsicht eine Illusion sei. Aber er kann nicht leugnen, dass von der Antwort auf diese Fragen – *würde er sie kennen* – all sein Tun und all seine Werturteile abhingen.

Er hat ein Empfinden für Schönheit, wie es tiefster Besitz jedes normalen Menschen ist, wie es auch ganz der wichtigen katholischen Lehre entspricht, dass die Schöpfung gut ist. Ihn beseelt notwendigerweise ein Gespür für Gerechtigkeit und er sieht, dass ein gewisses Maß der Ausrichtung an ihr eine Notwendigkeit für die bloße Existenz der bürgerlichen Gesellschaft ist. Er (der natürliche, von der Naturreligion inspirierte Mensch) erkennt die Torheit und Gefahr übermäßigen Stolzes, übermäßiger Begierden, übermäßigen Zorns usw. an: Denn er hat Humor, um bei Verstand zu bleiben.

Es könnte zunächst der Eindruck entstehen, dass jemand, der derart befreit und selbstgenügsam ist, einer vagen, aber wunschlosen Philosophie verfallen würde, unter der er wie die Tiere ein ausgeglichenes Leben führen würde, die gewöhnlich ihren Instinkten folgen, und dass dieser Heide der sorgenfreiste aller Menschen wäre.

Dieser Mensch würde so leben, wäre er frei von den Bindungen dessen, was sich selbst »Offenbarung« nennt. Das ist die fundamentale Lehre der gesamten Bewegung, die uns zurück ins Heidentum führt. Einige glauben, das Heidentum würde, sobald es wiedereingerichtet ist, eine ziemlich glückliche Welt zuwege bringen oder zumindest eine Welt, die glücklicher ist als die der Christenheit, die durch die Jahrhunderte hinweg nach Maßgabe des Glaubens geformt wurde.

Dem ist aber nicht so. Ein besonderer Gesichtspunkt von höchster Bedeutsamkeit tritt hier zutage, der äußerst aufschlussreich ist und uns alle zum Innehalten veranlasst. Und zwar: Das Heidentum verzweifelt. Der befreite Mensch wird seiner Verbannung gewahr. Er verzweifelt langsam, und seine Verzweiflung bringt Monstrositäten hervor.

Jede Art von Heidentum hatte am Ende unter den eigenen ekelhaften Göttern zu leiden, und das kennzeichnet jede Art des Heidentums. Das Kennzeichen des Neuheidentums besteht jedoch darin, dass es dieses Endstadium nicht durch einen langwierigen Verfallsprozess erreicht hat. Es befindet sich nicht am Beginn eines jugendfrischen Lebens. Seine Götter sind bereits die niederträchtigen Götter der Verworrenheit und Schwäche. Das Neuheidentum kam verbraucht und krank zur Welt.

Wenn wir vom Auftreten des Heiden hören, verstehen wir ihn zunächst als einen normalen Menschen. Wir alle fühlen in unseren Herzen mit ihm, wir alle haben Verständnis für ihn. Viele von uns befanden sich irgendwann einmal (zumeist in der Jugendzeit) in seiner Gesellschaft. Worin besteht, wie wir uns fragten, sein Gegensatz zur Offenbarungsreligion? Worin liegt seine Schwäche? Nun wissen wir es. Sie liegt in seiner Ablehnung einer zentralen geistlichen Wahrheit, nämlich der, dass der Mensch in seinen eigenen Augen dauerhaft erniedrigt ist – ohne Ausweg: dass er eine Reminiszenz an verlorene Dinge in sich trägt: dass er aus himmlischem Stoff gemacht, verurteilt und gebrochen ist. Es ist die Lehre, die wir Katholiken den Sündenfall nennen.

Wir können diese Lehre nicht als Argument gegen den Heiden ins Feld führen, da wir ansonsten in den Augen des Heiden einen Zirkelschluss begehen. Was aber Eindruck auf ihn und jeden Außenbeobachter machen wird, ist dies: Das Heidentum, der natürliche Mensch, der ohne Offenbarung handelt, genügt seinem eigenen Wesen *nicht*. Er befindet sich *nicht* in Gleichgewicht und Ruhe. Es sieht so aus, als wäre er es, tatsächlich ist er es aber nicht. Bevor die Glaubenslehre bekannt war, konnte sich auch die Verzweiflung bemühen, edelmütig zu sein. Weil aber jetzt das Gegenmittel der Verzweiflung bekannt ist, werden diejenigen, die das Heilmittel verweigern, gemein und vulgär. Ein Europa, das irgendetwas erwartete, das es nicht kannte, war eine Sache. Ein getauftes und apostasierendes Europa ist eine ganz andere. Es ist seinem Wesen nach verändert.

Der Neuheide lacht natürlich über die strenge Lehre vom Sündenfall. Er kann aber nicht über die bestehende Tatsache lachen, dass der Mensch, wenn er so handelt, als wäre er sich selbst genug, nicht nur permanent, notwendig und regelmäßig eine Unzahl von Dingen tut, für die er sich selbst schämt; ihm fehlen nicht nur die Kräfte, seinen eingebildeten gesunden Normalzustand herzustellen, sondern er verfällt im Maße des Fortschreitens in immer schlimmere Übel.

So ist es offensichtlich. Es ist keine Theorie darüber, was geschehen *sollte*, wenn die Menschen aufhören, die Wahrheit über die Menschennatur zu akzeptieren. Es ist eine Aussage darüber, was *tatsächlich* geschieht und von der gesamten Zeitgeschichte und der Erfahrung von Einzelpersonen bezeugt wird. Das alte, vorkatholische Heidentum tat Böses, gab aber zu, dass es böse ist. Eine der nach meinem Empfinden großartigsten und tragischsten lateinischen Verse ist der berühmte Satz:

Video meliora, proboque: deteriora sequor.[46]

Sie ist der eigentliche Inbegriff des menschlichen Schicksals: das jedes Einzelnen und aller.

Das Neuheidentum aber wirkt mittels einer versuchten Leugnung von Gut und Böse, die alles zersetzt, was sie berührt.

Nun, dann sagen wir: »Die heidnische Gesellschaft endet in der Verzweiflung.« Die Verzweiflung aber ist für den Menschen

---

46 Anm. d. Übers.: »Ich sehe das Bessere, heiße es gut und tue das Schlechtere.« – Ovid, Met. VII 20b/21a (Monolog der Medea).

nicht normal, sie ist nicht der Geisteszustand eines gesunden natürlichen Geschöpfs. Das Gegenteil zu behaupten wäre ein Widerspruch in sich. Daher sehen wir das alte Heidentum der Antike von dem ständigen Versuch begleitet, die Verzweiflung durch die Opiate der Schönheit und des stoischen Mutes zu hintergehen.

Für das neue Heidentum aber ist die Verzweiflung wie Atemluft und Nahrung.

Dem neuen Heidentum, das gerade erst entsteht, ist ein Merkmal eigen, durch das es sich vom alten Heidentum unterscheidet: Es fängt da an, wo das alte aufgehört hatte.

Während jedes Heidentum in Verzweiflung endet, so verwendet unser gegenwärtiges diese geradezu als Grundlage. *Darin* besteht das besondere Unterscheidungsmerkmal, nach dem wir bei diesem neuen Feind suchten. Von daher die Abwesenheit der Vernunft, die in intellektueller Verzweiflung besteht, von daher die abscheuliche Architektur, Malerei und Literatur, die ästhetische Verzweiflung ist, von daher die Auflösung der Moral, die ethische Verzweiflung ist.

Die Sache ist noch nicht ausgereift und nur in Einzelfällen schockierend. Noch zögert man, noch ist das Phänomen nicht allgemein: Bislang erscheint es eher als eine Reihe von besonderen Verfehlungen gegen die alten christlichen Standards der Zivilisation in dieser oder jener Hinsicht denn als eine Geisteshaltung. Einige wenige absichtlich widerwärtig gestaltete Gebäude und Skulpturen in unseren Städten (vor allem in unseren Hauptstädten); als exzentrisch wahrgenommene Bücher, die jedes Laster vorführen; die gekünstelte und noch neuartige Rechtfertigung jedweder Bosheiten – vor allem der schlimmsten – die vorgebracht wird: All dies sind bislang nur Einzelfälle von Affronts und Provokationen. Das Neuheidentum ist jetzt noch nicht mehr als ein Neuankömmling. Es wächst jedoch rapide, es gewinnt an Zusammenhalt und es steht außer Frage, dass es – im historischen Vergleich gesehen – in sehr kurzer Zeit in voller und beachtlicher Stärke auftreten wird.

Wir Älteren werden die Sache vielleicht nicht mehr in voller Blüte stehen sehen, auch wenn ich die Schnelligkeit bemerke, mit der sich der Wandel vollzieht. Unsere Kinder jedoch werden sie sicherlich sehen. *Wenn das Heidentum herangereift ist, wird man nicht die gegenwärtigen vereinzelten, verschämten Angriffe auf die Schönheit und die rechte Lebensführung vor sich haben, sondern ein eigentliches Zusammenspiel und ein organisiertes Bekenntnis zum Widerwärtigen und Abscheulichen.*

Das Neuheidentum schreitet seiner Vollendung entgegen. Es steht kurz davor, Gestalt anzunehmen und *als eine Einheit* zu handeln.

Um diese Tatsache zu veranschaulichen, nehme man das Beispiel der Ehe. Das antike Heidentum hielt an der Ehe fest, betrachtete sie jedoch als bürgerlichen Vertrag und als auflösbar. Als die katholische Kirche das Erbe des heidnischen Imperiums antrat, verkündete sie die *Heiligkeit* und *Unauflöslichkeit* der Ehe. Sie hieß nicht nur die Ehe und die sie bedingenden Triebe gut, sondern erklärte die Institution selbst zum Sakrament.

Der Manichäer, d. h. der Puritaner, betrachtete diese Triebe als Übel. Die Kirche beschränkte sie auf den den Bereich der Ehe, der Manichäer verdammte sie gänzlich. Der Neuheide ist mit beiden nicht einverstanden: Er konzipiert den Menschen als Tier. Er würde die Ehe zunächst zu einem lediglich bürgerlichen Vertrag machen, der unter Zustimmung beider Parteien kündbar wäre. Bald müsste er ihn zum einseitig kündbaren machen. Die früheren Ketzer hoben das menschliche Elend hervor, das durch die Lehre von der Unauflöslichkeit der Ehe verursacht würde, leugneten ihre göttliche Einsetzung und arbeitete auf die Aufhebung der entsprechenden gesetzlichen Konsequenzen hin. Die Neuheiden lehnen sie schon im Prinzip ab. Ihrer Logik zufolge müssten sie die Institution der Ehe komplett abschaffen, aber die Natur der menschlichen Gesellschaft selbst, die aus Zellen besteht, von denen jede eine Familie ist, und die Natur der menschlichen Fortpflanzung verwehren solch ein Extrem. Kinder müssen großgezogen und wertgeschätzt und behütet werden. Und das Wesen der menschlichen Zuneigung, durch das das Band zwischen Eltern und Kind geflochten ist, und dass das Kind nicht von einem Elternteil, sondern von beiden stammt, wird den Neuheiden dazu zwingen, dasjenige zu modifizieren, was andernfalls seine logische Schlussfolgerung aus der freien Liebe sein müsste. So wird er irgendein Scheinbild der Einrichtung der Ehe fördern müssen. Doch dies steht in einem Gegensatz zu seinem Gedankengebäude als Ganzem und wir können mit Fug und Recht behaupten, dass die Leichtigkeit und Häufigkeit der Scheidung der Prüfstein dafür ist, wie weit eine einstmals christliche Gesellschaft bereits auf dem Weg zum Paganismus vorangeschritten ist.

Das Neuheidentum hat einen erstaunlichen Zuwachs aufzuweisen. Bis vor Kurzem blieb dieser Prozess wegen des teilweisen Überlebens des katholischen Denksystems – in abgeschwächten und schnell dahinschwindenden Formen – innerhalb der gesamten protestantischen Kultur verborgen. Hier wäre zum Beispiel die Tradition des freien Willens mit ihren starken Auswirkungen auf die Organisation der Gesellschaft zu nennen, die immer noch fortbesteht und im industrialisierten Engeland die Rückkehr sklavenhafter Zustände bislang verhindert. Überraschenderweise sind sogar krampfhafte Initiativen des Aufstands gegen das Monopol seitens Einzelner festzustellen, sowohl auf wirtschaftlichem als auch auf politischem Gebiet: das Überleben bestimmter Lehren, wenn auch in unbestimmter und ausgedünnter Form, wie etwa die der künftigen Belohnung und Bestrafung für das Verhalten in diesem Leben oder das der menschlichen Gleichheit trotz ungleicher materieller Besitzverhältnisse.

Diese Relikte der katholischen Lehre verlangsamen das Schritttempo des ungeheuren Wandels und verbergen den Prozess vor den Augen des durchschnittlichen Beobachters. Ich kann jedoch nicht erkennen, welche Überlebenschance diese

Fragmente in der modernen Welt außerhalb der katholischen Glaubensgemeinschaft haben, wo sich die *Fülle* des katholischen Glaubens und der disziplinären Einheit mit Rom findet.

Solange es noch bestimmte protestantische Glaubensbekenntnisse gab, die mehr oder weniger wohldurchdacht waren und von einer Art Logik aufrechterhalten wurden, solange die Menschen sagen konnten, was sie dachten und entsprechend handelten, war das Heidentum chancenlos.

Ob dies zu Wohl oder Wehe der Menschheit geschah, mag diskutabel sein, genauso wie man diskutieren könnte, ob es besser oder schlechter für einen Körper wäre, verkrüppelt oder tot zu sein. Was unser gegenwärtiges Problem anbelangt, stehen diese ärmlichen Überbleibsel isolierter und (größtenteils) verzerrter katholischer Lehren der Rückkehr des Heidentums jedenfalls entgegen.

Man nehme z. B. die katholische Lehre von der Nächstenliebe. Aus dieser ging im Mittelalter das ganze System der Sozialeinrichtungen, der Armenfürsorge, Spitäler usw. hervor und wird bis heute fortgeführt. Diese Einrichtungen bestehen irgendwie weiter, auch wenn die Tradition außerhalb der katholischen Welt in Sentimentalismus einerseits und andererseits in verrückte egalitäre Extravaganz degeneriert ist. Aber auch wenn diese Verzerrungen der gesunden katholischen Wahrheit augenblicklich noch präsent sind, so können sie nicht überleben, da sie die Frage nach ihrem »Warum?« nicht zu beantworten vermögen. Warum sollte man seinen Nächsten gegenüber mildtätig sein? Warum sollte man gesellschaftlich oder persönlich die Last tragen, Kranke mit besonderer Sorgfalt zu pflegen und ihre Leiden zu mildern, selbst die der Ärmsten?

Das alte Heidentum tat nichts davon. Es ließ zum Zeitvertreib Grausamkeiten unter den Menschen zu, denen allein der Katholizismus ein Ende bereiten konnte.

Die meisten Menschen würden die Frage nach dem »Warum?« damit beantworten, dass eine solche Nächstenliebe Teil der natürlichen menschlichen Instinkte sei. Doch die gesamte heidnische Geschichte und heidnische Literatur beweist das Gegenteil oder zumindest, dass, sollte ein gewisses Maß an Nächstenliebe Teil der Naturreligion sein und somit vom paganen Menschen akzeptiert werden, er nicht entsprechend handelt. Denn wenn ein konsistentes Glaubensbekenntnis fehlt, lösen sich die verschiedenen Teile moralischen Handelns voneinander und scheitern rasch.

Um ein weiteres Beispiel heranzuziehen: Warum sollte ich an moralische Sanktionen glauben, die in einem künftigen Leben zur Anwendung kommen? Solange Menschen einem bestimmten anerkannten Lehrgefüge folgten, wie etwa die Calvinisten, und solange sie die Autorität der kanonischen Schriften akzeptierten (sei es auch gemäß ihrer eigenen, individuellen Interpretation), gab es einen Zusammenhang und folglich ein Überlebensprinzip in allem, was sie dachten und taten. Wenn diese Überzeugungen und Autoritäten aber erst einmal dahin sind – und betrachtet man die westliche Welt als Ganze, dann ist außerhalb der katholischen Kirche nicht mehr viel davon übrig –, verbleibt keine andere Richtschnur richtigen Handelns als die unkorrigierten Instinkte der sich selbst überlassenen Menschen verbunden mit der Tendenz, diese Instinkte selbst zu deren eigenem Schaden zu befriedigen.

Sobald das Heidentum als System etabliert wird, seine volle Form annimmt und zur positiven Tat schreitet, muss es notwendigerweise zum furchtbaren und zunehmend direkten Widersacher der katholischen Kirche werden. Beide können nicht zusammenleben, denn die Punkte, in denen sie übereinstimmen, sind keine, die einer von beiden für wesentlich hält.

Der Zusammenprall muss zunächst indirekt erfolgen. Ein heidnischer Staat erlässt bestimmte Gesetze, die dem katholischen Gewissen widersprechen, etwa Gesetze bezüglich der Ehe oder des Eigentums, der häuslichen Gewohnheiten bezüglich Speise und Trank, bezüglich der Freiheit der Arbeit oder irgendeines anderen Aspekts, der die Menschenwürde betrifft. Dazu könnte die »Sterilisation der Lebensuntüchtigen« oder

Zwang in Sachen der Arbeitszeiten und Löhne (die »Zwangsschlichtung« ist der Anfang vollständig sklavenhafter Institutionen), »Eugenik« oder die obligatorische Beschränkung des Nachwuchses oder dergleichen Scheußlichkeiten gehören.

In keinem dieser Fälle – und man könnte hundert weitere nennen – wäre für den einzelnen Katholiken oder die Katholiken als Gruppe eine Billigung oder ein neutrales Beiseitestehen möglich.

Wir haben dies im Falle des verpflichtenden Bildungssystems gesehen – dort ist der katholische Widerstand klar zu erkennen. Aber genau so, wenngleich weniger offensichtlich, verhält es sich in anderen hypothetischen Beispielen, die in Betracht gezogen werden könnten. Wenn sich das Neuheidentum ausbreitet, wird es Situationen geben, in denen sich ein Katholik in einer Lage befindet, in der er dazu aufgefordert wird, ein Gesetz zu befolgen, das er nicht mit seinem Gewissen vereinbaren kann. So kann er etwa niemanden für unzurechnungsfähig erklären, wenn er weiß, dass diese Erklärung per Gesetz eine Kastration zur Folge hätte. Ein solches Problem kann nicht auf unbestimmte Zeit vertagt werden.

Ich sagte, dass die drohende Wiederkehr von Heidentum in der westlichen Welt und die Kraft eines zurückgekehrten Heidentums voraussichtlich durch eine Art moralische Allianz zwischen ihm und dem äußeren Heidentum des Ostens, Asiens vergrößert werden wird – und nicht nur des Heidentums Asiens, sondern auch Afrikas.

Eine solche Aussage ist dem Anschein nach, wenn sie derart einfach, kurzgefasst und in der heutigen Zeit getroffen wird, zu wenig begründet, als dass sie akzeptiert werden könnte. Der Wahrnehmung des modernen Menschen drängt sich deren Unwahrscheinlichkeit geradezu auf. Wir standen jahrhundertelang dem organisierten Heidentum fern – diesem großen Meer, das die Insel der Christenheit umgibt.

Letzthin – d. h. während der letzten drei Jahrhunderte, aber speziell während des 19. Jahrhunderts – gewöhnten wir uns daran, die Heidenwelt geringzuschätzen. Sie war uns militärisch und in beinahe all jenen Künsten weit unterlegen, bezüglich derer wir trotz des Verlustes unserer eigenen Religion zur Auffassung gelangt waren, dass sie die wichtigsten sind.

Große Entwicklungen sind aber nicht aufgrund zeitgenössischer Erfahrungen und noch weniger anhand einer ererbten Denkgewohnheit der Vergangenheit zu bewerten. Wir müssen eine Kurve zeichnen und die wahrscheinliche zukünftige Entwicklung dieser Kurve ermitteln. Es ist nutzlos, lediglich eine Tangente von dem bestimmten Moment aus zu ziehen, in dem wir leben. Hätte man vor nur fünfzig Jahren zu behaupten gewagt, dass (1.) die Vereinigten Staaten 1929 unter der Prohibition stehen würden, dass (2.) Frauen im englischen Unterhaus sitzen würden, dass (3.) Russland als kommunistisches Experiment seitens einer Clique von Juden organisiert werden würde, dann wären diese Vorhersagen als verrückt erschienen. Und doch sind all diese Dinge geschehen und ein Beobachter allgemeiner Tendenzen hätte im Laufe des 19. Jahrhunderts möglicherweise die Anfangsstadien der Kräfte beobachten können, die zu solch weitreichenden Veränderungen führen sollten.

Welche Kräfte sind heute am Werk, die auf eine moralische Allianz zwischen dem wachsenden Heidentum des weißen Mannes und des uralten Heidentums des schwarzen, braunen und gelben zusteuern?

Es sind derer zwei und beide sind durchaus bemerkenswert.

Da ist zunächst die Sympathie unter den verschiedenen Heidentümern, denn allen Formen des Paganismus ist das Prinzip gemein, dass der Mensch sich selbst genügt, und alle weisen das Handeln einer absoluten göttlichen Autorität durch Offenbarung zurück. Ebenso ist allen gemein, den menschlichen Leidenschaften zu frönen, sowie sie in der Praxis deren Exzesse für erlaubt halten, seien es die begehrenden Leidenschaften, die des Zorns oder irgendeiner anderen Triebkraft im natürlichen Menschen. An zweiter Stelle ist die Nähe zu nennen. Wir sind heute mehr mit der alten Welt außerhalb unseres

Bereiches verquickt, als es das klassische Heidentum unserer Vorväter jemals war. Das Heidentum des Mittelmeerbeckens, der Boden unserer Kultur, war ursprünglich kaum von den Paganismen Asiens beeinflusst, von denen der schwarzen Rassen fast überhaupt nicht. Dies nicht deswegen, weil sie keine natürliche Affinität zu irgendeinem anderen Paganismus gehabt hätten, sondern weil es kaum physischen Kontakt zwischen ihnen gab. Heute sind derartige Berührungspunkte überall gegeben und deren Wirkung nimmt zu. Die einzige wirksame Barriere gegen eine solche Infiltration durch heidnische Ideen fremder Rassen ist heute ein starkes antiheidnisches Moralsystem und ein ebenso starker Glaube – und so etwas gibt außerhalb der katholischen Kirche nicht.

Sollte irgendjemand die Bedrohung bezweifeln, von der ich spreche, so möge er die Art des Verfalls zur Kenntnis nehmen, die so kürzlich und so schnell über unsere Kunst hereinbrach. Dies ist nicht der wichtigste Aspekt der Angelegenheit, er ist jedoch der am leichtesten erkennbare, weshalb ich ihn vor den anderen nenne. Bezeichnend ist etwa die Entwicklung der Unterhaltungsmusik. Die moderne Revolution in dieser Kunstrichtung ist eine direkte Einführung einer Kraft, die dem afrikanischen Heidentum entstammt. Es gibt einen starken, diesem jedoch indirekt und in verhüllter Weise entsprechenden Einfluss in der Architektur, der tatsächlich nicht aus Afrika kommt, wo der Paganismus zu minderwertig war, um überhaupt irgendeine Architektur vorweisen zu können, sondern aus den gleichen spirituellen Wurzeln, die die monströsen Maulwürfe des alten Ostens hervorbrachten.[47] In dieser Verwirrung leisteten die Preußen die Pionierarbeit, die Bayern folgten ihnen und die Franzosen tun es ihnen nun gleich. England steht hier noch, zu seinem eigenen Glück, zurück. In Italien, mit seiner starken katholischen Kultur, gibt es nun eine

47 Anm. d. Übers.: Belloc spielt hier auf den durch Funde von Mammutüberresten genährten heidnischen Irrglauben des Fernen Ostens an, im Erdinneren lebten gigantische Ratten oder Maulwürfe.

mächtige Reaktion hin zur überlieferten Schönheit geordneter europäischer Gestaltungsformen in all ihren Bereichen. Europa in seiner Gesamtheit aber leidet in seinen äußeren Kunstformen (nicht nur in der Architektur, sondern auch in den bildenden Künsten) schwer und womöglich in zunehmendem Maße unter dem heidnischen Einfluss Asiens. In der Bildhauerei ist diese abstoßende Neuerung unübersehbar.

Aber die mit Abstand tiefgehendste Wirkung dessen, was ich »das heidnische Bündnis« nennen werde, zeigt sich an der Wurzel aller Dinge, nämlich der Philosophie.

Sei es in der Form des religiösen Irrtums oder in der verbreiteteren Form der Negation (worin das Wesen des Buddhismus besteht und was in christlichen Begriffen einfach Atheismus genannt werden kann), der Einfluss dieser uralten und fremden Heidentümer droht uns überall.

Gleichzeitig respektieren wir immer mehr jene Kulturen, die aus diesen äußeren Heidentümern entstanden. Unsere modernen Neuheiden europäischer Abstammung begrüßen eine solche Fraternisierung als etwas Gutes. Dieses Willkommenheißen verdankt sich ihrer Vorstellung von einer Weltverbrüderung, noch viel mehr aber ist es das Wohlwollen, das sie als Gleichgeartete füreinander empfinden.

Doch es ist nichts Gutes: Dieser neue Respekt gegenüber den nicht- und antichristlichen Kulturen Europas ist vielmehr etwas sehr Schlechtes. In seinem weiteren Verlauf führt er unweigerlich, wie schon oft geschehen, bei vielen zu einer Verachtung der christlichen Tradition und Philosophie als etwas sowohl Überholtes als auch Infantiles. Es gibt mehr als einen prominenten europäischen Schriftsteller, der nicht nur eine enge Verbundenheit, sondern auch seine Ehrfurcht gegenüber der buddhistischen Negierung Gottes und der persönlichen Unsterblichkeit bekundet. Ein weiteres Extrem besteht in der Respektierung heidnischer Rücksichtslosigkeit sowie der heidnischen Lehre des Eroberungsrechts. Zweifellos war die unerwartete moderne Entwicklung Japans ein kräftiger Katalysator dieser Tendenz.

Als die japanische Armee die russische vor etwa zwanzig Jahren besiegte, markierte das eine Zeitenwende innerhalb unserer Kultur. Als die Regierung Großbritanniens den Schritt unternahm, sich offen mit dieser neuen Macht zu verbünden – eine Politik, die dem Sieg vorausgegangen war –, markierte das eine noch ernstere moralische Zeitenwende.

Die Sache gedieh bis jetzt noch nicht so weit, dass sie eine unmittelbare Bedrohung darstellen würde. Die Gemeinschaft zwischen dem neuen Heidentum der Europäer und dem uralten Heidentum der anderen Völker tritt bis dato nur verschwommen hervor, aber sie schreitet voran. Ich bin fest davon überzeugt, dass sie nach einer weiteren Generation kraftvoll und für jedermann erkennbar sein wird.

Abgesehen vom alten Heidentum Asiens und Afrikas ersteht dem Neuheidentum ein weiterer, indirekter Helfer, ein Helfer, der tatsächlich alle Heidentümer hasst, die katholische Kirche jedoch um ein Vielfaches mehr: ein Faktor, dessen zunehmender Bedeutung die Massen Europas sich noch nicht bewusst sind: Ich meine die mohammedanische Religion, den Islam.

Der Islam stellt ein Problem dar, das von dem anderer Glaubensrichtungen, die dem Katholizismus entgegenstehen, gänzlich verschieden ist. Um ihn zu verstehen, müssen wir seine Ursprünge, seinen Charakter und seine jüngste Geschichte betrachten. Erst dann können wir seine möglichen oder wahrscheinlichen zukünftigen Beziehungen zu den Feinden der katholischen Sache auf der ganzen Welt genauer ermessen.[48]

Wie entstand der Islam?

Er war keine »neue Religion«, wie uns unsere gängigen Geschichtslehrbücher glauben machen wollen. Er war ein direktes Derivat der katholischen Kirche. Seiner Herkunft nach war er im Wesentlichen eine Häresie wie der Arianismus oder die der Albigenser.

---

48 Anm. d. Übers.: Ausführlicher widmet sich Belloc dem Islam als historische und zeitgenössische Bedrohung in einem Kapitel seines Buches *Die große Häresien*, 2019 im Renovamen-Verlag erstmals in deutscher Übersetzung erschienen.

Als der Mann, der den Islam hervorbrachte (und er ist mehr die Schöpfung eines einzigen Menschen als irgendeine andere falsche Religion, die wir kennen), jung war, war die ganze bekannte Welt, deren Sprache in der östlichen Hälfte Griechisch und in der westlichen Latein war, (die einzige zivilisierte Welt, mit der er und sein Volk jemals in Kontakt kam), katholisch. Sie war immer noch, wenngleich in einem Übergangsprozess begriffen, das christliche Römische Reich, das sich vom Ärmelkanal bis zu den angrenzenden Wüsteneien erstreckte.

Die Araber, von denen er abstammte und unter denen er lebte, waren Heiden. Jeder größere religiöse Einfluss aber, der sie erreichen konnte und mit dem sie durch Handel und Raubzüge in Kontakt kamen, war katholisch – abgesehen von manchen jüdischen Gemeinden.

Der Katholizismus hatte so diese wenigen Heiden, die am Rande des Imperiums lebten, in hohem Maße beeinflusst.

Mohammed nun tat Folgendes: Er übernahm die zentralen Lehren des Katholizismus – einen personalen Gott als Schöpfer aller Dinge; die Unsterblichkeit der Seele; eine Ewigkeit des Elends oder der Seligkeit – und obendrein einen nicht unerheblichen Teil der christlichen Moral. All das war die Atmosphäre der einzigen Zivilisation, die auf ihn oder die Seinen Einfluss hatte. Zugleich aber versuchte er sich an einer extremen *Vereinfachung.*

Manch anderer Häresiarch tat so etwas und warf diese oder jene zu tiefgründige Lehre über Bord und sprach die einfacheren Geister an, indem er Mysterien durch deren plumpe Leugnung beseitigte. Mohammed aber vereinfachte wesentlich mehr als etwa Pelagius oder sogar Arius. Er machte unseren Herrn zu nichts weiter als einem Propheten, wenngleich zum größten der Propheten, die Gottesmutter (die er enorm verehrte und die seine Jünger immer noch verehren) zu nichts weiter als der Mutter eines solch großen Propheten; die Eucharistie strich er ganz, ebenso dasjenige, was in der Lehre von der Auferstehung der Toten als schwer zugänglich erschien. Er verwarf vollständig die Lehre vom Priestertum und das Allerwichtigste bestand darin, dass er die soziale Gleichheit unter allen verkündete, die »wahre Gläubige« nach seinen Vorstellungen werden würden.

Durch die Kraft seiner Persönlichkeit, mit der er diese sehr simplifizierte und fanatisierte Schwärmerei betrieb, gewann er zunächst sein eigenes Wüstenvolk, das seinerseits seine neuerworbene Schwärmerei sehr schnell weiten Gebieten aufzwang, die bis dahin Teil der katholischen Zivilisation gewesen waren. Ihre Hauptverbündeten in dieser radikalen Revolution waren auf der politischen Seite die Lehre von der *Gleichheit* und intellektuell die Lehre von der *Einfachheit*. Jeder, den die Mysterien des Katholizismus störten, neigte dazu, sich ihnen anzuschließen, genauso wie jeder Sklave oder Abhängige, der sich durch die Komplexität einer höheren Zivilisation als unterdrückt betrachtete.

Diese neue Schwärmerei zwang mehr als die Hälfte der katholischen Welt zu bewaffnetem Widerstand. Es gab einen Moment, nachdem diese Schwärmerei ihren Eroberungszug begonnen hatte, als es so aussah, als würde der Islam unsere gesamte christliche Kultur umwandeln und auflösen. Doch letztendlich wurde unsere Zivilisation gerettet, wenn auch der halbe Mittelmeerraum verloren ging.

Der Konflikt zwischen dem Islam und der katholischen Kirche dauerte über Jahrhunderte an. Sein Schicksal war wechselhaft, aber etwa tausend Jahre lang blieb der Ausgang unsicher. Erst um das Jahr 1700 (die großen islamischen Eroberungen hatten lange vor 700 n. Chr. ihren Anfang genommen) schien die christliche Kultur – eine Zeit lang – eindeutig als die überlegene hervorzugehen.

Während des 18. und 19. Jahrhunderts war die mohammedanische Welt gleichsam gelähmt. Sie konnte mit unseren rasch voranschreitenden Naturwissenschaften nicht mithalten. Ihre Schifffahrt und Bewaffnung und die gesamten Mittel der Kommunikation und Verwaltung machten Rückschritte, während die unsrigen Fortschritte machten. Schließlich fielen bis zum Ende des 19. Jahrhunderts mehr als neun Zehntel der mohammedanischen Weltbevölkerung, von Indien und dem Pazifik bis zum Atlantik, unter die Herrschaft nominell christlicher Nationen, insbesondere Englands und Frankreichs.

Das führte dazu, dass unsere Generation den Islam als etwas natürlicherweise Unterlegenes betrachtete. Wir fassten ihn nicht mehr als Rivalen unserer eigenen Kultur auf, sondern sahen in dieser Religion eine Art von Fossil, auf das man keinen Gedanken verschwenden muss.

Dies war mit fast absoluter Sicherheit ein Fehler. Wir werden mit nahezu absoluter Sicherheit in absehbarer Zeit wieder mit dem Islam zu rechnen haben. Er wird sich womöglich erneut erheben, falls wir unseren Glauben verlieren. Denn nachdem die Unterwerfung der islamischen Kultur durch die nominell christliche vollbracht war, begannen die politischen Eroberer zwei beunruhigende Charakteristika jener Kultur zu bemerken: Das erste bestand darin, dass sich ihr geistiges Fundament als unerschütterlich erwies, das zweite darin, dass ihr Ausdehnungsgebiet nicht zurückging, sondern sich vielmehr langsam vergrößerte.

Der Islam machte sich nichts aus irgendeiner christlichen Missionsbemühung. Geistig verachtete er die christlichen Staaten. Die leidenschaftlichen und aufrichtigen christlichen Missionare wurden gewöhnlich mit Höflichkeit und manchmal mit wütenden Übergriffen empfangen, ihnen wurde jedoch nie erlaubt, den Islam zu beeinträchtigen. Ich denke, man kann tatsächlich sagen, dass der Islam die einzige geistige Kraft auf Erden ist, in der der Katholizismus eine uneinnehmbare Festung gefunden hat. Er ist die einzige Religionsgemeinschaft, von der kaum Konversionen zum katholischen Glauben in nennenswertem Umfang zu verzeichnen sind.

Diese felsenfeste Beständigkeit ist bemerkenswert und verdient es, von allen ernsthaft erwogen zu werden, die Betrachtungen über die geistige und folglich gesellschaftliche Zukunft der Welt anstellen.

Was bezüglich der geistigen Seite des Islams gilt, trifft auch auf die geographische zu. Die mohammedanischen Herrscher mussten christliche Provinzen aufgeben, die vormals unter ihrer Herrschaft gestanden hatten: vor allem auf dem Balkan. Das Gebiet der mohammedanischen *Glaubenspraxis* ist allerdings nicht geschrumpft. Der ganze breite Gürtel von den Pazifikinseln bis Marokko und von Zentralasien bis zur Saharawüste – und südlich davon – bleibt nicht nur erhalten, sondern vergrößert sich langsam. Der Islam dehnt seinen Einfluss immer weiter ins tropische Afrika aus.

Diese Situation ergibt einen äußerst wichtigen Untersuchungsgegenstand für diejenigen, die sich für die Zukunft des Einflusses von Religionen auf die Menschheit interessieren. Die politische Kontrolle des Islams seitens Europas kann nicht unbegrenzt fortgesetzt werden: Sie ist bereits erschüttert. Derweil ist die intellektuelle Unabhängigkeit des Islam (von der alles abhängt) so stark wie immer – oder sogar stärker.

Welche Verbundenheit oder Unterstützung verheißt diese islamische Bedrohung den neuen Feinden der katholischen Tradition?

Die Behauptung, der Islam könnte hier eine Wirkung entfalten, mag sich noch fantastischer anhören als diejenige, die sich auf das asiatische Heidentum bezieht. Selbst diejenigen, die im direkten Kontakt mit der breiten mohammedanischen Zivilisation stehen und die von ihrer Stärke und ihrer scheinbar unüberwindlichen Resistenz gegen Konversion berechtigterweise beeindruckt sind, können noch nicht nachvollziehen, dass sie eine direkte Wirkung auf die Christenheit haben könnte. Es gibt tatsächlich sehr wenige, die so etwas in Betracht gezogen haben. Aber was sie zu sagen hatten, wurde vor dem Großen Krieg gesagt, beschränkte sich auf isolierte Fälle oder exzentrische Einzelpersonen und machte weder auf die Franzosen noch auf die Engländer einen bleibenden Eindruck: die einzigen europäischen Länder, die als herrschende Mächte eng mit den mohammedanischen verbunden sind. Der Neuen Welt ist das Problem gänzlich unbekannt. Sie hat keine Berührungspunkte mit dem Mohammedanismus, von einer kleinen Stelle auf den Philippinen abgesehen.

Dessen ungeachtet halte ich meinen Standpunkt aufrecht, dass diese wuchtige, verfälschende Simplifizierung der katholischen Lehre (denn nichts anderes ist der Mohammedanismus) in der nahen Zukunft eine große Wirkung auf die Christenheit haben wird und sie als konkurrierende Religion nicht zu unterschätzen ist.

Es ist unwahrscheinlich, dass es eine beträchtliche Zahl von Konversionen vom Christentum zum Mohammedanismus geben wird. Ich sage nicht, dass solch eine Bewegung unmöglich wäre, denn in der nahen Zukunft ist alles möglich, betrachtet man das Chaos, in das die christliche Zivilisation versunken ist. Aber ich halte es für unwahrscheinlich und sogar höchst unwahrscheinlich, denn der Mohammedanismus schreitet nach Art einer Herde oder eines Pöbelhaufens voran. Er geht nicht wie die katholische Religion mittels individueller Konversionen vor, sondern bedient sich der Taktik von Kolonisierungen und Massenbewegungen.

Es gibt jedoch noch andere Wirkungen, die eine große antikatholische Kraft und eine sich auf sie stützende Kultur innerhalb unseres Einzugsbereichs haben kann.

Zunächst einmal kann der Islam als Vorbild dienen. Jedem, der die alte christliche Kultur zu verteidigen versucht, indem er Unheil für den Fall prophezeit, dass ihre wesentlichen Grundsätze aufgegeben werden, kann der Mohammedanismus als praktische Antwort entgegengehalten werden.

Sagt etwa jemand, die Monogamie sei für ein glückliches menschliches Leben nötig und die Polygamie oder Scheidung (die nichts anderes als eine abgewandelte Form von Polygamie ist) habe fatale Folgen für den Staat – so wird er durch das Beispiel des Islams widerlegt.

Oder jemand sagt etwa, dass die Religion ohne Priester, ohne Sakramente, ohne das ganze Gebäude des Glaubens, bis hin zum Einsatz von bildhaften Darstellungen, nicht überleben könne – dann wird der Islam ihn Lügen strafen. Dessen Religion ist stark, sein Geistesleben stabil: Und doch hat er seit jeher all diese Dinge abgelehnt. Er ist extrem antisakramental, er besitzt kein Priestertum und führt einen erbitterten Krieg gegen alle Symbole im Gottesdienst.

Dieses Beispiel könnte in der Zukunft große Wirkung zeigen. Man bedenke, dass unserer christlichen Zivilisation der vollständige Zusammenbruch droht. Ein Feind würde sagen, dass sie von ihrer Vergangenheit zehrt. Es ist sicherlich so, dass diejenigen, die unerschütterlich an den überkommenen katholischen Lehren festhalten, heute gleichsam im Belagerungszustand auf Wachtposten stehen. Sie sind sowohl zahlenmäßig als auch im Hinblick auf ihre Macht in der Minderheit. In einer solchen Situation wäre eine festgefügte, beständige, überzeugte, einfache Philosophie und Lebensrichtschnur, an der nachdrücklich festgehalten wird und die stets zu Gebote steht, sehr wirkungsvoll, weil jetzt die verschiedenen Weltteile in so enger wechselseitiger Verbindung stehen.

Diese Wirkung könnte in der nahen Zukunft durch einen politischen Wandel definitiv erhöht werden.

Wir dürfen nicht vergessen, dass die Unterwerfung der Mohammedaner – eine rein politische Unterwerfung – durch nichts Subtileres oder Anhaltenderes als kriegerische und technisch-innovative Überlegenheit herbeigeführt wurde. Weiterhin dürfen wir nicht vergessen, dass diese Überlegenheit erst seit sehr kurzer Zeit besteht.

Greise, mit denen ich selbst als Kind gesprochen hatte, konnten sich noch an eine Zeit erinnern, als algerische Piraten im Mittelmeer zu sehen und die südlichen Küsten noch immer in Gefahr waren. In meiner eigenen Jugend war die verfallende Macht des Islams (denn er befand sich immer noch im Verfall) im Nahen Osten eine starke Gefahr für den Frieden Europas. Diese alten Menschen, von denen ich sprach, hatten Großeltern, zu deren Zeit der Islam den Westen noch immer bedrohen konnte. Weniger als ein Jahrhundert vor der amerikanischen Unabhängigkeitserklärung belagerten die Türken Wien und nahmen die Stadt beinahe ein. Damals war der Islam uns überlegen, insbesondere in der Kriegskunst. Es gibt keinen Grund, warum sich seine jüngste technische Unterlegenheit, sei es auf militärischem, sei es auf zivilem Gebiet, auf unbestimmte Zeit fortsetzen müsste. Schon ein geringfügiger Zuwachs an materieller Macht würde die weitere Kontrolle des Islams durch eine fremde Kultur erschweren. Nur noch ein wenig mehr, und das, was unsere Zeit für selbstverständlich hält, nämlich die physische Beherrschung des Islams durch eine kranke Christenheit, wird beendet sein.

Dass der neue Feind namens Neuheidentum an Kraft gewinnen wird, scheint festzustehen. Dass es positive Unterstützung vom älteren Heidentum und negative vom Islam gegen den gemeinsamen Feind des Katholizismus erhalten wird, ist möglich oder wahrscheinlich – auch wenn die Art und Weise einer solchen Unterstützung noch nicht erkennbar ist. Aber wird es die Hauptopposition bleiben, wenn es seine Reife erreicht hat? Oder wird es den Weg für irgendeine neue Religion mit bestimmten Glaubenssätzen und einer eigenen Organisation freimachen? Gibt es schon irgendeinen Hinweis auf eine solche Entwicklung? Dies können wir als Nächstes untersuchen. Zunächst müssen wir ein oder zwei typische, bereits bestehende Gemeinschaften dieser Art betrachten, um zu entscheiden, ob sie zu wachsen drohen oder darauf hinweisen, was möglicherweise auf sie folgt.

Außerhalb der katholischen Kirche verfällt das, was einst die Christenheit war, zusehends dem Heidentum: Dies geschieht zwar auf neuartige Weise, aber dennoch handelt es sich dort um Heidentum. Man verfällt dort immer mehr der Geisteshaltung, dass der Mensch sich selbst genüge, und die

Folgen dieser Geisteshaltung werden darin bestehen, dass eine allgemeine Atmosphäre der Verzweiflung eintritt.

Aber wird diese Geisteshaltung nach ihrem ersten Verlauf durch eine neue Religion ersetzt werden, die hinreichend universal, organisiert und kräftig ist, um die katholische Kirche herauszufordern? Aktuell gibt es keinerlei Hinweise darauf. Unter den Neuankömmlingen ist keine solche Religion. Aber könnte ein solches Gebilde nicht bald entstehen?

Es ist sehr wahrscheinlich – nicht sicher.

Es ist wahrscheinlich, denn der Mensch kann kaum mit der Hilfe bloßer Ideen oder Abstraktionen weiterexistieren. Er kann kaum von so schmaler Kost zehren. Er braucht die Substanz einer definierten Lehre und ein ebenso klar definiertes Moralsystem, das über entsprechende Instanzen verfügt. Er braucht die Institutionen eines Rituals und den gesamten äußeren Rahmen des Kultes. Zudem fordert der gesellschaftlich organisierte Mensch Antworten auf die großen Fragen, die sich ihm stellen: die Probleme seiner eigenen Herkunft, seines Wesens und seines Schicksals. Als Individuum kann der Mensch für sich entscheiden, sie für unlösbar zu erklären und sein Leben unter der Bürde dieser Entscheidung – nicht ohne Schwierigkeiten – zu führen. Hingegen kann sich der Mensch als Gesellschaftswesen nicht auf eine solche Negation stützen. Folglich ist die Entstehung einer neuen, positiven Religion (mit besonderem Eigencharakter, einem Ritual und einer Lehre) wahrscheinlich.

Dies ist jedoch nicht *sicher*, denn wir wissen, dass sich große Gesellschaften tatsächlich für lange Zeit mit einem Gesellschaftssystem zufriedengaben, in dem Konventionen an die Stelle der Lehre treten und in dem keine organisierte und in äußere Riten eingekleidete Weltanschauung besteht, die allgemein gültig oder verbreitet ist. Und wenn wir die gegenwärtige Situation betrachten, entdecken wir (bislang) nichts, aus dem, gleich einem Samen, diese neue Religion erwachsen könnte.

Zunächst einmal scheint es so, als ob es keine Wiederauferstehung der protestantischen Sekten geben wird.

Vor nicht allzu langer Zeit handelte es sich dabei um echte Religionen. Das gilt insbesondere für den Calvinismus mit seiner unerschütterlichen Logik, eisernen Überzeugung und strukturellen Lückenlosigkeit, und all das durchdrungen vom französischen Charakter seines Schöpfers. Andere häretische oder schismatische Körperschaften, die weniger streng umrissen, aber immer noch organisiert und individuell waren, existierten neben dem Calvinismus. Man konnte in jeder von ihnen eine eigene Ethik und, wenn man alle protestantischen Gemeinschaften zusammennimmt, eine einigermaßen klar umrissene protestantische Ethik oder Haltung wahrnehmen. Unterdessen hegte die Griechische Kirche eine eher politische als dogmatische Feindseligkeit und war ebenfalls ein mächtiger Antagonist. Aber heute scheint es so, dass diese Kräfte sich jenseits der Möglichkeit einer Wiederbelebung befinden. Sogar die politische Stärke der Griechischen Kirche wurde dauerhaft beseitigt, und zwar durch die Wirkungen des Großen Krieges und der Revolution, mittels welcher eine Bande von internationalen Abenteurern die alte Macht des Zarentums verdrängt hatte – und diese Bande übt nun über den selbstgeschaffenen Ruinen die Herrschaft aus.

Ich will nicht leugnen, dass der starke religiöse Eifer des Protestantismus und vor allem des Calvinismus weiterhin ein Kontrahent ist. Wenn man jedoch von seiner Wiederauferstehung als Religion für die Zukunft spricht, käme es auf die Lehre an – und seine Lehre wurde in den letzten fünfzig Jahren so gründlich zersetzt, dass ihre Wiederherstellung kaum vorstellbar erscheint. Es ist strittig, so sagte ich bereits, ob dieser ein Wandel zum Schlechteren oder zum Besseren ist. Bei diesem Punkt sollten wir einen Augenblick verweilen.

Einerseits zeigt die Fähigkeit, an irgendeiner transzendenten Lehre festzuhalten, dass die Seele noch wach und demzufolge in der Lage ist, eine wahre transzendente Lehre zu empfangen, während diejenigen, die jeden Sinn für das Übernatürliche verloren haben, wesentlich schwieriger zu erreichen sind.

Andererseits ging mit dem Verlust der Lehre auch das verloren, was die Stütze und den Rahmen des Gegners ausmachte. Der Calvinist alter Schule etwa, der leidenschaftlich am Dogma der Rettung allein durch Glauben festhielt, hasste entsprechend leidenschaftlich den Zierrat und die Riten der katholischen Kirche. Heute empfindet sein Sohn für so etwas bestenfalls Gleichgültigkeit oder schlimmstenfalls Verachtung, manchmal auch eine Bewunderung für die Schönheit, die dem katholischen Ritus samt seinen Kunstwerken eigen sind.

Ganz gleich, ob dieser große Wandel, der Verfall des alten Protestantismus, gut oder schlecht sein mag, er ist eine unbezweifelbare historische Tatsache unserer Zeit. In Großbritannien – genauso wie in Deutschland und den Vereinigten Staaten – sind die alten Katechismen, die Texte, die in ihrer sonderbaren Art Quasi-Glaubensbekenntnisse waren, verschwunden, und wir werden sicherlich nie wieder etwas von ihnen hören.

Wo wäre außerdem noch der Samen einer neuen Religion auffindbar, der zum künftigen Erzfeind der katholischen Kirche heranwächst? Um uns sehen wir zahlreiche neuartige Experimente in Kult und Lehre, aber bei keinem von ihnen, nicht einmal bei den Spiritualisten, die strukturell am stärksten erscheinen, ist eine hinreichende Vitalität erkennbar, die ein universales Wachstum hervorbringen könnte.

Wir finden keine derartige Vitalität in dem, was als »Übungen in Subjektivismus« bezeichnet werden könnte.

Ihr Name ist Legion. Ein halbes Dutzend davon ist in der späteren Zeit meines eigenen Lebens zum Vorschein gekommen, und zweifellos wird ein weiteres Dutzend oder mehr während derselben Zeitspanne der unmittelbaren Zukunft entstehen. Erst gerade gestern stieß ich auf die Sekte der Tiefamter. In gewissem Sinne gibt es ständig unbedeutende Experimente, die auf dem basieren, was als »Subjektivismus« bezeichnet wird, denn fast jede Formulierung individueller religiöser Erfahrung, die ohne Bezugnahme auf die Kirche oder eine andere Autorität vorgebracht wird, ist Subjektivismus. Jede Zusammenkunft einer Erweckungsbewegung ist ein Beispiel für Subjektivismus genauso wie jedes Buch, das behauptet, der Wahrheit mittels persönlicher Gefühle näherzukommen.

Heute aber sind derartige Sekten weitverbreitet, was zur Kenntnis genommen werden muss, wenn wir nach möglichen Zeichen einer neuen Religion Ausschau halten. Zumindest wimmelt es von ihnen in der englischsprachigen Welt.

An dieser Stelle können die Ursachen dafür nicht erörtert werden, es möge genügen, sie lediglich zu erwähnen. Letztendlich rühren sie alle vom Protest gegen die Autorität der Kirche während der Reformation her. Da die kirchliche Autorität geleugnet wurde, musste irgendeine andere Autorität etabliert werden. Die Autorität der Heiligen Schrift sollte als Ersatz dienen. Dann ergab sich die unleugbare Schwierigkeit, die darin bestand, dass es in Ermangelung einer autoritativen Kirche niemandem gab, der sagen konnte, wie die Heilige Schrift zu deuten ist. So war man künftig auf die Interpretationen angewiesen, die Einzelpersonen zu bestimmten Schriftstellen oder zur Bedeutung der Bibel als Ganzer gaben. So musste etwa jeder Einzelne (um das herausragendste Beispiel zu erwähnen) für sich selbst entscheiden, was die ursprüngliche Bedeutung der Konsekrationsworte war. Die moderne Entwicklung in dieser Frage ging indes weit über den vergleichsweise noch »orthodoxen« Maßstab der Heiligen Schrift als verlässlicher Autorität – wenngleich gemäß privater Interpretation – hinaus. Sie nahm die Gestalt einer Religion an, die auf individuelle emotionale Befindlichkeiten abstellt. Und so sagen die Menschen: »Das ist wahr, weil es für mich wahr ist. Ich habe es so empfunden und folglich weiß ich, dass es wahr ist.«

Unter diesen subjektivistischen Sekten ist das merkwürdige System, das »Christian Science« (dt. auch »Christliche Wissenschaft«) genannt wird, die kurioseste, wenn auch im Augenblick nicht die mächtigste. Zweifellos wird auf sie bald eine andere folgen und danach wieder eine andere. Gegenwärtig jedoch sticht »Christian Science« als Prototyp einer subjektivistischen Sekte am deutlichsten hervor. Ihre Anhänger werden uns natürlich von vielem erzählen, was sie außer ihrem bemerkenswertesten Grundsatz beinhaltet. Aber ihr bemerkenswertester Grundsatz genügt, um sie zu charakterisieren. Die Gläubigen dieser Sekte werden dazu aufgefordert, die persönliche Einstellung zum Übel, insbesondere zum körperlichen Übel, als ein rein subjektives Phänomen zu betrachten. Man rede sich ein, dass etwas nicht da ist, und es ist auch nicht da. So ergeben sich Heilkräfte und alles Übrige.

Nun eignen diesen Gegenreligionen, die Feinde und, auf ihre unbedeutende Weise, Rivalen der katholischen Kirche sind, zwei Charakteristika, die gegensätzlich zu sein scheinen, es aber in Wirklichkeit nicht sind: Das eine ist die Beständigkeit des Phänomens, das andere die Unbeständigkeit seiner einzelnen Repräsentanten. Sie tauchen ständig auf – besonders heutzutage –, aber nach einer kurzen Lebenszeit verschwinden sie auch immer wieder.

Ich möchte mich besonders auf das zweite Charakteristikum konzentrieren, um aufzuzeigen, warum ich keine dieser subjektivistisch gearteten Gegenreligionen als ernstzunehmende Gefahr für den Katholizismus betrachte.

Die Sektierer dieser launischen Spielart sind oft sehr überzeugt und immer ehrlich. Da die Haltung des weiblichen (und manchmal männlichen) Sektenmitglieds auf persönlichem Enthusiasmus und persönlicher spiritueller Erfahrung beruht, duldet sie keinen Widerspruch. Allerdings ist sie nicht von Dauer, denn sie spricht das fundamentale Bedürfnis der menschlichen Vernunft nach äußeren Beweisen nicht an. Man wird mir womöglich entgegnen, dass es sich im besonderen Fall der »Christian Science« anders verhalte, da sie sich auf tatsächliche Heilungen beruft. Aber es gibt keine hinreichende Anzahl und Beständigkeit derartiger Heilungen. Darüber hinaus befindet sich dasjenige, was beansprucht wird, im Gegensatz zum gesunden Menschenverstand.

Hier zeigen sich die verschiedenen Formen der subjektivistischen Religion um sehr vieles schwächer als der Spiritualismus, der, wie wir sehen werden, ganz auf nachvollziehbare, positive Belege aufbaut. Unter einer Masse von Betrug bleibt ein gewisser Rest belegbarer Indizien. Und auch wenn sich ein Großteil dieser Belege als hinfällig erweist, so bleibt ein Rest, der nicht bestritten werden kann. Der Spiritualismus spricht etwas an, nach dem die Menschheit immer verlangt hat, nämliche äußere Beweise, die durch verschiedene voneinander unabhängige Mittel als schlüssig erkannt werden können. Die rein subjektive Religion beruft sich nicht auf derartige Beweise. Sie beruft sich auf die Intensität der Begeisterung – und auf wenig mehr. Daher auch ihr Mangel an Substanz und daher wahrscheinlich auch ihr Mangel an Beständigkeit.

An dieser Stelle könnte ein Einwand erhoben werden: »Wenn Sie sagen, dass diese oder jene Sekte, die auf bloße Emotionen gründet und ihrem Wesen nach gänzlich subjektivistisch ist, nicht den Keim einer organisierten Universalreligion bilden könne, was ist dann mit der katholischen Kirche, die ihrerseits aus einer solchen Schwärmerei und Illusion entstanden ist?«

Der Vergleich ist völlig falsch.

Nichts ist bei denen, die schlecht über die Frühgeschichte der katholischen Kirche informiert sind, verbreiteter, als diese Art und Weise, den Ursprung des Katholizismus zu erklären. Sie stellen ihn als subjektivistische Religion dar, bestätigt durch einige auffallende Heilungen, die echt waren, und durch eine Abfolge von eingebildeten Ereignissen, die die Menschen nur deshalb gelten ließen, weil sie sich in einem abnormen Geisteszustand befanden.

Wären dies aber wirklich die Ursprünge des Katholizismus, so hätte er nie überlebt. Er überlebte, weil er damit übereinkam, was die Menschheit über sich selbst und ihre Nöte wusste und was ihr fehlte, um solchen Nöten abzuhelfen. Außerdem überlebte er, weil er sich tagtäglich in den Leben derjenigen bestätigte, die unter seinem Einfluss standen; er überlebte wegen der Wunder, die er vorweisen konnte, deren größtes – die Wiederauferstehung – widerwillig auch von Feinden bezeugt wurde; vor allem aber überlebte er, *weil er die Einheit bewahrte*. Die katholische Kirche war von Anfang an etwas Wirkliches, keine Theorie. Sie war eine Gesellschaft, die den Einzelnen beseelte und keine Masse von Einzelpersonen, die eine Gesellschaft bilden. Von Anfang an spürte sie Häresien auf und verurteilte sie. Sie ist ein Königreich. Die subjektivistische Religion ist eine Privatlaune. Auch wenn sie, solange Menschen Autorität ablehnen und religiöser Gefühlsverlorenheit anheimfallen, ununterbrochen Formen des Irrtums hervorbringen muss, wird sie niemals eine Gegenkirche errichten. Als eine allgemeine Tendenz, insbesondere solange sie der Grundethik ihrer dreihundert Jahre alten protestantischen Ursprünge folgt, ist sie ein für den Katholizismus feindlicher Einfluss. Aber ihre jeweiligen Emanationen tragen keine Dauerhaftigkeit in sich. Sie sind so wenig realitätskonform, dass sie kein ernstzunehmender Feind sind. Der Spiritualismus hingegen besitzt eine solche Konformität mit realen (objektiven) Phänomenen.

Was ist der Spiritualismus?

Wenn ich den Spiritualismus von der Außenseite her in Augenschein nehme, stelle ich dort gewisse Eigenschaften fest, die äußerst bemerkenswert sind.

Zunächst einmal sehe ich eine bedingungslose und nüchterne Überzeugung, die sich von der Hysterie der Sekten gänzlich unterscheidet; dies zur Kenntnis zu nehmen und zu analysieren ist von höchstem Interesse.

Diese Überzeugung ist kein Glaube im eigentlichen Sinne. Glaube ist eine Tugend, eine Gnade und ein Akt des *Willens*. Der Glaube besteht wesentlich in einer *Annahme* von nicht wahrgenommenen Dingen aufgrund einer Autorität, d. h. in einer Weigerung des *Willens*, das Gegenteil einer Aussage einzuräumen, auch wenn sich dafür aus der empirischen Erfahrung kein Nachweis erbringen lässt. Der Spiritualismus jedoch gründet seine Überzeugung auf sinnlich fassbare bzw. angeblich sinnlich fassbare Erfahrungen, d. h. auf experimentelle Nachweise. Dies ist nun ein Merkmal, das in der Geschichte der modernen Religionen vollkommen neu ist. Der Presbyterianer, der Lutheraner, der Baptist und all die anderen sagten nicht, dass sie aufgrund einer direkten persönlichen Erfahrung an ihren Glaubenssätzen festhielten. Weder Zwingli noch irgendein anderer Häresiarch behauptete, er hätte die Inhalte seines Glaubens gesehen oder gehört. Ganz im Gegenteil, abgesehen von ihren neuartigen Lehren hielten sie an einem Großteil der überlieferten katholischen Dogmen wie dem von der Menschwerdung, der Dreifaltigkeit usw., deren Inhalte wesentlich transzendent sind und die nicht durch die Sinne bezeugt werden können, fest. Der Spiritualist hingegen sagt: »Ich habe objektive Beweise hinsichtlich der Dinge, die bislang übernatürlich genannt wurden, und auf diese objektiven Beweise stütze ich mich – also weder z. B. auf ein inneres Gefühl oder eine ›religiöse Erfahrung‹ wie der typische protestantische Sektenanhänger von heute, noch auf eine Autorität wie jeder Katholik.«

Ich denke, wir müssen anerkennen, was für eine starke Grundlage diese Rückbindung an objektive Beweise ist und welch feste Art von Gewissheit sie hervorbringt. Ich könnte den Fall eines Mannes anführen, für den ich den höchsten Respekt empfinde. Er ist einer der besten zeitgenössischen Autoren englischer Sprache und bekannte sich, bevor er ein sehr hohes Alter erreichte, rundweg zum Atheismus und Materialismus. Als offenherziger Mann machte er niemals einen Hehl aus seiner Weltanschauung. Er lehnte das Fortleben der Seele und sogar die Existenz Gottes ab. Dieser Mann hörte nach seiner eigenen Aussage (und er wäre der Letzte, der etwas als wahr behauptet hätte, was er für falsch hielt) bei einer Séance eine Stimme – wenn ich mich recht entsinne, sah er auch das Gesicht – einer Person, die er zutiefst geliebt hatte und die nicht mehr unter den Lebenden weilte. Er bezeugte vor mir und vor der Weltöffentlichkeit, was er gesehen und gehört hatte. Diesen Mann kannte ich persönlich und ich werde ihn stets hochschätzen.

Man nehme ferner zu Kenntnis, dass alle, die den Spiritualismus unterstützen, dieselbe Sprache führen. Wir haben einen populären Romancier, einen großen Physiker und viele andere Namen aus allen intellektuellen Tätigkeitsbereichen, die alle mit der gleichen, leidenschaftlichen Ernsthaftigkeit wiederholen, dass »die Sache belegt« sei und dass all jene, die sie bestreiten, sich vorsätzlich weigerten, ein klares Zeugnis zu untersuchen, und dass jeder, der dies unvoreingenommen tun werde, überzeugt werden würde.

Nun könnte argumentiert werden, dass keines dieser Phänomene, für die es tatsächlich eine große Menge an Zeugenaussagen gibt, zwingend den Charakter trägt, der von ihm behauptet wird. Viele (z. B., dass ein Medium etwas erwähnt, das nur jemand der Anwesenden wissen kann) könnten durch das erklärt werden, was eine unzweifelhaft bewiesene und verbürgte Tatsache ist (wenngleich sie ungewöhnlich und scheinbar nicht von dieser Welt ist) – die Telepathie. Anderes (z. B. ein Gesicht zu sehen oder eine Stimme zu hören) kann auf Sinnestäuschungen zurückgeführt werden. Aber es scheint die allgemeine Überzeugung bei denjenigen zu herrschen, die die Sache eingehend untersucht haben – sowohl was diejenigen angeht, die den Spiritualismus verabscheuen, wie auch jene, die ihm huldigen –, dass nach Abzug aller Erklärungen (Betrug, Sinnestäuschungen usw.) noch etwas übrigbleibt, das wir eine übersinnliche Erfahrung nennen sollten. Man begegnet vielleicht manchem Mann und mancher Frau, die von der sogenannten »Wahrheit des Spiritualismus« überzeugt wurden, obwohl sie zunächst, wie die meisten von uns, verächtliche Skeptiker waren. Der entgegengesetzte Fall aber, dass jemand daran geglaubt hatte und seine Überzeugung verloren hat, kommt vielleicht nicht vor oder jedenfalls nur sehr selten. Hier haben wir also das erste Kennzeichen der Sache: die Stärke ihrer Überzeugung. Es gibt hier eine Masse von Albernheiten (die Geister der Toten trinken Whisky und rauchen Zigarren, oder, um es unverblümt zu sagen, es werden dümmliche Trickserеien und Schabernack zum Besten gegeben). Aber auch wenn all das eingeräumt wird, bleibt doch ein Rest gewisser realer Erfahrungen und auf diese realen Erfahrungen stützt sich die starke Überzeugung, von der ich sprach.

Nun gibt es noch ein zweites Kennzeichen des Spiritualismus, das ihn zu einem ernstzunehmenden Feind macht. Es ist eines, das gewöhnlich unberücksichtigt bleibt: seine altehrwürdige Herkunft.

Das Phänomen ist im Wesentlichen so alt wie die Menschheitsgeschichte. Es ist quasi-identisch mit Hexerei, Nekromantie und Magie. Was uns an ihm als neuartig erscheint, kommt uns nur deshalb so neu vor, weil es nach einer Epoche des Rationalismus auftritt. Der gewöhnliche gebildete Mann des 19. Jahrhunderts dachte, dass das ganze Gerede all der Jahrhunderte über Hexerei, Dämonenkult und dergleichen zu absurd war, um der Beachtung wert zu sein. Er verlachte so etwas. Aber historisch betrachtet war seine Sichtweise nicht einwandfrei. Ob solche Phänomene in der Vergangenheit vorhanden waren oder nicht, muss anhand von Beweisen geklärt werden. Dass aber die Menschheit in ihrer überwältigenden Mehrheit sowohl historisch als auch der räumlichen Ausdehnung nach – also fast überall auf der Welt und zu jedem Zeitpunkt der aufgezeichneten Geschichte – daran geglaubt hat, dass es so etwas gibt, kann nicht bestritten werden.

Die Tatsache, dass diese neue Religion nichts anderes ist als das Wiederaufleben einer sehr alten, trägt zu ihrer Stärke und zur Ernsthaftigkeit bei, mit der wir sie betrachten müssen.

Die diesbezügliche katholische Lehre ist wohlbekannt: Derartiges Auskundschaften ist immer als unsittlich verboten. Entweder spielt man dabei mit Lügen oder (falls oder dort wo etwas Wahres daran wäre) das Phänomen hat seinen Ursprung im Bösen. Wir kommunizieren nicht mit den Toten, abgesehen von den sehr seltenen Fällen, in denen Gott einigen wenigen bestimmte Schauungen gewährt. Wenn wir nach Belieben mit Geistern einer anderen Welt kommunizieren und sie regelmäßig für unsere Zwecke beschwören, dann sind die Geister, mit denen wir es zu tun haben, böse Geister. Das ist die Lehre der Kirche zu diesem Gegenstand von Anbeginn bis auf unsere heutigen Tage.

Wir wissen (so kann beiläufig erwähnt werden), dass die Jünger dieser Religion manchmal in den Wahnsinn getrieben werden, manchmal alle Anzeichen von Besessenheit aufweisen, und selbst die strammsten Unterstützer geben zu, dass diese Praktiken gefährlich seien und nur mit Vorsicht geübt werden könnten.

Jeder, der das beeindruckende Buch *Die Geisterbeschwörer* von Msgr. Hugh Benson seligen Angedenkens gelesen hat, wird sich der zutreffenden Schilderung des ehrlichen Mediums und des Eingeständnisses der Gefahren, die seine Weltanschauung und deren Praktiken mit sich bringen, erinnern.

Dies sind also die zwei Hauptmerkmale dieser merkwürdigen neuen Sekte, soweit ich sie zu erkennen vermag: 1) Die Art ihrer Gewissheit stützt sich nicht auf Gefühle, sondern auf objektive Beweise. 2) Sie ist tief verwurzelt in der menschlichen Vergangenheit, aus der sie hervorgeht; sie ist lediglich das Wiederaufleben einer uralten Lehre und Praxis.

Und doch trägt sie nicht den Samen einer großen neuen Religion in sich, und der Grund dafür sollte auf der Hand liegen. Sie genießt all die Vorteile, die jeder Forschung eigen ist: Sie arbeitet mit Experimenten und Beweisen. Aber sie leidet auch unter den entsprechenden Nachteilen. Sie hat keine Offenbarung, keine einheitliche Weltanschauung, keine allgemeine Antwort auf die großen Fragen und folglich keine Autorität. Sie nimmt niemanden auf, sie hat keine Organisation. Ich glaube, dass sie fortbestehen wird. Es ist wahrscheinlich, dass sie wachsen wird. Es ist nicht möglich, dass sie eine Kirche wird, denn aus ihr lässt sich keine Universalität gestalten, auf der alle großen Organismen beruhen.

Wo also sollen wir nach dem Keim einer neuen Religion Ausschau halten? Unter Vorbehalt würde ich hier auf die Befriedigung der messianistischen emotionalen Befindlichkeiten verweisen, mit der die Verzweiflung des Neuheidentums paradoxerweise verquickt ist. Die Erwartung besserer Dinge – die zuversichtliche Erwartung ihrer Heraufkunft – beeinflusst durchgehend die Scheußlichkeiten und Verrücktheiten der Gegenwart. Sollte einmal eine Einzelperson auftreten, die dazu befähigt ist oder die Gelegenheit dazu erhält, diese Hoffnungen auf sich zu konzentrieren, dann ist der Feind gekommen – denn der Antichrist wird ein Mensch sein.

KAPITEL V

Die Chance

Das Neuheidentum breitet sich über die Welt aus wie die Fäulnis über die Ernte. Man kann es in der Architektur, in der Malerei, Literatur und der Moral wahrnehmen.

Es scheint jedoch – bislang – keine neue, aktive Kraft hervorzubringen. Es bildet keine neue organisierte Religion aus, um den Glauben zu bekämpfen. Das kann noch geschehen. Unterdessen bleibt eine Lücke und diese Lücke ist unsere Chance. Es ist möglich, die Welt wieder zu bekehren.

Welcher Waffen kann sich der Katholizismus bedienen, um den Vormarsch des Heidentums in unsere Kultur zurückzustoßen?

Die Chance, die sich dem Katholizismus bietet, hat zwei Aspekte. Zunächst einmal ist das Heidentum naturgemäß nicht dazu in der Lage, die großen Fragen nach Wesen und Schicksal des Menschen zu beantworten. Und das ist natürlich ein Ansporn für alle, die den Schlüssel dazu besitzen. Der zweite Aspekt besteht darin, dass wir es nicht mit einem Heidentum zu tun haben, mit dem diejenigen, denen wir entgegenzutreten haben, geboren wurden, sondern einem Heidentum, das eine Korrumpierung und einen Verfall eines erheblich besseren Gesellschaftszustandes ist, an den noch manches erinnert und dessen Niedergang vielleicht bald genügend schockierend wäre, um eine Gegenreaktion hervorzurufen. Wir haben es immer noch mit dem Christentum zu tun – mit einem Christentum in Trümmern, aber dennoch mit dem Christentum. Unsere Vorväter stehen uns zur Seite.

Was das Erste anbelangt, nämlich dass nur wir in der Lage sind, die großen Fragen zu beantworten, so erschien mir dies stets als das mächtigste Mittel, über das der Glaube in der geistigen Krise, die uns droht, verfügt. Man kann die Verzweiflung womöglich nicht bekehren, wenn sie, wie im größeren Teil des asiatischen Paganismus, nach Art eines Systems eingerichtet wurde – aber man kann ihr in ihren Anfangsstadien Einhalt gebieten, wenn sie nicht mehr ist als der Verlust einer Sache, von der der verzweifelnde Mensch weiß, dass er an ihr Gefallen hatte, und nicht anders als wünschen kann, sie zurückzuerlangen. Auf die großen Fragen, die der Mensch sich stellen muss und die so dringend Antwort erheischen (Was ist der Mensch? Woher kommt er? Hat das Universum einen Sinn? Welche Rolle spielt der Mensch darin? Was ist die letzte Bestimmung des Menschen?) gibt die katholische Kirche nicht nur eine Antwort (der Buddhismus tut das in gewisser Weise ebenfalls und auf eine sehr vage Art sogar die weniger systematisierten Heidentümer), sondern eine konsistente Lösung: ein tragfähiges und vollständiges System der Welterklärung. Zudem ist ihre Antwort nicht nur konsistent, sondern triumphal. Sie ist sich ihrer eigenen Geltung vollkommen bewusst. Sie kann konkret auf das Glück verweisen, das der Gesellschaft durch ihre Welterklärung zuteilwurde.

Diese großen Fragen werden immer wieder gestellt werden. Wir haben sie nicht zum letzten Mal gehört, vielmehr stehen wir am Anfang eines Stadiums, in dem sie ein zweites Mal vorgebracht werden – und in dem sie neuerlich Interesse finden.

Es ist ein interessantes und höchst hoffnungsvolles Kennzeichen des Neuheidentums, dass es sich bereits mit dem Problem des menschlichen Lebens – zumindest in der Form einer *Diskussion* – beschäftigt. Der Großteil unserer Neuheiden verbleibt allerdings während der gesamten Diskussion in Unkenntnis darüber, worin das katholische System bestehen könnte. Der Erfolg oder das Scheitern unserer Unternehmungen gegen das Neuheidentum werden mehr davon abhängen, den Menschen das Wissen darum zu vermitteln, was die katholische Kirche *ist*, als alles andere.

Es ist eine erstaunliche Beobachtung, eine wie große Zahl moderner Menschen von solidem Bildungsniveau auf sonstigen Gebieten bezüglich des allerwichtigsten Themas vollkommen ahnungslos sind, obgleich sie ständig darauf stoßen. Das kleine Einmaleins des Glaubens ist ihnen unbekannt.

Hier in England, wo ich diese Zeilen niederschreibe, vergeht kein Tag, an dem nicht irgendwer, und häufig eine Person von Ansehen, in der Boulevardpresse eine theologische Kontroverse anstößt. Er stellt irgendeine Behauptung in Bezug auf die großen Fragen auf und legt eine Antwort vor. In Summe aber – es gibt tausende Kolumnen dieser Art – zeigt sich hier nicht einmal zu einem Prozent die geringste Kenntnis in Bezug darauf, was die katholische Kirche sein könnte: die katholische Theologie und ihr über zweitausend Jahre hin gesammelter Schatz an Klarheit und Vernunft; die Philosophie, die unsere Zivilisation geschaffen hat und ohne die sie zugrunde gehen könnte.

So erzählte uns kürzlich ein anglikanischer Bischof, worin seine Beweggründe liegen, die katholische Lehre über die Wiederauferstehung abzulehnen. Es handelt sich um Dr. Barnes von Birmingham, ein distinguierter Herr seiner Universität, ein Autor von großer Luzidität und jemand, der, so sollte man meinen, schon aufgrund seines Berufs dazu gezwungen ist, ein wenig theologische Literatur zu lesen. Er sagte, sie sei mit der *Chemie* unvereinbar! Offensichtlich hatte er keine Ahnung davon, worin die katholische Lehre bestehen könnte.

Sir Oliver Lodge, ein Physiker, bekräftigte kurz zuvor nachdrücklich das Leben im Jenseits. Wie es sich herausstellte, handelt es sich um das diesseitige Leben: ungefähr so, wie es in den ihm vertrauten Clubs und Hotels gelebt wird. Er hatte anscheinend weder etwas von der katholischen Lehre über die Ewigkeit noch von ihren Implikationen vernommen, noch auch nur ein Echo der profunden Spekulationen und noch profunderen Schlussfolgerungen, zu denen die Erwägung der katholischen Glaubenssätze in dieser ehrfurchtgebietenden Angelegenheit gelangte.

Dies sind zwei typische Beispiele aus England. Natürlich stehen die Dinge auf dem Kontinent etwas besser, wo auch bei Gegnern der katholischen Kirche eine gewisse Kenntnis der scholastischen Philosophie anzutreffen ist. Dennoch tut überall *Unterweisung* Not, und unsere größte Schwäche in dem entstandenen Konflikt besteht darin, unsere Gegner dazu zu bringen, wenigstens die Art des Gegenstandes zu erkennen, den zu erörtern sie so große Geneigtheit zeigen.

Die zweite sich uns bietende Chance ist von anderer Art. Sie ist keine intellektuelle, sondern eine moralische. Die ins Heidentum zurückfallende Christenheit zeitigt notwendigerweise Folgen, die einen Schock für unsere ererbte Kultur darstellen.

Es gibt bereits Anzeichen dieser Reaktion, aber wie weit wird sie gehen? Auf sich allein gestellt wird diese Reaktion wenig bewirken. Ein eher zur Hoffnung geneigter Katholik sieht sich angesichts der Empörung ermutigt, die bereits durch die ersten Früchte des neuen Heidentums hervorgerufen wird. Er bemerkt, welche Anziehungskraft die traditionelle Moral und der Wunsch darstellen, Schönheit, Ebenmaß und ein ehrenhaftes Leben zu retten. Der weniger hoffnungsvolle Katholik bemerkt den ungeheuren und zunehmenden Teil seiner Umwelt, der sich nicht aufregt, der den schlimmsten Neuerungen nicht mit Protest entgegentritt, wenngleich er sie für gewöhnlich auch nicht begrüßt. Er sieht den sich immer mehr ausbreitenden Schlamm und das allmähliche (oder schnelle) Versinken unserer alten Kultur im Sumpf – in einem Teil des Landes, und dann im nächsten.

Wie weit die Reaktion gehen wird und ob wir nicht einmal dazu in der Lage sein werden, sie zu ihrem triumphalen Schluss zu führen, vermag niemand zu sagen. Aber ich kann es mir – mit einer gewissen Kühnheit – nur wünschen, dass das Neuheidentum sich etwas zu schnell entwickelt, das schlummernde Gewissen Europas etwas zu heftig weckt und dadurch den Weg zu einer Erwiderung durch einen Gegenangriff ebnet.

⁂

Unsere Welt bewegt sich auf das Nichts zu. Kann sie sich mit dieser Perspektive zufriedengeben?

All die alten Zielsetzungen sind verschwunden. Die bürgerliche Freiheit hat nicht das bewirkt, was von ihr erwartet wurde, sie selbst wurde nicht einmal erreicht. Die sie begleitende sogenannte »Demokratie« hat nicht bewirkt, was von ihr erwartet wurde, sie brachte der Menschheit weder Würde noch Sicherheit. Diese beiden großen Ideale des 19. Jahrhunderts enden in einer reinen Plutokratie und mit unserer Unterwerfung unter einige wenige unwürdige Kontrolleure unseres ganzen Lebens: die Monopolisten der Rohstoffe, der Währung, der Information und des Transports, die Tyrannei der Kartelle im Bereich der Produktion, der Banken, der Zeitschriften und des Nachrichtenwesens.

Die laizistischen Philosophien gibt es nicht mehr. Sie sind alle zusammengebrochen. Sie üben keine Wirkung mehr aus. Sie haben letztendlich nichts erreicht, kein Problem gelöst, keinen Frieden gebracht. Ihre Macht ist dahin.

Auch die noble Religion des Naturalismus hat uns zur gegenseitigen Selbstzerfleischung des Großen Krieges geführt und zu drohendem, noch größerem Unheil, und der Nationalismus selbst ist erschlafft. Seine größte Leistung vollbrachte er, als er die Männer zum Antritt für das große Schlachten nötigte. Er wird sie nicht noch einmal antreten lassen können.

Die Leere, auf die ich hinweise, ist nicht nur negativ. Sie erzeugt das, was Ingenieure »ein Potential« nennen, genauso wie ein Vakuum in der Natur »ein Potential« erzeugt. Denn ein Vakuum muss gefüllt werden. Folglich haben das Vakuum und die Unruhe des gegenwärtigen Augenblicks einen irgendwie positiven Effekt, der von höchster Wichtigkeit ist – und darin besteht die Chance. Wir leben nicht nur in einem Zeitalter der Verwirrung, Enttäuschung und Verärgerung, sondern auch in einem für den Glauben günstigen Moment.

Im letzten Abschnitt habe ich die Anzeichen für eine neue Religion erörtert, die sich gegen den Glauben erhebt, und sagte, dass bislang keine solche in Erscheinung getreten ist. Außerdem merkte ich an, dass die Entstehung eines solchen Gebildes nicht *sicher*, aber doch *wahrscheinlich* sei. Hier ergänze ich, dass dessen Verzögerung die Chance für den Glauben ist, nach dreihundert Jahren im Belagerungszustand wieder die Initiative zu ergreifen.

Wie wir bei der Betrachtung der Neuankömmlinge gesehen haben, wird vermutlich der Versuch irgendeiner Lösung unternommen werden: irgendeiner Weltanschauung, irgendeiner Gesellschaftsphilosophie, mit der die Leute sich begnügen können. Dieser Prozess wird vielleicht auch nicht lange auf sich warten lassen. Unsere Menschheit scheint nicht lange ohne Gewissheiten auskommen zu können, seien sie echt oder imaginär. Unsere Geister brauchen etwas, an dem sie sich festhalten können, und sie werden früher oder später – oder eher früher als später – Lehren etablieren, aus denen eine Tradition ein unerschütterliches System macht. Die Menschen werden nicht nur neue Verhaltensmuster annehmen, sondern ein vollständiges Moralsystem. Sie werden etwas entdecken oder erfinden, was sie anbeten können. Wir Katholiken können ihrem Verlangen nach Entdeckungen durch etwas Echtes entsprechen, das, wenn sie es entdeckt haben werden, jedwede Neigung zu Erfindungen vernichten wird.

So stellt sich das Wesen der Chance dar, und es herrscht großes Interesse daran. Vielleicht gab es im Verlauf der Geschichte keine andere Gelegenheit, in der ein solches Interesse im gleichen Maß vorhanden war.

⁂

Vielleicht ist es sogar mehr als eine Chance. Vielleicht hat das Handeln schon begonnen. Die Menschen einer bestimmten Epoche sind sich der Kräfte nicht bewusst, die in ihren Tagen entstehen. Die Menschen erkennen eine Kraft, wenn sie gereift ist und wenn sie Wirkungen im großen Umfang hervorgebracht hat. Wenn sie im Werden ist, bleibt ihr Vorhandensein unbemerkt oder wird unterschätzt.

Heute ist im Bereich der gesamten europäischen Zivilisation, ihre Verlängerung in die Neue Welt inbegriffen, eine Kraft dieser Art präsent: die wiederauflebende katholische Apologetik.

Es ist interessant zu beobachten, dass die Bedeutung dieser neuen Einflussnahme eher von den Gegnern der katholischen Kirche als von ihren Freunden zur Kenntnis genommen wird. Letztere rechnen zu sehr mit der der alten antikatholischen Mode in Geschichte und Literatur. Sie überschätzen die Überlebensfähigkeit dieser Mode und lassen sich von ihr einschüchtern.

Darüber hinaus gibt es den Wunsch, keine Unruhe zu stiften – ja schlimmer noch: Die Weltanschauung unserer Feinde selbst hat auf unsere Mitstreiter abgefärbt. Den weniger Gebildeten ist die Verbindung zwischen dem Glauben und seinen gesellschaftlichen Sekundäreffekten unbekannt. Bei den Gebildeteren herrscht die Angst, oberflächliche weltliche Beziehungen zu stören. Selbst bei den Intelligentesten und Ehrenhaftesten entstand so etwas wie eine Gewohnheit, Verunglimpfungen hinzunehmen, sowie eine *vis inertiae*[49], die den Katholiken davon abhält, offen das zu tun, was seine Gegner offen tun. Und dennoch nimmt die katholische Apologetik zu.

Diese neue Kraft, die moderne katholische Apologetik, wird selbst von denjenigen gescheut, zu deren Gunsten sie wirkt. Wer sich aber von ihrer Existenz überzeugen will, achte auf zwei Dinge: die Schnelligkeit, mit der ihre Gegner sich ihres Vorhandenseins bewusst wurden – und die Veränderung im Umgangston, die sich nun im Geistesleben unserer Zeit durchsetzt.

Ein neuer Widerstand gegen die neue Kraft der katholischen Kirche zeigt sich in den Ländern der protestantischen Kultur

---

49 Anm. d. Übers.: dt. Trägheitskraft.

durch einen gewissen Ton der Erbitterung, der in den Tagen unserer Väter unbekannt war. Es gab reichlich viel Opposition gegen und Einschlagen auf die katholische Kirche im mittleren viktorianischen Zeitalter, aber dies war eine verächtliche und selbstsichere Aggression. Jetzt ist sie eine panische. In den Ländern der katholischen Kultur macht sich der unerwünschte katholische Vormarsch durch eine Art missmutigen Murrens bei unseren Gegnern bemerkbar: das Jammern alter Parteigänger, die davon ausgehen, ihnen stehe der Sieg zu, dieser aber sei nicht mehr sicher.

Wenn wir uns den positiven Hinweisen auf diesen katholischen Vormarsch zuwenden wollen, so sind sie nur im Allgemeinen festzustellen.

Die für die Moderne typische zahlenmäßige Überprüfung hilft uns nicht weiter. Zahlenmäßig ist noch kein schneller Zuwachs zu verzeichnen. Zunächst aber: Diese zahlenmäßige Einschätzung ist nicht auf eine erstarkende moralische Größe anwendbar. Ein moderner Mensch, der daran gewöhnt ist, alles anhand von Zahlen zu prüfen, hätte, wäre er ins Rom um das Jahr 280 versetzt worden, entschieden, dass die katholische Kirche chancenlos wäre. Damit hätte er jedoch vollkommen falschgelegen.

Um mich zu wiederholen: Was die Zahlen anbelangt, macht die katholische Kirche in der modernen Welt keine spürbaren Fortschritte. Ich denke, dass sie, aufs Ganze gesehen, rein zahlenmäßig eher zurückgeht. Die Kirche hat weite ländliche Gebiete in Frankreich verloren, ebenso in allen katholischen Ländern viele der neuen Arbeitervorstädte. Diese Verluste überwiegen, wenn man lediglich die Zahl der Personen veranschlagt, die Neuzuwächse an Intellektuellen.

In Irland wäre in den letzten zwanzig Jahren ein Zuwachs möglich gewesen, insbesondere seit dem Auswanderungsstopp nach 1914. Zur Zeit, da ich diese Zeilen niederschreibe, liegen mir keine Statistiken vor, aber verglichen mit der Situation vor einem Menschenalter sind die Zahlen auch dort dem

Glauben nicht günstig. Ob es sich in Großbritannien ähnlich verhält, vermag ich nicht zu sagen – noch könnte es sonst irgendjemand –, denn es liegen keine verlässlichen Daten vor. Ich bezweifle allerdings, dass der Zuwachs durch Konversionen und die Erziehung von Kindern in Mischehen die Verluste kompensieren oder in einer Entsprechung zum allgemeinen Bevölkerungswachstum stehen.

Viele gute Beobachter, die anderer Ansicht sein werden, mögen mich korrigieren. Jedenfalls werden hier keine allzu großen Meinungsverschiedenheiten bestehen. In Italien und Spanien, deren Stellung viele Jahre gefestigt war, gingen innerhalb von zwei Generationen, und vor allem kürzlich, viele Handwerker im neuen Industrialismus verloren. Die Masse der Deutschen wurde schon seit Langem einer antikatholischen Hegemonie unterworfen. In bestimmten slawischen Staaten, vor allem in Böhmen, bewirkte der Nationalismus Verluste und Schwächungen für die Zahl der Katholiken.

Aber die intellektuelle und moralische Sichtung der Situation, die wichtiger ist, spricht ganz zu unseren Gunsten. Zunächst einmal ist die katholische Sache »ins Rampenlicht getreten«. Sie hat den »Durchbruch« errungen. Das europäische Geistesleben ist sich heute wieder der einen konsistenten Philosophie auf Erden bewusst, die unser kurzes irdisches Dasein erklärt, die den Dingen einen Sinn gibt und die nicht nur ein bloßes Sammelsurium von Geschichten und haltlosen Behauptungen bietet, sondern eine ganze Kette und ein System von Ursache und Wirkung auf moralischem Gebiet. Es wird außerdem deutlich, dass die katholische Kirche hier bislang keine Konkurrenten hat. Es gibt alternativ zu ihr nicht mehr irgendein geschlossenes System.

Wirkungsvoller ist vielleicht in einer Zeit wie der unseren, nachdem so lange intellektueller Verfall geherrscht hat, die praktische Erprobung des Glaubens, d. h. seine Bewährung in der Praxis – denn Praxis und Erfahrung haben eine Wirkung auch auf solche, die nicht in der Lage sind, zu denken.

Es wurde in der letzten Generation immer deutlicher, und zwar seit der jüngsten und unermesslichen Katastrophe des Großen Krieges ganz besonders zunehmend, dass der Glaube all dasjenige bewahrt, was außerhalb des Glaubens in Verfall gerät: die Ehe, die Familie, die Autorität, das Eigentum, den Respekt vor den Eltern, den gesunden Menschenverstand, selbst die Künste. Das ist ein politisches Faktum und keine Theorie. Es ist ein Faktum, das so unübersehbar und feststehend ist wie ein Berg in einer Landschaft.

Wenn der Einfluss der katholischen Kirche zurückgeht, schwindet die Zivilisation und mit ihr alles, was die Überlieferung leistet. Gebildeten gilt es als Binsenweisheit, dass unsere Zivilisation von der katholischen Kirche geschaffen wurde, aber es gilt nicht – wie es sein müsste – ebenso als Binsenweisheit, dass der Fortbestand unserer Zivilisation von der bleibenden Machtstellung der katholischen Kirche abhängt. Unsere Zivilisation ist so sehr ein Produkt der katholischen Kirche, wie der Weinstock das Ergebnis eines bestimmten Klimas ist. Man versetze den Weinstock in ein anderes Klima – und er wird absterben.

Es ist ein Irrtum, dieses Produkt der katholischen Kirche, die Zivilisation, für ihren eigentlichen Zweck und ihr Wesen zu halten. Ihr Wesen ist das einer unfehlbaren und göttlichen Stimme. Ihr Zweck ist unser aller, die wir hier in der Verbannung leben, Seligkeit an einem anderen Ort. Ich möchte jedoch betonen, dass jeder die Geschicke des Glaubens genau mitverfolgen sollte, sowohl diejenigen, die ihn annehmen, als auch diejenigen, die ihn ablehnen. Diese Geschicke sind nämlich mit all den nachgeordneten Dingen verbunden, die selbst diejenigen, die die Kirche zurückweisen, als unerlässlich für eine richtige Lebensführung betrachten – angefangen von weniger wichtigen Künsten und Annehmlichkeiten bis hin zu den Hauptinstitutionen der europäischen Gesellschaft.

Diejenigen, die die Kirche verteidigen und unterstützen, weil sie zufälligerweise die Stütze einer weltlichen Struktur ist – obwohl sie meinen, die Kirche beruhe auf Einbildungen von Menschen –, befinden sich in einem schwerwiegenden moralischen und theologischen Irrtum. Aus solchen Gründen verdient der Glaube keine Unterstützung. Meine These ist nicht von dieser Art – Gott bewahre! –, sondern sie besagt vielmehr, dass alle Menschen, seien sie gläubig oder ungläubig, in diesem Augenblick der Revolution und des Übergangs genau auf die katholische Kirche als die ausschlaggebende Institution achten sollten, von der das – auch lediglich zeitliche – Schicksal aller abhängt.

Zwei Dinge verhüllen diese Wahrheit noch zum Teil: der chaotische und fieberhafte Industrialismus und die Vorstellung, dass die Überlieferung zerstört werden kann, das Leben aber bleibe. Bezüglich des zweiten Punktes würde ich sagen, dass diejenigen, die so etwas glauben, die Natur des Lebens und der Reife eines festgefügten Organismus nicht verstehen – nimmt man ihm sein Lebensprinzip, vergeht er zur Gänze. Was den ersten Punkt anbelangt, den Industrialismus, so würde ich sagen, dass er sein merkwürdig krankhaftes Leben (mit einer seltsamen und plötzlichen, jedoch glücklosen Ausdehnung) durch das fristen konnte, was er von der katholischen Lehre beibehalten hatte. Insofern der Industrialismus und seine schlechte Geschäftsmoral überhaupt mit irgendeinem Maß an Gesundheit gelebt hat – und Gesundheit ist keines ihrer augenfälligsten Merkmale –, hat diese nichtkatholische Kultur bis jetzt dadurch gelebt, dass sie einen gewissen Sinn für moralische Verantwortung und, so füge ich hinzu, für die Inkarnation (wie vage auch immer) beibehielt – zumindest den Sinn für die Auswirkung der Inkarnation auf die Menschenwürde. Sie lebte von Ideen, die sie aus einer besseren Zeit ererbt hatte. Darüber hinaus ist die nichtkatholische Kultur heute offensichtlich im Scheitern begriffen und steuert nur noch auf das Nichts zu – ihre reichen Heiden mehr noch als ihre jetzt aufbegehrenden Armen.

⁂

Ich ahne, dass in naher Zukunft große Schwierigkeiten aus der bloßen Tatsache entstehen werden, dass die Wellen des Glaubens höher steigen. Diejenigen, die diese Wellen zu unterstützen gedenken, werden den Glauben mit einer Modeerscheinung verwechseln. Dieser Gefahr gegenüber ist die Anerkennung einer Autorität der erste und einzige Sicherheitsgarant. Außerdem haben wir keine Zweifel, wo diese Autorität zu finden ist, und wir können uns in dieser Hinsicht einzigartig glücklich schätzen, denn wir gehorchen einer Institution göttlichen Ursprungs mit bekannten und bestimmbaren Ausdrucksorganen sowie Unfehlbarkeit in ihren endgültigen Entscheidungen.

Und wie viel hängt vom richtigen Verhalten in solchen Gefahrenlagen ab! Mit Sicherheit wird die Zukunft der Welt von der richtigen Darstellung des Glaubens in der nächsten Epoche bestimmt sein.

Es hat den Anschein, als gäbe es kein Drittes: Entweder werden wir die allmähliche Durchdringung der Menschheit durch das einzige verstandeskonforme Wahrheitssystem erleben, das das größtmögliche Maß an Sicherheit gewährt, das einer gefallenen Menschheit möglich ist, oder unsere Zivilisation wird zu einem völlig bizarren Etwas werden, das noch weniger vom Glauben weiß als die Millionen verzweifelten Städter heute.

Es könnte den Anschein haben, dass die Welt vor dem Dahinscheiden unserer jüngsten Kinder notwendigerweise entschieden haben wird: entweder die Verbreitung des Glaubens unter der nun eng vernetzten Menschheit oder die Aufteilung dieser gewaltigen Gemeinschaft in zwei Lager. Ein kleines und vielleicht zahlenmäßig abnehmendes der Glaubensherde und ein größeres, vielleicht anwachsendes, auf den Hügeln fern der Herde. Nicht wenige scharfsinnige Beobachter (vor allem ein moderner französisch-jüdischer Konvertit von höchster intellektueller Befähigung) haben die These aufgestellt, man habe es mit einer wahrscheinlichen Tendenz oder einem Zielpunkt, auf den wir uns hinbewegen, zu tun: Eine Welt, in der eine kleine, aber starke Gruppe von Gläubigen gesondert in einer wachsenden Flut des Heidentums steht. Ich für meinen Teil glaube (jedoch handelt es sich dabei um eine persönliche Meinung, die kaum von Gewicht ist), dass, aufs Ganze gesehen, ein Wachstum des Katholizismus wahrscheinlicher ist. Trotz der Zeiten, in denen ich lebe, kann ich nicht glauben, dass die menschliche Vernunft dauerhaft ihre Kraft verliert. Nun ist der Glaube auf der Vernunft begründet, und überall außerhalb des Glaubens ist ein Verfall der Vernunft offensichtlich.

Sollte man mich allerdings fragen, nach welchem Zeichen wir für einen kommenden Vormarsch des Glaubens Ausschau halten sollten, dann würde ich mit einem Wort antworten, das die moderne Welt vergessen hat: Verfolgung. Wenn sie erneut ansetzt, wird wieder Morgen werden.

Hilaire Belloc

DER WEG NACH ROM

Eine Pilgerreise durch Europa

Klappenbroschur, 16 €
ISBN 978-3-95621-149-2

Folgen Sie Hilaire Belloc auf eine ungewöhnliche Pilgerreise. Einem Gelübde entsprechend, bricht er im französischen Toul im Moseltal auf und wandert über Épinal, Belfort, die Schweizer Alpen und Oberitalien auf direktem Wege nach Rom. Das Buch ist kein traditioneller Reisebericht. Belloc bringt dem Leser sein Bild von Europa nahe. Mit Geist und Witz schildert er die kleinen Zufälle und skurrilen Begebenheiten am Rande des Weges, seine Begegnungen mit eigentümlichen Menschen in unbekannten Landschaften, er erzählt Geschichten und Anekdoten. Der Leser zieht mit ihm durch das Land, über Berg und Tal, bei Sonne und Regen und teilt mit ihm seine Freuden und Nöte. Nach und nach bricht Belloc jedes seiner feierlich abgelegten Versprechen. Nur eines bleibt: Er erreicht tatsächlich Rom. *Der Weg nach Rom* ist Hilaire Bellocs bekanntestes Werk.